Heilwig von der Mehden

Eigentlich nur halb so schlimm ...

Heilwig von der Mehden

# *Eigentlich nur halb so schlimm ...*

weil's den andern auch so geht

*Mit Illustrationen von*
*Barbara Wieck-Kapferer*

Herder Freiburg · Basel · Wien

Schutzumschlag: Barbara Wieck-Kapferer

Alle Rechte dieser Zusammenstellung
aus Veröffentlichungen von Heilwig von der Mehden
vorbehalten
© Verlag Herder, Freiburg im Breisgau 1985
Gesamtherstellung: Freiburger Graphische Betriebe 1985
ISBN 3-451-20484-3

# Inhalt

5

## Eltern aller Länder vereinigt euch!

## Vom Umgang mit Vierbeinern

## Seele auf Rädern

## Warum denn in die Ferne schweifen

## Von Zahnschmerzen, Schwitzkuren und andern Übeln

## Der Kunde ist König – aber die Monarchie ist abgeschafft

# Im Fernsehen
## ist die Welt nicht heil

Ganz sicher gibt es Leute, die nach einem arbeitsreichen Tag nur gute Bücher lesen, Hausmusik ausüben und kluge Gespräche führen – die werden mich verachten, wenn ich berichte, daß ich manchmal schaue, was das Fernsehen so bringt. Das passiert nicht allzu selten, und so weiß ich oft schon am Anfang, wie es weitergeht. Da handelt es sich beispielsweise um einen Lehrling, einen netten Knaben. Am liebsten möchte ich ihm gleich zu Beginn zurufen: „Junge, gib's auf! Ehe anderthalb Stunden herum sind, bist du mit deinen Eltern hoffnungslos zerstritten (sofern du das nicht schon von Anfang an warst), von deinen Vorgesetzten verständnislos behandelt, und deine Lehrstelle bist du auch los. Bestenfalls bleibt dir eine Freundin, die aber immer so melancholisch blickt, daß sie auch kein wahrer Trost sein kann!" Und wie geahnt, geht es mit dem armen Jungen rauschend bergab.

Auch den Mann, der aus dem Gefängnis kommt, kenne ich in mancherlei Gestalt. Er hat wirklich das Allerbeste im Sinn, und manchmal sagt er auch beim Abschied dem Direktor oder dem Wärter, daß er nie mehr zurückkommen will. Sie können ganz sicher sein: Er kommt zurück, zum mindesten, wenn es sich um eine deutsche Produktion und nicht um einen amerikanischen Krimi handelt. Die Wege zurück dorthin über vergebliche Arbeitssuche, zufälliges Treffen mit alten Ganovenfreunden und so weiter kenne ich auch schon, nur bei seinen Frauen gibt es verschiedene Möglichkeiten; die guten, die verzweifelt versuchen, den Armen auf dem Pfad der Tugend zu halten, und die bösen, die den Rückfall noch beschleunigen.

Und sollte auf dem Bildschirm auch einmal ein Gastarbeiter auftauchen, so kann man jede Wette eingehen, daß es mit dem armen Kerl schiefläuft.

Schieflaufen – darauf kann man sich heilig verlassen – tut auch jede Ehe; es sei denn, es handle sich um alte Filme, Boulevardkomödien mit knicksenden Stubenmädchen, gnädigen Frauen und ständig Cocktails mixenden Männern oder um Mundartstücke, in denen am Schluß alle immer paarweise glücklich und zufrieden sind.

Aber für jeden Fernsehschaffenden, der sich ernst nimmt, ist es unter der Würde, einmal eine Ehe zu retten. Man weiß schon gleich – das Ehepaar kann noch so sympathisch sein –, es gibt Malheur, und zwar unwiderrufliches. Er entdeckt eine andere, sie will sich selbst verwirklichen (und das geht wohl nicht mit einem Mann), ihnen fällt plötzlich nichts mehr ein, was sie miteinander anfangen könnten, oder aber es wird für den Zuschauer gar nicht ganz klar, was sie plötzlich gegeneinander haben. Manchmal möchte sie auch einen anderen, und er hat sich bisher noch nicht selbstverwirklicht – aber man kann ganz sicher sein: Ein ernstgemeintes Ehepaar im Abendprogramm kommt nicht über die Runden. Die Möglichkeit, daß der Lehrling nach allerlei Schwierigkeiten doch noch weiterlernt, der Gefangene und der Gastarbeiter schließlich doch nicht untergehen und gar die Eheleute, nachdem sie sich in erbitterten Kämpfen manche Wunden geschlagen haben, doch noch zusammenbleiben, diese Möglichkeit gibt es zwar in der zugegeben rauhen Wirklichkeit immerzu – jeder von uns könnte dazu etliche Beispiele beitragen –, aber für die Fernsehregisseure wäre das „heile Welt". Und „heile Welt" ist für diese Menschen wohl das allerschlimmste Schimpfwort, das man ihnen antun kann.

Deshalb sorgen die Regisseure nach Möglichkeit auch gewissenhaft dafür, daß in allen Stücken und Geschichten, wo es bisher immer gut ausging, die Sache am Ende doch noch irgendwie mies aussieht. Wenn man nicht gerade einen ausgeprägten Sinn für bestimmte Sorten von Humor hat, kann man auch gewiß sein, daß man als Zuschauer nichts zu lachen bekommt.

Mein Großvater, der Albernheit und Gekicher bei jungen Leuten ganz und gar nicht ausstehen konnte, wäre sicher hellauf begeistert gewesen von all den tiefernsten Schülern und Lehrlingen nebst Mädchen, die offensichtlich alle von morgens bis abends an ihren Problemen knabbern. Daß gar ein Ehepaar einmal lacht, kommt fast nur in anspruchslosen Fernsehproduktionen vor.

Und heute abend haben wir wieder einmal eine „Randgruppe"!

## Daran ist das Wetter schuld!

Als neulich in meiner Gegenwart ein elfjähriger Knabe seiner Mutter erklärte, an den vielen Beanstandungen mit roter Tinte, die seine neueste Englischarbeit aufzeigte, sei – darüber wäre man sich in der Klasse restlos einig – das drückende Klima schuld, das an eben jenem Tage über der Stadt und damit auch über der Schule gebrütet hätte, war ich tief beeindruckt. In meiner Jugend (und hier muß ich diese verpönte Formel wirklich einmal benutzen) beurteilten wir das Wetter nur danach, ob es fürs Freibad taugte oder fürs Rodeln und Schlittschuhlaufen, ob man das Regencape brauchte oder Söckchen anziehen konnte, ob die letzten Brombeeren noch reif würden oder ob der Sportplatz glitschig wäre. Luftdruck war etwas aus der Physikstunde und ein Föhn ein Gegenstand zum Haartrocknen. Mit Fehlern in Englisch hatte jedenfalls alles nicht das geringste zu tun. Welche Möglichkeiten sind uns hier entgangen!

Nun sind uns allerdings, soweit ich mich daran erinnere, unsere Eltern in dieser Beziehung auch nicht die rechten Vorbilder gewesen, wenn man sie mit uns heute vergleicht. Wir haben uns alle im Laufe der Jahre zu großen Wetterfühlern entwickelt, und wenn unsere Nachkommen hören, daß uns eben drei von den schönsten Sektgläsern hingefallen sind, weil ein Gewitter in der Luft liegt, so ziehen sie eben

14

daraus ihre Nutzanwendungen fürs eigene Dasein. Daß man im Herbst trübsinnig werden kann, wenn es regnet und regnet, und die letzten Blätter von den Bäumen wehen, war schon immer bekannt, aber jahrhundertelang galt gewissermaßen als Gegengewicht der Frühling als Spender neuer Lebensfreude, Unternehmungslust und Gesundheit. Dies hat sich bei uns modernen Wetterfühlern als völlig irrige Annahme erwiesen: Natürlich macht einem gerade der Frühling gesundheitlich schwer zu schaffen. Die etwaige Sonne macht nervös, und wenn sie gar ausbleibt, macht das nicht ruhig, sondern depressiv. Die berühmten lauen Frühlingswinde bringen den ganzen Organismus durcheinander, und bei totaler Windstille ist es der Nebel, der uns zu schaffen macht. Gibt es gar Frühlingsstürme, so bringen sie einen um den Schlaf. Sogar die ersten richtig schönen warmen Frühlingstage dürfen nicht uneingeschränkt genossen werden: Wenn man nicht selbst darauf kommt, macht einen bestimmt jemand darauf aufmerksam, wie tückisch für sensible Menschen gerade diese Witterung ist. Es gibt also ganz offensichtlich keine dem Wohlbefinden zuträgliche Art von Frühling.

Im weiteren Verlauf des Jahres wird die Sache nicht besser: Ein kalter, verregneter Sommer ist natürlich für den Gesamtorganismus kaum zu verkraften – da geht es ihm nicht besser als einem heißen, trockenen Sommer, der müde, schlapp und reizbar macht. Aber genauso schlimm ist wechselhaftes Wetter. Alles dies kann der Grund dafür sein, daß wir vergessen, einen wichtigen Brief zu schreiben, daß wir keine Lust haben, irgendwohin zu gehen, wohin wir sowieso nie Lust haben, daß wir uns mit unserem Mann streiten, im Betrieb sichtbarlich einschnappen oder die Kinder anbrüllen. Aus dem gleichen Grunde können wir auch die Vorfahrt nicht beachtet haben und nach einer langen Nacht unter Kater leiden. Das Wetter ist für alles gut! Noch nie habe ich von irgendeiner Art Wetter gehört, das besonders bekömmlich sein und den Organismus zu Höchstleistungen befähigen soll.

Ganz ungeeignet ist natürlich dazu auch der Herbst: Der Körper und die Psyche leiden darunter, daß die Sonne (die müde, schlapp und reizbar machte!) nun wegfällt und man weiß natürlich, daß einem der Wechsel zwischen sonnigen Tagen und kalten Nächten zu schaffen macht. Erkältungen liegen auf der Lauer und setzen, wenn sie einem in den Knochen stecken oder einen gar erwischt haben, die Lebensfreude auf oder gar unter den Nullpunkt – vom Kreislauf ganz zu schweigen. Und dann der Winter, über den man eigentlich gar nicht zu sprechen braucht, weil jedermann weiß, wie der Frost den Bronchien zusetzt und der ganze Organismus alle Kräfte für den Widerstand braucht – was aber gar nichts gegen das ist, was ein milder Regenwinter erst an Schaden anrichtet!

Wenn man dann noch bedenkt, daß es jeden Tag Luftdruck gibt, wo einem sowohl der hohe als auch der niedrige bekanntlich zu schaffen machen kann, möchte man sich wundern, wieso man offenbar doch hin und wieder einmal leistungsfähig, verträglich und sogar rundherum fröhlich ist.

16

## Von Kugelschreibern
## und ihren Tücken

Ich erinnere mich noch sehr genau an den Füller, den in der Schulzeit meine neben mir sitzende Freundin hatte. Er war blaumarmoriert. Eigentlich eher ein Herrenfüller und hatte eine Goldfeder. Ich selbst besaß einen schwarzen, kleinen, der die Neigung zeigte, zu streiken, wenn man ihn mit der gratis gelieferten Schultinte füllte. Eine andere – die am meisten von edlem Wissensdurst beseelte – Klassengenossin hatte ein Modell älteren Jahrgangs, das mindestens in den letzten Jahren einen mit Tinte eingefärbten Heftpflasterverband um den Bauch trug. Dies erwähne ich, um daran zu erinnern, daß man vor gar nicht einmal allzu langer Zeit einen Füller zur Konfirmation oder zu sonst einem festlichen Anlaß geschenkt bekam, den man dann jahrelang besaß und in Ehren hielt. Ich erinnere mich an kein Schulmädchen, das damals zwei Füller besessen hätte. Wenn ich hingegen an die unzähligen Neuanschaffungen für meine Kinder und Nichten und Neffen denke, an die Dutzende von zerbrochenen, verlorenen, unmodern gewordenen und liegengelassenen Exemplare, so kann man auch auf diesem kleinen Gebiet merken, wie sich die Welt geändert hat. Und der früher immer gern zitierte Spruch: „Füllfederhalter, (P)ferde und Frauen verleiht man nicht!" trifft auch nicht mehr in jeder

17

Hinsicht zu. Außerdem gibt es nun auch noch die Kugelschreiber.

Es gibt sehr viele davon – gekaufte und geschenkt bekommene –, aber so ganz salonfähig sind sie noch nicht geworden. Für feinere Briefe etwa oder Klassenarbeiten sind sie immer noch tabu, obwohl – oder auch wohl weil – man mit ihnen viel lässiger schreiben kann, fast wie mit einem Bleistift. Leider aber haben sie die unangenehme Eigenschaft, nach einiger Zeit treuer Dienste immer dünner und dünner kugelzuschreiben und schließlich nur noch farblos das Papier zu kratzen. Das ist dann eigentlich der Augenblick, wo eine neue Mine fällig wäre. Es soll ja Leute geben, die neue Kugelschreiberminen griffbereit daliegen haben. Die, die ich kenne, nehmen sich immer nur vor, neue Minen zu kaufen, was übrigens gar nicht so einfach ist, wenn man das verausgabte Exemplar nicht bei sich hat, da es eine Menge von Ersatzteilmodellen gibt. Infolgedessen sammelt sich fast in jedem Haushalt eine Fülle von ausgeschriebenen Kugelschreibern an, die auf neue Minen warten. Garantiert gerät man immer an solche Exemplare, wenn man brennend eilig etwas notieren will. Wie viele Telefonnummern wurden nicht schon mit einem Schreibgerät notiert, dem man ganz mühsam durch Anhauchen der Spitze noch ein bißchen Farbe entlockt hat, die aber tückischerweise nie für längere Nummern (mit Vorwahl) reichen! Unanständigerweise schreckt die Mitwelt auch nicht davor zurück, von den Schreibtischen der Haus- oder Bürogenossen intakte Kugelschreiber zu entleihen, die aber erfahrungsgemäß nie wieder an ihren Platz zurückgebracht werden, solange sie sich noch in betriebsfähigem Zustand befinden. Später kehren sie vielleicht zurück: In unserer Küche beispielsweise steht auf dem Regal ein Marmeladenglas mit nicht weniger als acht Schreibern, von denen der eine nur noch schwach und die anderen überhaupt nicht schreiben. Solche Behältnisse trifft man überall auch in sonst sehr gepflegten Haushalten an, und der Entschluß, kurzerhand das ganze Arrangement in den Müll zu werfen, fällt offenbar irgendwie schwer. Von den Vierfarbstiften hat man übrigens am meisten: Da der normale Verbraucher eigentlich immer an einer Farbe genug hat, erledigt er sein nicht repräsentatives Schriftliches zuerst in Schwarz und danach in Blau und Grün. Wenn er dann bei Rot angekommen ist, entschließt er sich vielleicht wirklich, neue Minen zu kaufen, da sich bei diesen Luxusausgaben die Investition ja sichtlich lohnt.

Kugelschreiber gehören – wie gesagt – zu den Gegenständen, bei denen man es mit dem Eigentumsbegriff nicht allzu genau nimmt. Sie verschwinden spurlos in größerer Anzahl, und wenn man ein vermißtes Exemplar bei jemandem antrifft, ist es diesem Jemand zumeist noch nicht mal peinlich. Andererseits hat man aber auch plötzlich Kugelschreiber in Besitz, von denen man mit dem besten Willen nicht sagen könnte, woher sie eigentlich stammen. Es ist so ähnlich wie bei den Kleiderbügeln: So, wie man beispielsweise einen im Schrank hängen hat mit dem Aufdruck einer Reinigungsanstalt in Wattenscheid oder einem Hotel in Bordeaux, ohne dessen Weg von dort in unseren Schrank rekonstruieren zu können, kann man auch plötzlich einen Kugelschreiber mit dem Aufdruck einer Brauerei in Kulmbach oder einem Konfektionsgeschäft in Bremen in der Tasche tragen. Man hat wirklich nicht die geringste Ahnung, woher dies Exemplar stammt. Und weil dies ganz unbestreitbar die reine Wahrheit ist, sollte man auch nicht allzu mißtrauisch sein, wenn es sich etwa um die Reklame einer Bar in Frankfurt oder eines Nachtklubs in Hannover handelt ...

19

## Wo habe ich nur
## meine Brille gelassen?

Immer noch gibt es erhebliche Unterschiede zwischen Mann und Frau, von denen sich einige ganz gewiß nicht ausmerzen lassen. Dazu gehört das garantierte Vorhandensein von Taschen in jeglicher männlicher Kleidung. Davon sind nicht einmal die Schlafanzüge ausgenommen! Männer brauchen sich also gar nichts darauf einzubilden – wie vielfach geschehen –, daß sie immer ein Taschentuch griffbereit haben, um Nasen zu putzen und Tränen zu trocknen, einen Kamm zum Herleihen und eine Brieftasche mit Bargeld besitzen, von Briefmarken und Adreßbüchlein ganz zu schweigen. Da man aber nicht immer seine Nase putzen oder weinen muß, da man nur von Zeit zu Zeit nach Kamm oder Geld verlangt, von Briefmarken ganz zu schweigen, wird einem die schmerzliche Abwesenheit ständiger Taschen erst dann recht bewußt, wenn man durch herannahendes Alter – und in dieser Beziehung naht es schon früh heran – oder herausgefundene Fehlsichtigkeit gezwungen wird, eine Brille zu benutzen. Muß man diese Brille ständig auf der Nase tragen, erübrigt sich das Taschenproblem. Braucht man sie aber nur bei bestimmten Anlässen, etwa beim Lesen, beim Nähen oder beim In-die-Ferne-Blicken, dann wäre es wunderbar, könnte man sie wie ein Mann aus der oberen linken Jackettasche ziehen, wo sie ständig griffbereit aufgehoben werden kann. Tritt man jenen trotz aller schicken Brillenmodelle immer etwas trübsinnigen Gang zum Optiker an, so erhält man zwar ein Etui (nebst Putzlappen), in das man die neue Brille hineinstecken kann. Wo hinein steckt eine normale Frau aber tagtäglich das Etui?

Es ist also so, daß bei den allermeisten Frauen mit der Anschaffung einer Brille auch die große Brillensuche beginnt, die dann nie mehr aufhört. Nur die allerordentlichsten und konzentriertesten Damen sind hiervon ausgenommen, alle anderen wissen nie ganz genau, wo sie ihre Gläser „mal eben" deponiert haben. Man legt sie irgendwo ab, ohne genau zu registrieren, wo, und dann muß man später alle Wege und Tätigkeiten genau rekonstruieren. Eine Hauptschwierigkeit besteht darin, daß man bei den verschiedensten Beschäftigungen seine Brille zuweilen braucht und zuweilen nicht. Die große Garteninspektion beispielsweise könnte man auch ohne durchführen, wenn man nicht bei den Blattläusen schon genauer hinsehen müßte. Das tägliche Aufräumen geht auch mit dem bloßen Auge recht gut, obwohl sich da unerhörte Perspektiven eröffnen können, wenn man etwa mit Brille nach Staub und Fingerabdrücken fahndet. Auch beim Einkaufen könnte man gut und gern die Brille im Hause lassen, wenn man bloß nicht nach Größen, Preisschildern und Frischhalteterminen Ausschau halten müßte. Auch das Telefonieren ginge natürlich rein akustisch ohne vor sich, hätte man nur alle Nummern im Kopf.

Gerade beim Studium der Telefonbücher hat schon manch einer feststellen müssen, daß es vielleicht doch nicht nur an der schlechten Beleuchtung liegt, wenn die ganz kleinen Buchstaben immer mehr die Neigung zum Schwimmen aufweisen. Die echte Katastrophe aber wird für den weiblichen

Brillenmenschen das sorgfältige Augen-Make-up: ohne Brille kann er nicht genau sehen, was er da malt, und mit Brille kann er nur stark behindert ans Objekt herankommen. Aus allen diesen Gründen also liegen die Brillen in Badezimmern, an Telefonen, in der Küche, auf Schreibtischen, im Auto, auf Fensterbänken, auf Ladentischen und sehr idyllisch unter Rosensträuchern. Kurzum, überall dort, wo ein taschenloses Wesen sie gerade nicht mehr gebraucht hat, wobei man noch von Glück sagen kann, wenn man sie nicht auf so exponierten Stellen wie beispielsweise auf einem Autodach oder im Innern eines Koffers abgelegt hat. Es ist auch gut, wenn man wenigstens weiß, daß die gesuchte Brille etwa im Hause oder in der Bank oder im Büro sein muß, denn nichts ist so deprimierend wie die intensive Suche an einem Ort, wenn sie auch an einem anderen sein könnte. Die Feststellung, wo man sie ganz bestimmt zuletzt gehabt hat, kann sehr hilfreich sein. Hat man beispielsweise nach der Heimkehr noch festgestellt, daß der Hals eines jüngeren Familienangehörigen einer Waschung bedarf, kann man ganz beruhigt sein: Die Brille, wenn auch zur Zeit nicht aufzufinden, muß im Hause sein! Erinnert man sich aber, schon beim Abendessen im Restaurant schnell durch die Gläser seines Mannes die Speisekarte gelesen zu haben, eröffnen sich sehr vielfältige und dadurch beunruhigende Möglichkeiten.

Es gibt übrigens Leute – und dies sind meist junge oder kleine Leute –, die ein unerhörtes Talent haben, verlegte Brillen aufzuspüren. Und wenn man sich zurückerinnert, muß man dies Talent auch einst besessen und bei der lieben Großmutter ausgeübt haben. Wenn man sich aber selbst zum ersten Male dabei ertappt, daß man verzweifelt nach der Brille sucht, die man auf der Nase trägt, dann hat man so richtig das Gefühl, daß man sich altersmäßig nun nicht mehr allzusehr von jenen rüstigen Greisen unterscheidet, die immer als Reklame für jungerhaltende Mittel abkonterfeit werden. Doch die sollen ja immer ihr Leib- und Magenblättchen noch ohne Brille lesen können!

### Es geht nichts
### über einen Merkzettel!

Neben unserem Telefon liegt – wenn man Glück hat – ein kleiner Schreibblock. Wenn man geradezu unerhörtes Glück hat, liegt auch noch vorschriftsmäßig ein Kugelschreiber daneben, der sogar funktioniert. Dies alles geschieht, um anderen wichtige Telefonbotschaften mitzuteilen und um sich selbst daran zu erinnern, daß man diese oder jene telefonisch übernommene Aufgabe nicht vergißt. So weit – so gut! Wie aber deutet man nach einiger Zeit, in der man aus diesen oder jenen Gründen pausenlos rotieren mußte, die mit einem sichtlich versagenden grünen Filzstift eigenhändig geschriebene und mit Ausrufungszeichen versehene Notiz „Abholen!"? Man erinnert sich schwach, daß es etwas Dringendes war, und überlegt krampfhaft, welcher Mensch wohl mit seinen Koffern irgendwo steht oder ob man jemandem versprochen hat, bei der chemischen Reinigung vorbeizufahren. Schließlich fällt einem ein, daß es sich um den Transport eines Sessels handelt, den man mit Hilfe des Caravans, den der Vater der Raumpflegerin besitzt, arrangieren muß. Es geht eben nichts über Merkzettel!

Vom Zahnarzt bekommt man oft einen solchen Zettel in die Hand gedrückt, auf dem die vereinbarte Termine stehen. Wohl denen, die diese Termine gleich in ihren Kalender übertragen! Erfahrungsgemäß sind diese Zettel nur über eine

24

genaue Rekonstruktion dessen, was man beim letzten Zahnarztbesuch anhatte, wiederzufinden.

Das sofortige Übertragen von Merkzetteln – die übrigens manchmal auch in Gestalt von alten Briefumschlägen, Visitenkarten, Taschenbuchrückseiten und Ansichtskartenhimmeln auftreten – in Terminkalender und Adreßbücher kann gar nicht genug empfohlen werden, vor allem da der Mensch dazu neigt, unsinnigerweise Telefonnummern auf obengenannten Unterlagen ohne den dazugehörigen Namen zu notieren. Den Briefumschlag mit drei wichtigen Nummern – zumeist alle drei mit verschiedenen Schreibwerkzeugen also auch zu verschiedenen Zeitpunkten notiert – haben wir wohl alle irgendwo. Welcher von drei möglichen Menschen hat nun welche Nummer? Beziehungsweise: um wen handelt es sich überhaupt? Und – falls einem dies beim besten Willen nicht mehr einfällt – kann man dann den Briefumschlag wegwerfen oder wird man doch noch darauf kommen, daß darunter die Nummer war, die man ausgerechnet nicht im Telefonbuch findet? Ich erinnere mich da beispielsweise an einen geradezu tragischen Fall, wo die weggeworfene Telefonnummer die einzige Brücke zu einer jungen Dame war, die man nur unter dem Namen „Micky" kannte. Hätte Micky nur den Wutschrei gehört, als sich herausstellte, daß die betreffende leere Zigarettenschachtel im Müll gelandet war, es wäre ihr sicher eine große Genugtuung gewesen.

Merkzettel aller Art sind es auch, die das Aufräumen der lange in Gebrauch befindlichen Alle-Tage-Handtasche so erschweren. Denn neben den Entscheidungen darüber, ob man die im nie benutzten Seitenfach gefundenen Reparaturzettel des Schusters und der Reinigung wegwerfen kann, weil man wahrscheinlich die Sachen längst ohne Zettel wiederhat, muß man sich mit Visitenkarten, Kochrezepten, Kinobilletts und eben jenen Papierfetzen herumschlagen, auf denen irgend etwas steht, von dem man nicht weiß, ob es noch irgendeine Bedeutung hat. Vielbeschäftigte Frauen (und natürlich auch Männern) kann es passieren, daß sie eine volle Adresse mit Namen und Telefonnummer aufstöbern, bei der ihnen auch nicht mehr der leiseste Gedanke kommt, wann und zu welchem Zweck sie sich dies notiert haben und um wen es sich hier überhaupt handelt. Vielleicht fällt einem im nachhinein ein, daß es hier um die fabelhafte Masseurin ging, die man sich auf dringende Vorstellungen hin notierte, obwohl man sich eigentlich gar nicht massieren lassen wollte. Man kann aber auch beim Aufräumen das Glück haben, gerade noch rechtzeitig vor einem Geburtstag den abgerissenen Zettel mit der Bezeichnung und Nummer der gewünschten Modelleisenbahnlokomotive zu finden.

Als übrigens meine Cousine im Alter von fünfzehn Jahren ein streng geheimes, abschließbares Tagebuch führte, versteckte sie ihrer Brüder wegen den Schlüssel, notierte auf geheimem Merkzettel das Schlüsselversteck und versteckte dann auch diesen Zettel, dessen Versteck sie sich wieder durch geheime Zettel merkte. Schade nur, daß die neugierigen kleinen Brüder ganz schlicht das Schloß des Tagebuchs abschraubten!

## „Hier eindrücken und hochreißen"

Einmal möchte ich einen Menschen kennenlernen, der die geradezu sagenhafte Kraft in seinem Daumen oder Zeigefinger besitzt, die man benötigt, wenn man der Aufforderung auf Packungen „Hier eindrücken" erfolgreich Folge leisten will. Man drückt mit aller Kraft, bis sich die Packung total verbiegt – sicher liegt das auch an der Hinterlist, daß das Behältnis gewöhnlich im oberen Viertel leer ist –, aber es gelingt einem kein Einbruch in den Inhalt. Dagegen brechen die Fingernägel, wenn man nicht rechtzeitig zu Schere, Messer oder sonst etwas Scharfem und Spitzem greift. Hat man die Öffnung geschafft, braucht man nur noch der zweiten Aufforderung „Hochreißen!" nachzukommen. Das gelingt leider auch nur selten, da das, was man hochreißen soll, meist bereits zerstört ist oder abreißt. Man kann von Glück sagen, wenn man etwa das Pulver rechtzeitig in die Waschmaschine bekommt, ehe dort das Programm zu weit fortgeschritten ist. Ähnliches gilt für dringend benötigtes Mehl aus der Tüte. Mehltüten rasch zu öffnen, ohne ihren Inhalt im Gelände zu verbreiten und gleichzeitig eine problemlose Öffnungsmöglichkeit für den ferneren Gebrauch zu schaffen, ist schier unmöglich. Man tut also gut daran, ans Werk zu gehen, ehe das Fett für die Mehlschwitze oder für den Pfannkuchenteig heiß wird, sonst hat man über einige Zeit hinweg eine Mehltüte, der dauernd unkontrolliert Mehl entweicht, was nur noch durch die Unannehmlichkeit einer gleichfalls eilig geöffneten Zuckertüte übertroffen wird, weil es sehr viel ungemütlicher ist, auf verstreuten Zucker zu treten als auf Mehl. Diesem allen glaubt man natürlich durch im Küchenschrank eingebaute Schubladen oder auch hübsche Gefäße vorzubeugen, aber, ach, nur selten fassen diese den Gesamtinhalt einer Tüte. Der Rest bleibt dort – wie gehabt – erhalten.

Ganz anders, aber darum nicht weniger belastend, stellen sich die Probleme mit Fischbüchsen dar: die sind so zuverlässig verschlossen wie ein Banksafe. Manchmal gibt es eine Lasche mit einem eigens gelieferten Schlüssel zum Aufdrehen, aber entweder reißt die Lasche ab oder es dreht sich bei nicht ganz geradem Drehen alles fest, was nie mehr zu korrigieren ist, weil es kein Zurück gibt. Und jeder gewöhnliche Büchsenöffner hat eine instinktive Abneigung gegen die handelsüblichen Fischbüchsen. Er verirrt sich in den Rand der Dose, so daß man in fast jedem Fall gezwungen ist, die Fischlein in Trümmern aus einer unzulänglichen Öffnung herauszuoperieren. Dabei wirkt es erschwerend, daß es überhaupt nicht schwierig ist, der Dose Öl, Tomatensoße und Sahnesenf zu entlocken: Man braucht sie bloß nicht genau waagerecht zu halten, schon ergießt sich alles Flüssige über Hände, Tischdecke, Hosen und Kleider. Dagegen sind vakuumverpackte Nüsse und Mandeln eine saubere Sache, aber auch vor ihnen sei gewarnt! Zunächst einmal erlebt man stets eine bittere Enttäuschung, wenn man in der schönen stattlichen Außenpackung, die auch problemlos zu öffnen ist, einen Innenbeutel antrifft, der schon durch seine Bescheidenheit klarmacht, daß die entzogene Luft reichlich mitgeliefert wird. Und wenn man dann gerade kein geeignetes Instrument zur Hand hat, scheitert man an der weiteren Öffnung. Das ist um so unangenehmer, wenn man Nüsse oder Mandeln gewissermaßen als „Durchhaltehappen" für Eisenbahn, Theater oder Stadion erstanden hat. Da hilft nur eine Begleitung mit scharfem Raubtiergebiß!

Zu kämpfen hat der Laie auch mit jenen Sektkorken, die heutzutage keine Korken mehr sind, oder mit Weinkorken, die zwar welche sind, aber durch irgend etwas gelitten haben, so daß sie entweder den Korkenzieher mühelos aus- und einpassieren lassen oder sich in ihre Bestandteile auflösen und im Inneren der Flasche zu verschwinden drohen, was für den Kenner ewige Verdammnis des Inhalts bedeutet. Dieser Kenner leidet wahre Qualen, wenn er sieht, wie ungeschickte oder ungeübte Hände mit einer edlen Flasche herumhantieren und wie seine durch jahrelanges hartes Training erworbene Erfahrung und Übung zurückgewiesen wird. Ihm wäre der Kork bestimmt nicht gebrochen, und er hätte die Sektflasche nicht so unachtsam herumgeschwenkt, daß schließlich der Kork mit lautem Knall einen Mitgast angeschossen hätte!

Dann gibt es natürlich noch die Schraubverschlüsse, die fast problemlos wären, wenn sie nicht von Zeit zu Zeit verkanteten und wenn es nicht jene Leute mit den Bärenkräften gäbe, die etwa Benzintank, Marmeladenglas und Unkrautspritze für die Ewigkeit zuschrauben.

## Taschen
### sind nicht ohne Tücken

Hinsichtlich der Vielfalt ihrer Taschen sind die Männer den Frauen immer noch weit überlegen. Zwar gerieten die Frauen durch die Hosenmode auch in den Besitz der so vielseitig verwendbaren Hosentaschen, können sie aber kaum verwenden, weil jede gutsitzende Hose bekanntlich mächtig an Eleganz verliert, wenn sie durch allerlei Ausbeulungen verrät, daß die Taschen nicht leer sind.

Männer sind da viel souveräner: Sie stehen oft erhaben über der Tatsache, daß etwa ihre Oberschenkel durch mindestens zwei zusammengeknautsche Taschentücher deformiert werden. Bei zukünftigen Männern kann man sogar heilfroh sein, wenn es sich nur um Taschentücher handelt. Bei ihnen findet man außer ganzen Do-it-yourself-Werkstätten wenig benutztes Kaugummi, wichtige Dokumente, unabgeschickte Postkarten an die Oma, Miniautos, Geldstücke, Trockenobst, Radiergummis, Farbstifte und eventuell lebendes Inventar wie Marienkäfer in Döschen, klitzekleine Frösche und den geliebten Goldhamster, der auch mal die Wonnen eines Schulausfluges genießen soll. Letzterer wird natürlich nicht mit in die Wäsche gegeben – bei allem anderen hingegen kann man nie wissen. Darum ist Vorsicht geboten. Ein Kugelschreiber kann sich verheerend auf die übrige Wäsche auswirken, und ein Schülerfahrausweis kommt in entscheidend verändertem Zustand aus der Waschmaschine. Da die jungen Herren später eine Zeit der mehr als knapp sitzenden Hosen durchmachen, verringert sich ihr Tascheninhalt ganz von selbst, ja, es ist ihnen noch nicht einmal mehr möglich, im Sitzen das Taschentuch aus der Hosentasche zu angeln – sicher auch ein Grund, weswegen bei Teenagern so oft die Nase hochgezogen wird.

Der in späteren Jahren korrekt gekleidete Herr gerät in den Genuß einer wahren Fülle von Anzugtaschen, was ihn von vornherein der ewigen Brillen- und Portemonnaiesuche enthebt – eine lästige Sache, die den Frauen zeit ihres Lebens auferlegt ist. Der ordentliche Mann, der vorschriftsmäßig jeden Tag den Anzug wechselt – selbst wenn er nur zwei hat –, räumt allabendlich den Inhalt sämtlicher Taschen aus und legt ihn an einen eigens hierfür bestimmten Platz; der unordentliche hingegen entnimmt beim Anziehen nur rasch das Notwendigste, weswegen der Inhalt seiner Jackentaschen mit der Zeit zu einem wahren Sammelsurium wird. Dies hat schon Anlaß zu mancher Detektivarbeit und manchem Krach gegeben, denn, wie wir alle wissen, geraten pflichtbewußte Frauen beim Ausbürsten der Taschen oder ähnlichen lobenswerten Tätigkeiten unversehens an den Inhalt. Man kann nur verblüfft sein, was manche Männer nicht in den nächsten Papierkorb geworfen haben, obwohl dies sicher empfehlenswert gewesen wäre.

Durch Blazer oder Kostümjacke kommt natürlich auch die Frau zu Taschen, und sie hat nun endlich ein sicheres Gelaß für Brille oder Sonnenbrille. Leider aber schließt das die bekannte Suche nicht aus, weil man nach dem lästigen Gerät zunächst an den gewohnten Plätzen forscht. Aber auch sonst erleichtern die vielen schönen Taschen das Leben nicht unbedingt: Außer der Handtasche hat man nun noch mehr Plätze,

wo man Fahrkarten, Reinigungszettel, Geldscheine, Autoschlüssel und Eintrittskarten hinstecken kann. Zugschaffner
wissen davon ein Lied zu singen – begibt sich doch die elegante Dame zumeist in einer kleidsamen Jacke auf die Reise
und hat dann bei der Kontrolle viele Möglichkeiten, nach
dem Fahrausweis zu fahnden. Übrigens wird man hier oft
vor die mysteriöse Tatsache gestellt, daß man das Gesuchte
schließlich in einer Tasche findet, in der man nachweislich
schon dreimal nachgeschaut hat.

Bei vielbenützten Taschen neigt das Futter dazu, eines
Tages unten eine Öffnung zu bekommen, die das Funktionieren der ganzen Tasche entscheidend in Frage stellt. Während bei Hosentaschen der Inhalt verloren gegeben werden
muß, treibt er sich bei den meisten Jacken- und Mantelta-
schen am unteren Ende des Gewandes herum. Natürlich
nimmt man sich vor, den Schaden gleich zu beheben – aber
Taschenflicken ist ein besonders lästiges Geschäft, genauso
wie Ärmelfutter festnähen. Und so gewöhnt man sich daran,
wichtige Dinge von geringen Ausmaßen auf der anderen
Seite zu installieren. Übrigens soll schon hin und wieder ein
im Jackenfutter weilendes Geldstück zum Retter in der Not
geworden sein.

Und zum Schluß noch eine Frage in Sachen Gleichberech-
tigung: Warum haben weibliche Jacken fast nie eine Innenta-
sche, wie sie für Männer obligatorisch ist?

### *... und plötzlich hat man die Adresse vergessen*

Zu den Unsitten der alten Schule, die inzwischen glücklicherweise abgeschafft sind, gehörte auch die, daß die Kinder von den Lehrpersonen zu Botengängen ausgenutzt wurden. Leider muß aber auch gesagt werden, daß die irregeleiteten Kinder ganz versessen auf solche Botengänge waren, die geradewegs aus dem Schulzimmer hinaus in die große weite Welt führten. So gelang es mir und meiner Busenfreundin einmal, den Auftrag zu ergattern, den Kellerschlüssel des Lehrers Kleber mit schönem Gruß an Frau Lehrer Kleber in die Max-Reger-Straße Nr. 12 zu bringen. Aber dort mußten wir zu unserem Entsetzen feststellen, daß in Nr. 12 kein Kleber wohnte. Etwas verstört, aber voll Feuereifer, suchten wir die Straße von Tür zu Tür ab. Die Straße war sehr lang. In der Schule wurde man inzwischen unruhig und entsandte eine Suchtruppe. Diese Truppe suchte nun ihrerseits die Max-Reger-Straße ab und fand uns nicht. Um es kurz zu machen: Nach Verzweifelung, Tränen, Lehrerzorn, Warten und Einschaltung eines Polizisten mit Fahrrad fand man uns in der Richard-Wagner-Straße; als Tochter aus musikliebendem Hause hatte ich in der Aufregung beide Komponisten miteinander verwechselt.

So etwas kann passieren, und es passiert durchaus nicht nur, wenn man erst neun Jahre alt ist. Ganz im Gegenteil:

Aus den verschiedensten Gründen irrt man auch zuweilen im späteren Leben auf der Suche nach einem Haus umher, dessen genaue Adresse man eigentlich wissen müßte. Manchmal ist es die Hausnummer, die einem plötzlich fehlt. Man hat gemeint, man behielte sie in Erinnerung, aber nun weiß man nur noch, daß es irgend etwas mit einer Sechs oder einer Neun war oder daß es eine Zahl war, die nur um eine Nummer anders war als die Hausnummer unserer vorletzten Wohnung – sie war also ganz leicht zu merken. (Jeder Mathematiker kann aus dieser Angabe die Fülle der Möglichkeiten errechnen!) Oder man hatte geglaubt, das Haus, in dem man vor Jahren schon einmal war, gleich wiederzuerkennen. So kommt es zu den bekannten Suchaktionen. Ohne Auto geht man von Haustür zu Haustür und hat Gelegenheit, festzustellen, wie wenige Leute ihren Namen lesbar an der Gartenpforte angebracht haben. Infolgedessen macht man sich verdächtig, indem man zu abendlicher Stunde in fremden Vorgärten herumschleicht und an fremden Haustüren Zündhölzchen abbrennt. Vom Auto aus sucht man großzügiger: „Hier kann es nicht sein, solche Gardinen würde Inge nie aufhängen …"; „Ich bin ganz sicher, daß dort ein Balkon zur Straße sein muß …"; „Ich erinnere mich genau an einen matschigen Gartenweg …"; „Er hat doch neulich mit einer echten alten Gaslaterne – weiß gestrichen – so schrecklich angegeben …"; „Hier kann es nicht sein, da liegen ja Kinderroller im Garten …" Also bloß nicht unnötig aussteigen!

Aber auch die Straße spielt dem Gedächtnis oft einen bösen Streich. Manchmal glaubt man, gar nicht erst nach ihr fragen zu müssen, weil man genau weiß, wo das Haus liegt, und es dann im entscheidenden Moment doch nicht so ganz genau weiß. Es gibt Viertel, in denen sich die Straßen ungeheuer gleichen und auch alle ähnlich heißen: Haydn- und Händelstraße etwa, die Gneisenau- liegt neben der Blücherstraße und Semmelweiß neben Ehrlich. Da kann das beste Gedächtnis in Verwirrung geraten! Oder man hat die Einladung (oder den Zettel mit der entsprechenden Notiz) zwar ganz bestimmt eingesteckt, aber durch ein negatives Wunder dann doch nicht bei sich.

In diesen Augenblicken, wo man von Haus zu Haus, von Straße zu Straße irrt, wo man nach Telefonzellen sucht und fremde Leute belästigt, wo der Blick auf die Uhr einem klarmacht, daß man mit unschicklicher Verspätung eintreffen wird, und wo man fernmündlich irgendwelche Lieben daheim nach Zetteln und Einladungen suchen läßt, offenbaren sich die Charaktere. Es ist sicher in hohem Grade unfair, in einem solchen Falle die Schuldfrage zu erörtern, wobei sich dann noch darüber streiten läßt, ob der die Schuld trägt, der die Einladung sicherlich auf dem Schreibtisch liegenließ, oder der, der trotz mehrfacher Mahnung noch immer nicht das Futter der Manteltasche repariert hat. Ist der schuldig, der sich nie etwas richtig erklären läßt, oder der, der ja bekanntlich immer alles vorhersieht und sich trotzdem nicht noch einmal selbst erkundigt? Liegt das Unglück an dem, der voreilig behauptet hat, er wisse, wo der Kollege wohnte, oder an dem, der nie zu Hause erzählt hat, daß der Kollege umgezogen sei, obschon dies vor mindestens einem halben Jahr passierte? Diese unfairen Fragen sind bisher noch nie während einer Gastgeberhaussuche geklärt worden und deswegen völlig nutzlos. Es hat auch keinen Sinn, festzustellen, das wievielte Unglück dieser Art es ist, was man gleich vorausgesagt hat, was man nun aber endgültig leid ist und was mal wieder typisch ist. Ganz im Gegenteil, hier hat man eine fabelhafte Gelegenheit, dem anderen durch freundliche Gelassenheit zu imponieren. Genieren tut er sich schon ganz allein während der gemeinsamen Suchaktion.

Sollten Sie übrigens mich einmal besuchen wollen, so beachten Sie bitte, daß ich auf dem Annaberger Weg wohne und nicht auf der Annaberger Straße. Zuweilen kommen Gäste mit reichlicher Verspätung zu mir, nachdem sie vergeblich jene Straße, die ganz woanders liegt, erforscht haben.

Hin und wieder war auch zwischen den Paaren eine offensichtliche, nur mühsam unterdrückte Gereiztheit festzustellen. Sicher hatten sie unterwegs die Schuldfrage zu klären versucht.

## Von Büchern, die verschwinden

Wer ist eigentlich Waltraud?" wurde ich neulich von meiner jüngsten Tochter gefragt. Nun fiel mir selbst bei heftigem Nachdenken keine Waltraud ein, und auch das Auf-die-Sprünge-Helfen: „Das liebe Enkelkind von Großmutti und Großvati . . .?" öffnete keine Schublade in meinem Gedächtnis. Weitere Nachfragen brachten ein Buch mit der Widmung „Unserem lieben Enkelkind Waltraud von Großmutti und Großvati" zutage, das in einer vergessenen Bücherkiste geruht hatte und nun hervorgekramt und gelesen worden war. Da fiel es mir auch wieder ein: Mit Waltraud bin ich zur Schule gegangen. Sie hatte zwei Zöpfe, trug immer ein rotkariertes Kleid mit schwarzem Lackgürtel, hatte einen Wintermantel aus echtem Kaninchenfell (Edelkanin!), eine Zahnspange und alle Bände von „Nesthäkchen", „Pucki", „Gisel und Ursel" und anderen schönen Büchern, die sich meine Eltern strikt zu kaufen weigerten. Zu denken, daß der armen Waltraud seit Jahrzehnten der Band „Nesthäkchen fliegt aus dem Nest" gefehlt hat, weil ich es offenbar versäumte, ihn zurückzugeben, erfüllt mich mit echter Reue! Ich weiß auch gar nicht, wie das geschehen konnte, denn als Kinder kannten wir in dieser Beziehung keine feine Zurückhaltung. Wer Bücher geliehen hatte, mußte damit rechnen, ganz schamlos, direkt und ohne Unterlaß gemahnt zu werden. Auch war es durchaus üblich, die zurückgegebenen Bücher schonungslos in Gegenwart des Entleihers und eines sonstigen Publikums auf ihren Zustand hin zu untersuchen und etwaige Eselsohren, Fettflecken und angestoßene Ecken streng zu rügen. Natürlich waren immer die kleinen Geschwister oder Kusinen für alles verantwortlich, aber entsetzlich peinlich war es doch.

Jetzt, als erwachsene Menschen, sind wir von feiner Zurückhaltung: Wir mahnen sehr ungern Bücher an, und wenn wir sie in ramponiertem Zustand wiederbekommen, entringen wir uns zumeist ein gequältes „Das macht doch nichts!" oder übersehen, daß jemand offensichtlich das Buch aufgeschlagen mit dem Rücken nach oben in die Sonne gelegt hat, was, wie jeder Bücherfreund weiß, das allerschlimmste ist, was man Büchern antun kann. Die böseste Folge unserer feinen Zurückhaltung aber ist die: Häufig vergessen wir nach einiger Zeit, daß wir dieses Buch verliehen haben, und wenn es uns wieder einfällt, wissen wir nicht mehr, an wen eigentlich. Bei manchen Büchern macht es ja nicht viel aus, manche hätte man aber doch sehr gern wieder. Zuweilen hält man in allen befreundeten Bücherregalen jahrelang diskret Umschau, und zuweilen verbittert man andere Leute, indem man sie aus Versehen nicht weniger als dreimal fragt, ob sie vielleicht „Dracula" entliehen haben. Übrigens kauft man sich verliehene Bücher, auch wenn man sie nicht zurückbekommt, niemals neu. Vielleicht kommen sie eben doch wieder zum Vorschein. Einmal fand ich, als ich bei Freunden abends im Bett noch ein bißchen in den „Drei Musketieren" schmökern wollte, groß und breit meinen Namen auf das Vorsatzblatt geschrieben! Es war noch mein Mädchenname.

Es gibt zwei Arten, Bücher zu entleihen: Die einen erblickt man und ruht nicht eher, bis man sie für längere oder kürzere Zeit einpacken darf, und die anderen bekommt man mit der Weisung: „Das mußt du unbedingt lesen!" in den Arm gelegt. Bei der zweiten Gruppe sind die Leute manchmal selbst schuld daran, daß sie ihre Bücher nicht zurückbekommen. Man hat nicht die geringste Lust, sie zu lesen, und möchte sie ja auch aus Nettigkeit nicht ungelesen zurückgeben. Außerdem soll man sich gewiß auch noch darüber unterhalten! Wenn ich so meine Bücher betrachte, finde ich von dieser Sorte einige; ich habe sie immer noch nicht gelesen, aber ganz bald werde ich es bestimmt tun, und dann gehen sie auch zurück, was sicher für die Besitzer ein unvorhergesehenes Wiedersehen sein wird. Obwohl nämlich die schlechte Erfahrung mit nicht zurückbekommenen Büchern ganz allgemein ist, gibt es doch nur sehr wenige Leute, die den ordentlichen Vorsatz, jedes ausgeliehene Buch in ein dafür bestimmtes Merkheftchen zu schreiben, auch wirklich durchführen.

Daß so viele Bücher nie wieder auftauchen, hat seinen Grund: Selbst sonst ehrliche und anständige Menschen neigen dazu, Bücher, die sie seit längerer Zeit bei sich stehen haben, eines Tages zu adoptieren. Manchmal mit der Rechtfertigung, daß der eigentliche Eigentümer sie doch nicht kapiert oder nicht zu würdigen weiß, manchmal auch nur einfach so. Sie werden eingeordnet und einverleibt, und wenn dann wider Erwarten der rechtmäßige Besitzer sie doch noch zurückfordert, kann es ihm passieren, daß man ihm dies ehrlich übelnimmt, so als hätte er sich als geizig, gierig und taktlos zugleich erwiesen.

Ganz schlecht ist es übrigens um die allgemeine Moral bestellt, wenn es um Taschenbücher geht. Nicht nur, daß kaum ein Mensch daran denkt, sie je zurückzugeben – sie werden sogar ständig entliehen, ohne daß der Besitzer etwas davon ahnt. So kann es passieren, daß ein wirklich grundehrlicher Mensch, der ein Taschenbuch zurückgeben will, darin einen Namen geschrieben findet, den er nie im Leben gehört hat. Kein Wunder, daß er daraufhin beschließt, das Werk zu behalten – vor allem, wenn er an all die Lücken denkt, die in seinem Taschenbuchregal auf dem Flur klaffen.

# Fasse dich kurz!

Für die Wahrheit folgender Geschichte kann ich mich verbürgen: Ein Kollege, mit dem ich einen Raum in der Redaktion teilte, wollte seiner lieben Gattin etwas telefonisch mitteilen. Dies gelang ihm nicht, weil sein Telefon daheim dauernd mit dem Besetztzeichen reagierte. Nach vergeblichen Bemühungen, die sich über mehr als eine Stunde hinzogen, schickte er ein Blitztelegramm nach Hause mit der Bitte, doch einmal kurz den Hörer aufzulegen. Tatsächlich traf der Telegrafenbote die Dame noch am Telefon an. Die Verbindung kam zustande, und weil es sich um einen Ehemann handelte, der Spaß verstand, bestellte er für seine Frau einen wunderschönen kleinen Sessel mit Fußstütze, damit sie es in Zukunft auf dem Flur, wo bis dahin neben dem Telefon nur ein Hocker stand, auch bequem hätte. Dazu läßt sich sagen, daß es ganz gewiß noch viele Leute gibt, die so lange und ausdauernd telefonieren; selten sind nur die, die im Umgang mit ihnen so viel Gelassenheit und Verständnis aufbringen.

Endlose Gespräche heranwachsender junger Damen etwa können sonst wohlwollende Angehörige schon enervieren, auch dann, wenn sie selbst im Augenblick gar nicht elefonieren wollen. Aber die Besprechung „unheimlich starker" T-Shirts und „irre frustrierender" Lehrer sowie endlos, variierte Kino-Verabredungs-Verhandlungen mit anschließendem Wettbewerb, wem es nach mindestens achtmaliger Verabschiedung gelingt, zuletzt aufzulegen, können schon die Geduld strapazieren. Leider aber muß man sich hinterher unter Umständen sagen lassen: „Aber was ist denn? Du hast doch mit der Tante Lotte neulich mindestens ebensolange telefoniert!" Und es stimmt sogar: man hat. Man hat sogar Kritik einstecken müssen, weil andere Leute in der Zeit verzweifelt versucht haben, einen zu erreichen. Solche Leute neigen leider dazu „Bei euch (oder: „bei dir") war immer besetzt!" mit einem ausgesprochen vorwurfsvollen Unterton zu sagen.

Ganz dummerweise neigt aber auch der Dauertelefonierer zu der Behauptung, er habe mit dem Steuerberater oder der Autoreparaturwerkstätte längere Diskussionen führen müssen, anstatt wahrheitsgemäß zu berichten, daß man im weitaus umfangreichsten Teil der besetzten Zeit mit der Freundin einmal wieder gründlich die Lage besprochen hat. Denn es ist ein altes Vorurteil, daß das Telefon hauptsächlich zum Übermitteln wichtiger Nachrichten da sei – es dient genausogut zur Erfüllung des Quantums wörtlicher Rede, das die meisten Menschen nun einmal für ihr Wohlbefinden brauchen. Leider tritt dies Bedürfnis aber nicht immer bei allen Beteiligten gleichzeitig auf: Man liest gerade ein schönes Buch, sieht fern, hat Besuch, will nicht ausgerechnet mit dem augenblicklichen Anrufer die Lage besprechen, ist im Begriff, in die Badewanne zu steigen, oder will das Telefon für einen anderen Anruf freihalten, von dem man zwar hofft, daß er kommt, es aber nicht genau weiß. Manchen Anrufern kann man diese Gründe für ein „Fasse dich kurz!" ehrlich mitteilen. Da es aber nicht immer möglich ist, wird man vor das Problem gestellt, wie man ein Telefongespräch zu einem schnellen Ende bringen kann, ohne jemanden zu kränken.

Manchmal hat man die Sache schon gleich am Anfang versiebt, indem man wahrheitsgemäß berichtet hat, man läge untätig in der Sonne oder sähe nur einen Fernsehfilm an. Manchmal aber gelingt es einem geistesgegenwärtig gleich eine Rückzugsposition aufzubauen, durch rechtzeitige Hinweise, daß man „gleich" Abendessen zubereiten muß oder gerade einen Kuchen im Backofen hat.

Manche Gespräche geraten allerdings ganz unerwartet endlos, weil man in aller Harmlosigkeit mit einer beiläufigen Bemerkung oder Frage auf den Öffnungsknopf einer Schleuse gedrückt hat. Und dann strömt es endlos. Wenn man Glück hat, klingelt es an der Haustür oder der Hund bellt. Sonst muß man sich mit Ausreden behelfen wie: „Ich glaube, die Katze muß mal 'raus!" oder: „Jetzt wird es aber höchste Zeit, daß ich mal nach dem Baby (der Wäsche, den Schularbeiten, der Raumpflegerin, meinem Mann ...) sehe!"

Wenn man jedoch Pech hat, meint dann der liebenswürdige Anrufer: „Das macht nichts, ich bleib' so lange am Apparat ...!"

## Wer hat uns denn da
## wieder geschrieben?

Eigentlich ist es immer schön, Post zu bekommen! Man findet ein ganzes Paket Briefe im Kasten und kehrt erwartungsvoll damit ins Haus zurück. Aber leider stellt sich dann zumeist heraus, daß die Freude ganz – oder wenigstens zum größten Teil – unbegründet war, denn was man nun vorfindet, ist wirklich nicht unbedingt dazu angetan, einen glücklich zu machen: Da kommt die Telefonrechnung und eine Mahnung wegen 3000 Litern teuren Heizöls, die man aber, wie es in einem Nachsatz heißt, als gegenstandslos betrachten soll, weil man schon bezahlt hat, dann ist da noch eine Karte von sehr entfernten Verwandten, die einem offensichtlich nur schreiben, damit man auch bemerkt, daß sie sich am Nordkap befinden oder befunden haben, die Stadt teilt einem zuvorkommenderweise mit, daß am nächsten Dienstag für drei Stunden das Wasser abgestellt wird, und ein Knabe bedankt sich vermittels einer fein gedruckten Karte auch im Namen seiner Eltern für alle Grüße, Wünsche und Gaben anläßlich seiner Konfirmation. Aber das ist natürlich noch nicht alles. Tagtäglich kommt einem außerdem noch Post ins Haus geschneit, die einem, wenn man nur die Chance zu nutzen weiß, die prachtvollsten Möglichkeiten eröffnet.

Ein Hamburger Geschäft bietet einem wirklich sensationelle Ausverkaufsgeschenke, die nur den Nachteil haben, daß man sie nahezu fünfhundert Kilometer von hier entfernt kaufen müßte. Dagegen ist es natürlich sehr viel einfacher, in den Genuß einer garantiert verjüngenden und verschönernden kosmetischen Behandlung hier in der Nähe zu kommen, wofür ein Gutschein über fünf Mark beiliegt. Oder es wird einem zunächst brieflich jedes mögliche drohende Unglück ausgemalt, wobei man aber bei der weiteren Lektüre dieses finsteren Schreibens dadurch getröstet wid, daß sich alles durch eine günstige Versicherung auf das beste regeln läßt. Man erhält beispielsweise das höchst interessante Angebot, vermittels eines Fernkurses mit zahllosen Anerkennungsschreiben zu einem Erfolgsschriftsteller oder wenigstens Journalisten ausgebildet zu werden, und, falls man darauf keinen Wert legt, verspricht einem ein anderes Schreiben (mit dem Vermerk: „persönlich"), daß man spielend leicht eine Fremdsprache seiner Wahl, den Beruf eines Heilpraktikers, eines doppelten Buchhalters oder eines Managers erlernen kann. Auch wieder ganz persönlich – so daß man sich schon direkt bevorzugt und geschmeichelt fühlt – wird einem ein Lotterielos, mit dessen Hilfe man die Finanzierung eines Eigenheims schon nahezu fest in der Hand hat, angeboten. Man muß das Los nur rasch bezahlen. Gewiß verdienstvolle wohltätige Organisationen pflegen einem Postanweisungen ins Haus zu schicken, was sicher gut und richtig ist. Verblüfft ist man nur manchmal über die Geschwindigkeit, mit der eine neue Postanweisung ins Haus geflattert kommt. Es gibt kaum eine Behörde, ein Geschäft oder eine Person, die so zuverlässig postwendend reagiert!

Wie beglückend ist es, immer wieder festzustellen, wie wildfremde Menschen um unser Glück und Wohlergehen besorgt sind und uns in diesem Sinne schreiben. Sie raten einem, urgesunden Honig, wohltätige Säfte oder aufbauende

Dragees zu bestellen, und laden in einen Zirkel ein, in dem wir die entzückendsten Menschen kennenlernen werden. Natürlich handelt es sich, wie man dem weiteren Verlauf des Schreibens entnimmt, mehr um eine Aufforderung als um eine Einladung. Aber es gibt auch ganz fremde Leute, die einen wirklich einladen – zu Kaffee und Kuchen und einer Omnibusfahrt. Aber damit nicht genug: Man wird noch ein halbes Pfund guter Butter oder so etwas als Geschenk erhalten, und ein aus Film und Fernsehen bekannter Künstler wird dazu singen. Und um die Güte zu vervollständigen, wird man uns auch noch mit einer Neuheit bekannt machen, die wir nach einem interessanten Vortrag erwerben können. Man hat wirklich allen Grund, gerührt zu sein!

Nach solchen beglückenden Angeboten ist es geradezu erfrischend, wenn man auch einen Brief vorfindet, in dem man ein wenig streng gemahnt wird, trotz der fortgeschrittenen Jahreszeit noch immer nicht den geliehenen Skipullover zurückgeschickt hat.

# WIE KOMMT MAN ZU WAS?

## *... und wer erbt die goldene Uhr?*

Zu den mannigfachen Möglichkeiten, zu Geld und Gut zu kommen, gehört – nicht an letzter Stelle – auch das Erben. Immer lese ich voller Neid, wenn etwa in der Zeitung nach den Verwandten des neunzehnhundertsechsundzwanzig nach Amerika ausgewanderten Alois Neubauer gesucht wird, und überlege fieberhaft, ob nicht vielleicht auch in meinen Adern Neubauer-Blut rollt. Es muß wirklich hübsch sein, von einem längst verschollenen und vergessenen Verwandten, um den man also auch nicht allzu traurig sein kann, ein Vermögen zu erben; denn – so sagt man sich – hätte der liebe, vergessene Alois oder Onkel Alois nur seine alten Anzüge und Fotos hinterlassen, so würde man doch sicher nicht die Erben auf kostspielige Art und Weise suchen. Allerdings passiert es nur sehr selten, daß sich das Leben durch eine unerwartete Erbschaft grundlegend ändert. Zumeist sind die Erben reicher Onkel selber reich, oder aber sie sind so zahlreich, daß Alois Neubaueres gutgehendes Speiselokal in Chikago, geteilt durch sechsundzwanzig minus Erbschaftssteuer, nur noch in Gestalt einer Sommerreise oder einer Waschmaschine oder auch nur einer längst fälligen Neutapezierung des Wohnzimmers in Erscheinung tritt.

Aber auch kleine Erbschaften sind nicht ohne Reiz. Das merkt man spätestens dann, wenn der Kampf um Tante Annis silberne Mokkalöffel entbrennt. Es ist gar nicht so, daß einem so besonders viel an diesen Löffeln liegt, sondern so, daß jemand anders sie nicht bekommen soll. Die Schwägerin etwa, die schon bei der letzten Erbteilung den echten Kummer der anderen ausnutzte und mit den besten Sachen abzog, die soll sie ganz gewiß nicht haben! Leider erwecken habgierige Leute auch bei den andern die übelsten Instinkte, so daß selbst wirklich großzügige Menschen sich plötzlich in einen Kampf um Kleists „Gesammelte Werke" verwickelt sehen, bloß weil Vetter Gerhard, wie schon bei Hebbel, Fontane, Grillparzer und Schiller, nun auch bei Kleist behauptet, der Verblichene habe ihm die Werke schon zu Lebzeiten geschenkt und er habe sie nur stehen lassen, um die Bibliothek nicht auseinanderzureißen.

Das Schenken zu Lebzeiten (oder wie es so poetisch heißt „das Schenken mit warmer Hand") ist überhaupt ein Kapitel für sich. Es ist sehr lieb, wenn etwa die Großmama sich darüber freuen will, wie hübsch ihre Kette der Enkelin steht, und sie zum Geburtstag schon einmal herschenkt. Großmama trägt sie doch nicht mehr, und die Enkelin freut sich jetzt ganz bestimmt viel mehr darüber als in zehn Jahren, wenn sie vielleicht schon selbst Schmuck hat oder sie welchen kaufen könnte. Und wenn die liebe alte Tante jeder ihrer Nichten erlaubt, an den immer bewunderten Eckschrank zu treten und sich ein Stück des Staatsporzellans auszusuchen, wird das sicher eine dankbare Erinnerung an die alte Dame schaffen – besonders, da es sehr selten ist, daß sich alte Leute auch von den Dingen, für die sie überhaupt keine Verwendung mehr haben, trennen können. Aber großen Ärger kann es geben, wenn echte Erbschleicher am Werke sind, die sich gewissermaßen vom Sterbebette her reich beschenken lassen. Es ist so leicht, einer armen, kranken, alten Person etwas abzuschwatzen, und leider ist es für schwarze Seelen noch leichter, später schlicht zu behaupten, man habe etwas geschenkt oder versprochen bekommen. Keiner kann dies Unwesen kontrollieren. Oft, und dies muß auch gesagt werden, weil zuweilen sich keiner in den letzten Tagen und Wochen um die alte Tante oder den kranken Onkel gekümmert hat, als eben der, der jetzt im umstrittenen Besitz der alten goldenen Repetieruhr ist. Man hat übrigens nie damit gerechnet, die wunderschöne alte Uhr selbst zu bekommen, dazu gab es stets viel nähere Anwärter – aber daß sie nun die Haushälterin des guten Großonkels hat, die, die ihn „zu Tode pflegte", das geht zu weit! In solchen Augenblicken entwickelt der Mensch oft einen gewaltigen Familiensinn und geht dafür auf die Barrikade, daß das gute Stück in der Familie bleibt, was bedeutet, daß der Cousin sie bekäme, der einen als Kind immer verpetzt hat. Er ist zwar ein echter Widerling, aber seinetwegen brauchte sich Urgroßmutter nicht im Grabe herumdrehen, was sie nach allgemeiner Ansicht täte, wenn die Uhr, die sie einst ihrem Manne schenkte, nun die fremde Person bekäme.

Übrigens gibt es natürlich auch Testamente. Manchmal sind sie aber leider so abgefaßt, als ob sie nur dazu ausgedacht worden wären, um Unfrieden zu stiften. Sicher hat sich mein Großvater nicht im Traume ausgemalt, daß sich aus seiner Klausel: „Die Bibliothek bleibt im Hause, aber jeder darf sie benutzen!" im Verlauf von fast dreißig Jahren Tonnen von Dynamit entwickeln könnten. Aber das war nichts gegen das, was der Erblasser anrichtete, der einem seiner Söhne sein Haus vererbte mit der Auflage, seine Geschwister immer gastfreundlich aufzunehmen.

## Ab morgen wird gespart!

Immer wieder hört man von schwerreichen Leuten, die sich bei dieser oder jener Gelegenheit als besonders sparsam (um nicht zu sagen: geizig) erwiesen haben. Sie tragen grundsätzlich kein Geld bei sich und schnorren, wo sie können, sie streiten sich mit Oberkellnern um Pfennigbeträge, tragen ihre Kleidungsstücke, bis sie auseinanderfallen, und schwören auf einen Wein, der jeder Beschreibung spottet. Außerdem nehmen sie auch von Freunden für kleinere verborgte Summen Zinsen und kassieren Strom- und Wassergeld, wenn sie Gäste in einem ihrer zahlreichen Sommer- und Winterdomizile hatten. Wenn aber dann – über so viel Sparsamkeit bei solchem Reichtum – geklatscht wird, so taucht auch immer wieder die Frage auf, ob diese Leute nicht vielleicht deshalb so reich geworden sind, weil sie so konsequent auf den Pfennig schauen und seit soundso viel Jahren alles das, was andere Leute so sorglos ausgeben, immer wieder angelegt haben – natürlich mit besonderem Geschick, denn nur mit Geiz allein kann man doch wohl kaum Millionen sammeln.

Wenn man dann allerdings einmal selbstkritisch in sich hineinblickt, muß man ein wenig geniert feststellen, daß man auch von Zeit zu Zeit unter ausgesprochenen Anwandlungen von Sparsamkeit im kleinen leidet, die allerdings bei unsereinem kaum dazu geeignet sind, finanzielle Lücken zu schließen, die man an anderer Stelle aufgerissen hat. So muß man etwa dreißig Jahre lang bei jeder sich bietenden Gelegenheit die Flurlampe ausknipsen, bis man die hochkünstlerische Luxustapete im Flur wieder eingespart hat. Aber nichtsdestotrotz ist gerade die Methode, durch Ausknipsen einer im Augenblick nicht benötigten Beleuchtung nennenswerte Ersparnisse zu erstreben, weit verbreitet. Und besonders manch heimkehrender Hausherr, der sein Heim nur mit einer Person bevölkert, aber in strahlender Festbeleuchtung vorfand, hat schon in dieser Tatsache den Grund dafür ausgemacht, daß Grünewalds von nebenan ein Eigenheim zusammengespart haben und er nicht. Ganz sinnlose Anfälle von Sparsamkeit erlebt übrigens auch jene Hausfrau, der die Kosten für eine Party über den Kopf wachsen: Delikatessen, Getränke, Steaks, feinster Käse und ein neuer Rock sollen sein, aber plötzlich ertappt sie sich dabei, daß sie Salzstangen zählt und hofft, daß die Papierservietten und Kerzen noch ausreichen. Früher pflegte man in solchen Fällen auch an der „guten" Butter zu sparen, aber da ja heute sehr diätbewußt gelebt wird, ist ohnehin der Butterverbrauch eingeschränkt.

Überhaupt erwiesen sich die verschiedensten Methoden, am Haushalt größere Summen einzusparen, nicht immer als besonders wirkungsvoll. Ich erinnere mich beispielsweise an ein Sonderangebot in Dauerwurst, das ein Äquivalent für die erschreckend hohen Mietkosten der Ferienwohnung sein sollte. In der Tat erwies sich diese Wurst nicht nur als billig, sondern auch als besonders sparsam im Verbrauch, weil sie ohne jede Begeisterung konsumiert wurde; gleichzeitig stiegen aber die Unkosten für Käse und anderen Brotbelag, so daß diese Sparsamkeit das Budget ebenso minimal entlastete wie der Versuch, den allzu sorglosen Umgang mit Sonnenöl einzudämmen. Andere Sonderangebote geben einem wirklich Gelegenheit, Pfennige, Groschen oder gar Markstücke zu sparen. Daß man bei der eifrigen Ausnutzung dieser Möglichkeiten trotzdem nicht zum Millionär wird, liegt daran, daß jede Million eben sehr viel Pfennige hat. Beim Einkauf etwa größerer Mengen Sauerkirschen oder Ochsenschwanzsuppe, die sehr günstig zu bekommen waren, kann man nicht soviel Geld auf die Seite legen, wie man es hätte tun können, wenn man auf diese Dinge ganz verzichtet hätte – aber wer geht schon an einem Sonderangebot vorbei?

Zuweilen aber macht der Mensch doch echte Ersparnisse, die ihn danach auch mit echter Freude erfüllen, selbst wenn die reale Summe äußerst klein ist: Da gibt es die Parkuhr, die keine Groschen mehr aufnimmt, der freie Tag im Museum, die zwanzig Pfennig, die aus dem öffentlichen Fernsprecher wieder herausfallen, die ungestempelte Briefmarke und die Autobahnraststättentoilettentür, die sich normalerweise nur gegen Einwurf von Bargeld öffnet, aber manchmal auch offensteht. Solche Türen werden übrigens von Besucher zu Besucher weiterempfohlen, was darauf schließen läßt, daß auch andere Leute hin und wieder den Pfennig ehren. Leider machen aber auch diese Ersparnisse das Reisen, im ganzen gesehen, nicht sehr viel billiger. Da schlägt es schon eher zu Buch, wenn man ganz ehrlich im Zug nachlösen will, und zwischen Bonn und Düsseldorf läßt sich kein Schaffner sehen, was ganz sicher unter die kleinen Freuden zu rechnen ist.

Als wir in der Schule die Zins- und Zinseszinsrechnung lernten, bejammerte eine Freundin sehr, daß nicht einer ihrer Vorfahren auf die Idee gekommen war, vor fünfhundert Jahren nur eine einzige Mark für sie auf die Sparkasse zu bringen. Daraus wäre jetzt ein märchenhaftes Vermögen erwachsen. Vielleicht ist dies ein Vorschlag, sehr nennenswerte Erfolge zu erzielen. Bloß darf dann keine Inflation kommen.

# Wie wird man reich?

Die zuverlässigste Art, zu einem Vermögen zu kommen, ist für den unvermögenden Menschen zweifellso die Existenz eines Erbonkels oder einer Erbtante hohen Alters und nicht allzu widerstandsfähiger Gesundheit. Der Unsicherheitsfaktor besteht höchstens darin, daß zum Schluß das Heim für unverschuldet in Not geratene Seeleute, die Stiftung zur Förderung des Gedankens der Pflege des germanischen Hofhundes, ein das gesamte Vermögen erbschleichender Vetter oder eine aufopfernd pflegende bildschöne Krankenschwester alles erbt und der unvermögende Mensch entweder gar nichts oder aber nur ein sinniges Stück von hohem Erinnerungswert bekommt. Für diesen Fall bleibt die zweite Methode – nämlich die, sich ein Vermögen zu erarbeiten. Obwohl es zweifellos die Methode mit dem höchsten ethischen Wert ist, erweist sie sich doch als ziemlich unsicher, wenn man bedenkt, wie viele Leute auf ein Vermögen hinarbeiten und wie wenige schließlich sich eins zu schaffen vermögen. Für all die anderen bleibt noch ein Weg, über das Glück zu Reichtum zu gelangen. Diese Methode hat den Vorteil, daß sie sehr schnell geht und nur einen höchst geringen Einsatz von Arbeit, Zeit, Intelligenz und Kapital verlangt, weshalb sie natürlich sehr beliebt ist. Der einzige, aber dafür sehr schwerwiegende Nachteil ist ihre wahrhaft durch nichts zu schlagende Unzuverlässigkeit. Man kann sein Leben lang allwöchentlich im Toto oder Lotto tippen, man kann das Achtellos der Klassenlotterie schon von den Vätern oder der oben erwähnten Erbtante ererbt und gewissenhaft erneuert haben – nichts garantiert einem die Aussicht auf einen stattlichen Gewinn. Dagegen kann jeder unwillkürlich die richtigen Kreuzchen malender Zufallsspieler, der nur einmal aus Langeweile einen gefundenen Schein aufüllte und den Weg zur Annahmestelle erst erfragen mußte, mit dem Hauptgewinn abziehen. Nur der Glaube, daß ja durch nichts erwiesen ist, daß man dieser Spieler nicht auch selbst sein könnte, gibt einem Hoffnung.

Die echte Mühsal beim Losen, Wetten und Tippen ist – wie jedermann weiß – die, daß es so entsetzlich viele falsche Möglichkeiten gibt. Man sitzt etwa vor dem leeren Lottozettel und soll nun ahnen, wie am nächsten Sonnabend die Bälle rollen. Das hat nahezu unüberwindliche Schwierigkeiten. Natürlich kann man nach den verschiedensten Methoden arbeiten: manche horchen auf die innere Stimme, die Erleuchtung bringt, manche schließen die Augen und zielen blind mit dem Bleistift; manche lassen das pausbäckige Baby der Cousine die Glücksgöttin spielen oder den Papagei würfeln; manche richten sich nach dem optischen Bild: hier in der Gegend ist noch kein Kreuz – und erfahrungsgemäß liegen immer zwei nah beieinander. Wenn man bloß wüßte welche! Die zuverlässigste Methode ist noch immer die, stets die gleichen Zahlen zu nehmen. Nach dem mathematisch zu errechnenden Gesetz der Wahrscheinlichkeit gewinnt man in diesem Fall einmal innerhalb von 17 345 Jahren, was einem immerhin einige Zuversicht einzuflößen vermag. Nach glaubhaften Aussagen vieler Zeugen kommen ganz offensichtlich diese Gewohnheitszahlen immer dann heraus, wenn man es aufgegeben hat, auf sie zu setzen, oder wenn Frau, Neffe oder Kollegin vergessen haben, den ausgefüllten Zettel abzugeben oder das Los zu erneuern. Überhaupt muß man sich beim Reichwerden durch Glück vor anderen Leuten hüten; sie sind unzuverlässig, versuchen einen übers Ohr zu hauen, folgen falschen Eingebungen (indem sie etwa den Zahlen von Klein Olivers Geburtsdadum magische Kraft zutrauen, was natürlich Unsinn ist, wo doch jedermann weiß, daß es viel sicherer ist, wenn man Klein Birgit würfeln läßt), und sie erweisen sich vor allem als höchst lästig, wenn man wirklich das Große Los zieht und mit ihnen teilen muß. Die Totogemeinschaft zum Beispiel ist ein verschworener Verein Gleichstrebender – aber wie hübsch wäre es, wenn man die 23 500 Mark nicht durch sechs teilen müßte!

Eine wichtige Aufgabe für den zukünftigen Gewinner eines Treffers ist die Planung, was man mit dem Segen anfangen wird. Natürlich wird man weiterhin mit seinen Freunden verkehren, seiner Arbeit nachgehen, nicht verrückt spielen und immer den schönen Satz vor Augen haben, daß Geld nicht glücklich macht. Außerdem soll es natürlich ein Haus sein – nicht gerade ein Palast, aber doch eins mit Schwimmbad –, und den immer gehegten Wunsch nach einem Breitschwanzmantel wird man sich auch als einzigen echten Luxus erfüllen, außer der Safari natürlich, zu der man die vier allerbesten Freunde einladen wird, und dem sportlichen Zweisitzer, den man sich nie leisten konnte. Natürlich soll auch Gutes getan werden: Omas Dach, das ihr soviel Sorgen macht, kriegt sie neu gedeckt, das Waisenhaus kriegt eine Stiftung von „einmal im Jahr Erdbeeren satt", und mindestens drei Werke aufstrebender junger Künstler werden angekauft. Wenn man etwa so weit in der Planung gekommen ist, stößt man auf die Tatsache, daß es nur ganz wenige Gewinne gibt, die nicht schon an diesem Punkt weit überzogen wären. Und wenn man nicht gerade arm wie eine Kirchenmaus ist, bedarf es entsetzlich vielen Geldes, um das Leben wirklich zu ändern. Zigtausend Mark sind zwar sehr hübsch zu kassieren, aber ein Leben in Samt und Seide mit goldenen Tellern ermöglichen sie nicht. Es sei denn, ein einschlägiger Kopf, dem es bisher nur am Anfangsbetriebskapital gefehlt hat, eröffnet damit eine Lakritzbonbonfabrik, eine Blockhaussiedlung, wo leidende Manager für teures Geld rohe Mohrrüben knabbern müssen, oder eine Hundepension mit psychoanalytischer Behandlung von Herr und Hund. Aber das gehört schon wieder in die Sparte der zweiten Methode zum Reichwerden.

## *Was kostet das alles für ein Geld!*

Nicht genug, daß wir ständig damit zu tun haben, unser Einkommen auszugeben, einzuteilen, zu vermehren, zu verwalten, unsere Defizite auszugleichen, die Schulden abzubezahlen und Finanzierungspläne für die kommenden Zeiten aufzustellen – wir pflegen uns auch noch rastlos um fremde Finanzen zu sorgen. Mit geradezu rührender Anteilnahme überlegen etwa Grünewalds, daß sich ihre Nachbarn ganz sicher beim Bau eines Schwimmbades ruinieren. Sie sehen die Arbeiter nebenan im Garten fröhlich plaudernd zur soundsovielten Nahrungsaufnahme im Grase sitzen und denken an die Stundenlöhne, die da auf die armen Nachbarn zukommen. Und ob die auch wohl wirklich wissen, daß es mit dem Schwimmbecken allein nicht getan ist, weil noch die ganzen übrigen Unkosten für Wasser, Heizung, Umwälzanlage, Brausen und so weiter dazukommen? Was wird das alles für ein Geld kosten? Oder die Terrasse beim Chef? Sie ist riesengroß und ganz mit schwarzen und weißen Marmorplatten ausgelegt. Dabei weiß man doch genau, was Marmor kostet, denn es war schließlich mühsam genug, in der Familie das Geld für die Grabplatte der gemeinsamen Tante zusammenzubekommen! Nun ja, der Chef hat's ja, aber ob er sich da nicht doch ein bißchen übernommen hat?

Besonders intensiv kümmert man sich um die Finanzen

der lieben Verwandtschaft. Da glaubt man noch den klarsten Überblick zu haben: Ist es zum Beispiel nicht höchst besorgniserregend, daß der junge Vetter mit seiner Braut im teuersten Lokal der Stadt schick zu Abend ißt, wo man doch genau weiß, daß sie die Mietvorauszahlung überall zusammenpumpen müssen und weder Kühlschrank noch Bettwäsche haben? Und Alfred und Anneliese, die ihren etwas schwierigen Vierzehnjährigen aufs Internat schicken wollen, wissen sicher noch nicht, was alles zu dem Schulgeld noch dazukommt. Wenn man allein an die Pullover denkt, die dort durch zu heißes Waschen alle verdorben werden! Und die Ansprüche, die die anderen Kinder stellen! Richtige Sorgen muß man sich auch um die bedauernswerte Nichte machen, die um ein Spottgeld einen uralten Mercedes erstanden hat. Die weiß ganz sicher nicht, welche Reparaturkosten da anfallen werden. Der völlige Ruin ist ihr gewiß. Wenn aber erst einer in der Familie anfängt zu bauen, dann kann er der Teilnahme aller sicher sein. Schließlich weiß man ja, was ihm blüht. Und daß der Ärmste immer noch glaubt, es koste nur so viel, wie der Voranschlag verspricht, erfüllt einen mit tiefem Mitleid. Das wird ein böses Erwachen werden!

Übrigens treffen diese düsteren Voraussagen nicht immer ein. Es gibt Leute, die trotz der Besorgnis ihrer mitfühlenden Umgebung Häuser bauen, Pelzmäntel kaufen, teure Reisen machen, elegante Kleider tragen, ihren Kindern Fahrräder und Roller der aufwendigsten Ausführung kaufen und dabei weder verhungern noch vom Gerichtsvollzieher heimgesucht werden, noch schließlich ihr Haus zwangsversteigern müssen. Da erhebt sich dann die Frage: Wie machen die das bloß? Schließlich verdienen die auch nicht mehr als unsereiner. Vielleicht sparen sie am Essen? Vielleicht hat sie etwas von den Eltern mitgebracht? Vielleicht verdient er abends noch etwas nebenher? Und vielleicht – ganz vielleicht – nimmt ja doch noch alles ein böses Ende. Nicht, daß man das wünschte, aber es ist doch deprimierend, zu denken, daß andere Leute soviel mehr aus ihrem Geld zu machen verstehen.

An der Tatsache übrigens, daß die Mitmenschen soviel Aufmerksamkeit und Anteilnahme auf die Finanzen der anderen verwenden, ist schon mancher sonst recht erfolgreiche Verbrecher gescheitert. Anstatt sich darüber zu freuen, daß da plötzlich in einen bisher eher ärmlichen Haushalt Farbfernseher, Kühltruhen, Hausbars und Samtportieren geliefert werden, erfüllt dies die Nachbarn mit Sorge um die Unbesonnenen. Und wenn sich dann kein totaler finanzieller Zusammenbruch ereignet, sondern auch noch ein funkelnagelneues Auto auf der Bildfläche erscheint, wird aus dem menschlichen Gefühl der Sorge allmählich Mißtrauen. Dann kommt eines Tages tatsächlich die Polizei ins Haus, und das perfekte Verbrechen ist daran gescheitert, daß sich die einen Leute Gedanken um das Geld der anderen Leute machen. Es muß sehr entmutigend sein für einen erfolgreichen Bankräuber, wenn er zwar den Keller voll Geld hat, aber keins ausgeben darf, um nicht aufzufallen. Ganz sicher wird dieser Umstand nicht immer gründlich genug bedacht.

Ganz zufällig stößt man übrigens schon einmal darauf, daß andere Leute sich auch um unser Geld Gedanken machen, daß sie dies und jenes nachrechnen und beginnen, darüber nachzudenken, was das alles, was wir so unternehmen – etwa die große Reise –, kostet. Das aber möchten wir uns doch höflichst verbeten haben, denn schließlich und letzten Endes geht das keinen etwas an!

## Haben Sie schon mal bei einem
## Preisrätsel gewonnen?

Während Anfang des Jahres 1976 allerorts an den einschlägigen Orten in Österreich Pisten hergerichtet, Hotelzimmer verplant, T-Shirts, Aschenbecher und Salzfässer mit Olympiaringen verkauft und in endlosen Diskussionen Medaillenchancen gegeneinander abgewogen wurden, fand ein überall ausliegendes Preisausschreiben statt, mit dessen Hilfe ein Teil der anfallenden Unkosten hereingebracht werden sollte. Die einzige Frage, durch deren richtige Beantwortung man in den Kreis der möglichen Gewinner gelangte, war von gerade umwerfender Schlichtheit: „In welchem Jahr findet 1976 die Olympiade in Innsbruck statt?" lautete sie. Es würde mich wirklich ehrlich interessieren, ob es irgendeinem Trottel gelungen ist, sie falsch zu beantworten. Dabei ist es schon schwer genug, in den landläufigen Preisausschreiben etwa den Namen eines Putzmittels nicht richtig herauszufinden, wenn auf der gleichen Anzeige ein gleichfalls blitzblank aussehendes weibliches Wesen jauchzend eine Flasche schwenkt, auf der die richtige Bezeichnung steht. Oder aber man muß ein paar Buchstaben einfügen, was jedem Nichtanalphabeten um so leichter fällt, je bekannter die Packung ist und je öfter das gesuchte Wort vollständig ausgeschrieben im Zusammenhang mit der Anpreisung des Preisrätsels zu lesen steht. Manchmal hat man auch ein Quiz zu bestehen: Aber die Frage etwa, ob das Produkt wohl porentief, schonend, vollwirksam bei soundsoviel Grad, gewebefreundlich, zahnfleischpflegend und hautsympathisch ist, wird man schon ganz von selbst nicht mit „Nein!" beantworten. Und den bekannten Wirkstoff mit dem geheimnisvollen Formelnamen, den eben andere Hersteller „normaler" Prädikate zähneknirschend entbehren müssen, findet man auch leicht heraus: Er steht nämlich gleich nebenan.

Wenn es also gar nicht schwer ist, derartige Preisrätsel zu lösen, so teilt sich doch die Menschheit offensichtlich in Hälften ein: in die, die sich an Preisrätseln beteiligen, und in die anderen. Der Unterschied liegt nicht einmal so sehr im „Raten" und Ausfüllen, sondern im Abschicken, wie jedermann weiß, der überall in Zeitungen und Zeitschriften auf ausgefüllte Preisrätsel stößt, die unausgeschnitten und unabgesandt geblieben sind. Sehr oft sind übrigens hier Kinderschriften auszumachen, weil es gerade die Kinder sind, die am heiligsten daran glauben, daß nur noch ein kleiner Schritt sie von 5000 Mark, einer Reise für zwei Personen nach Bangkok („Da nehme ich den Opa mit, wenn ihr nicht wegkönnt!"), einem nagelneuen VW oder einem Fahrrad mit Gangschaltung trennt, wenn sie doch schon das Rätsel offensichtlich ganz richtig herausbekommen haben. Es werden lange Debatten darüber angestellt, was bis zu ihrer Hochzeit mit dem Fertighaus geschehen soll und wo man es hinstellen kann, und die Frage, ob es wohl möglich sein könnte, daß die Veranstalter das Auto gegen ein Islandpony umtauschen, wird heiß diskutiert. Damit ist dann meist die Sache erledigt.

Daneben gibt es aber auch die geborenen Preisrätsler. Sie lösen, füllen aus und schicken ab, was ihnen nur in die Quere kommt. Manchmal tun sie dies jahrzehntelang geduldig ohne nennenswerten Erfolg, manchmal aber auch sahnen sie im Laufe eifriger intensiver Preisrätselei ganz hübsch ab. Neulich hatte ich Gelegenheit, in einem Heim für alte Damen einem erbitterten Streit über die Frage beizuwohnen, ob es wohl mit rechten Dingen zugehen kann, daß die eine bereits eine Wolldecke, ein Bowlengefäß für sechs Personen, ein Abonnement für eine Zeitschrift und – als absoluten Höhepunkt – ein Wochenende in Berlin gewonnen hatte, während ihre Zimmergefährtin bei nachweislich gleichen Lösungen und Einsendungen in der gleichen Anzahl von Jahren bis auf zwei Pakete Puddingpulver als Trostpreis völlig leer ausgegangen war. Sollte hier, so wurde erbost vermutet, nicht doch irgendeine Art von Protektion im Spiel gewesen sein? Einen Menschen, dem es gelungen ist, einen Hauptgewinn zu ergattern, habe ich übrigens noch nie kennengelernt. Aber manchmal sieht man sie abgebildet, wie sie in Hawaii aus dem Flugzeug steigen, den Schlüssel zum Fertighaus in Empfang nehmen oder mit dem großen Künstler Kaffee trinken. Dann wurmt es einen doch ein bißchen, wenn man sich vorstellt, dies könnte man genausogut selbst sein; immer vorausgesetzt natürlich, man hätte seine Lösung auch eingeschickt.

Wenn man ein bißchen herumfragt, so hat übrigens fast jeder einen Preisrätsler in seiner Bekanntschaft, dem es zum mindesten schon einmal gelungen ist, den einen oder anderen Preis („eine Kaffeemaschine" oder „ein wertvolles Buch") zu gewinnen, und der ungeachtet aller Spöttereien unverdrossen weiter mitmacht. War das beispielsweise ein Augenblick höchsten Triumphes, als Jürgens Onkel Karl-Heinz den Farbfernseher gewann! Man muß eben nur Ausdauer haben – und Vertrauen in sein Glück – und Briefmarken im Hause.

## Umrechnen will gelernt sein!

Sehr gewissenhafte oder auch nur vergeßliche Leute machen sich vor der Urlaubsreise einen kleinen Merkzettel, auf dem etwa zu lesen steht: „Post umbestellen, H. den Rasenmäher erklären, blaue Hose aufbügeln, bei O. verabschieden, Rhododendron wässern, Bücher besorgen, Geld!! usw." Geht die Reise ins Ausland, so steht hinter Geld!! in Klammern Lire oder Francs oder Fränkli, denn als erfahrener Auslandsreisender weiß man natürlich ganz genau, daß man in der Regel nirgendwo so vorteilhaft fremdes Geld einhandelt wie daheim. Schon an der Grenze wird's schlechter, und ab dann muß man mit schweren Verlusten rechnen. Man nimmt also das fremde Geld mit dem guten Gefühl entgegen, finanztechnisch klug und weise gehandelt zu haben. Man soll möglichst später nie genau nachrechnen, wieviel man denn nun eigentlich gespart oder gar zugesetzt hat – es ist meist enttäuschend.

Das fremde Geld sieht zunächst sehr fremd aus, und manchmal erlebt man, daß etwa große Scheine mit großen Zahlen nur ganz wenig wert sind, daß eindrucksvoll aussehende Münzen – als Trinkgeld verwandt – dem so Bedachten nur ein mitleidiges Lächeln entlocken. Was erklärlich wird, wenn man nachrechnet, daß man soeben die fürstliche Summe von sechzehn Pfennigen überreicht hat und daß andererseits kleine unscheinbare Dingerchen es in sich haben. Nun steht zwar an sich der Wert des Scheines oder der Münze irgendwo deutlich zu lesen, aber in der Eile weiß man nicht immer gleich zu finden, wo. Dazu kommt noch erschwerend, daß Zahlen in fremden Sprachen besonders unverständlich klingen, so daß man zunächst einmal herausfinden muß, wieviel man zahlen soll oder will. Dafür läßt man sich die Zahl beispielsweise aufschreiben und sucht dann erst die gewünschte Summe anhand der Bestände zusammen, wobei es blitzschnell zu klären gilt, wieviel denn nun um Himmels willen die kleinen Silbernen und die großen Goldenen wert sind. Außerdem merkt man natürlich nicht ohne Bedrückung, daß man auf die Angehörigen der fremden Nation einen ungeheuer beschränkten Eindruck macht – so etwa wie jemand, der daheim nicht imstande ist, mit unseren Geldstücken einsfünfundsiebzig zusammenzustellen –, und das wirkt auch nicht gerade beflügelnd auf den angestrengten Verstand. Eigentlich kann man es den Einheimischen kaum verargen, daß sie immer wieder der Versuchung erliegen, derart törichte Reisende ein wenig übers Ohr zu hauen, etwa, indem sie einem einen Schein unterjubeln, der völlig korrekt ist, bis auf das Fehlen einer einzign Null, oder indem sie von den in offensichtlicher Unkenntnis willig dargebotenen Geldstücken immer noch eins und noch eins nehmen, bis man schließlich im ganzen fünf Mark achtundzwanzig bezahlt hat.

Natürlich geht das nur einige Zeit gut – dann kennt sich der Fremde aus und kann gar nicht mehr begreifen, wo eigentlich die Schwierigkeiten vor drei Tagen gelegen haben. Wenn zwei Leute zusammen reisen, kann es übrigens passieren, daß der, der nicht die Kasse führt, es nie begreift und den anderen damit zur Verzweiflung bringt. Daß er sich beim Einkauf von einem Pfund Apfelsinen etwa den Rest von ungefähr vier Mark zwanzig nicht herausgeben läßt oder des festen Glaubens ist, die todschicken Schuhe, die umgerechnet an die hundertfünfundneunzig Mark kosten, seien spottbillig.

Das Umrechnen ist eine Kunst für sich und wird je nach Temperament und Veranlagung mit Genauigkeit betrieben. Wenn die Wahrheit in der Mitte liegt, teilt der eine alles durch sechs und der andere alles durch sieben, so daß sich bei größeren Summen schon gewisse Unterschiede ergeben. Es gibt auch komplizierte Währungen, wo man zuerst durch drei teilen und dann mit zwei malnehmen muß oder so etwas. Man muß ein Zehntel abziehen und dann mit zehn malnehmen oder immer zwanzig Prozent weniger rechnen – alles Maßnahmen, die sich mit komplizierten Zahlen nur von Rechenkünstlern im Kopf durchführen lassen. Falls das Rechenergebnis vor einem geplanten Kauf unbefriedigend ausfällt, kann man sich immer noch durch das Einbringen neuer Gesichtspunkte helfen: Diese herrliche Farbe gibt es zu Hause nicht ... hier ist eben alles etwas teurer ... man beachte die wunderbare Handarbeit ... die paar ersparten Mark machen den Kohl schließlich auch nicht mehr fett ... und endlich: Urlaub ist Urlaub.

Und dann geht der Urlaub zu Ende, und irgendwann muß man das Geld wieder loswerden. Das allgemeine Ideal, daß man genau mit dem eingetauschten Geld auskommt (wegen des – wie der Fachmann weiß – Verlustes beim Rücktausch), erreicht man kaum jemals. Kurz vor der Grenze beginnt dann das große Zusammensuchen. Jeder fahndet in seinen Taschen nach Scheinen und Münzen, und wenn nicht zuviel dabei herauskommt, wird genau für diese Summe Schokolade gekauft, Kaffee getrunken und getankt. Wenn der

Tankwart Pech hat, bekommt er sieben ganze Pfennige, hat er Glück, so sind es drei Mark dreiundsiebzig. Und so ist man alles wieder los. Kundige Menschen rechnen einem unter Umständen später nach, daß das Tanken zu teuren Landespreisen das Vielfache eines etwaigen Währungsverlustes ausgemacht hat – aber manche Leute müssen ja immer alles besser wissen.

Übrigens findet man in den nächsten Wochen immer noch wieder irgendwo fremde Münzen, die man für den nächsten Urlaub beiseite legt. Nur vergißt man sie dann ganz bestimmt.

## Allerlei Küchenhilfen

In meiner Küchenschrankschublade fristet ein Gegenstand sein Dasein, den neulich ein kochender männlicher Gast nicht zu deuten wußte: Es handelte sich um eine große, unmoderne Haarnadel, in einen jener guten alten Sektkorken aus richtigem solidem Kork gesteckt, wie man sie früher nur hatte. Das vorliegende Exemplar unterschied sich von seinen Zeitgenossen durch eine tiefblaue, an manchen Stellen etwas ins Rötlich-Violette überspielende Einfärbung. Dies ist natürlich – so manche Hausfrau wird es gleich wissen – mein ehrwürdiges Handwerkszeug zum Kirschenentsteinen. Nun ist es nicht etwa so, daß ich nicht ein eigens zu diesem Zweck erfundenes Gerät in ähnlicher Gestalt wie ein zu kurz geratenes Küchenmesser besäße – dies ist in besagter Schublade zweimal vorhanden. Aber wenn wenig Kirschen schnell verarbeitet werden müssen, greife ich immer noch zur Haarnadel-Sektkorken-Kombination. Erstens, weil ich dann keine Maschine aufbauen und sauberputzen muß, zweitens, weil es besser geht, und drittens, viertens und fünftens, weil ich in früheren Zeiten große Mengen von Marmelade, Kirschsuppe und -kuchen und -kompott immer nur mit Hilfe eines solchen ehrwürdigen, von Großmutter und Urahnen überkommenen Instruments hergestellt habe. Übrigens gibt es in meiner Küchenschublade auch immer noch den schweren hölzernen Stampfer, mit dem man früher alles mögliche durch ein Sieb stampfte. Da ich als moderne Hausfrau einen Passierstab besitze, könnte der Stößel eigentlich ausrangiert werden. Aber weil er noch zur allerersten, mühsam zusammengekauften Ausstattung gehört und seine kräftige Konstitution von Nutzen ist, wenn es etwa zu hämmern und zu klopfen gibt, behält er seinen Gnadenschubladenplatz. So wie er existieren in jeder Küche verfremdete Gegenstände: die Stricknadel, die dazu dient, den Garungsprozeß des Kuchens zu ergründen, die in der Küchengardine steckende Stopfnadel zum Eieranpicken oder der kleine Schraubenzieher, den man immer braucht, um hinter die Tür der Waschmaschine zu kommen.

Aber wir sind ja schließlich nicht von gestern und haben in der Küche einen wahren Maschinenpark: Wir können maschinell Kaffee mahlen, entsaften, reiben, schnitzeln, Eier kochen, Wurst und Brot schneiden, Hähnchen grillen und Popcorn rösten. Das einzige, was uns wirklich noch abgeht, ist die Maschine, die alle diese Maschinen aufbaut, säubert und wieder wegräumt. Das ist auch wohl der Grund, daß so viele von ihnen nach anfänglicher Begeisterung schließlich hinten im Küchenschrank ein untätiges Dasein führen, von dem sie nur erlöst werden, wenn es sich nach der höchst subjektiven Ansicht der Hausfrau lohnt – zur Weihnachtsbäckerei etwa oder zur Verarbeitung größerer Mengen von Obst.

Technisch interessierte Männer schenken ihren Frauen Küchenmaschinen modernster Bauart. Zunächst einmal, weil sie sich nur allzu gern davon überzeugen lassen, daß der Besitz und die Benutzung solcher Maschinen die Hausarbeit zu einem ungeheuren Vergnügen, für das man direkt dankbar sein könnte, machen, und dann, weil sie damit für den eigenen Gebrauch ein neues Spielzeug ins Haus bekommen.

Ich kenne da einen Fall, wo ein neuartiger Dosenöffner so gründlich ausprobiert wurde, daß hinterher ein paar Tage aus Konserven – die, weil geöffnet, nicht mehr konservierten – gelebt werden mußte, und einen anderen, wo ein ganzer schöner kleiner Schinken, der für die mit Gewißheit herannahende Spargelzeit gedacht war, zur Erprobung eines elektrischen Messers vollständig, aber vorzeitig in wunderschöne dünne Scheiben zerlegt wurde.

Nach einem solchen Erlebnis ist es zwar nicht sachlich, aber psychologisch begründet, wenn die Hausfrau unbeirrt weiter zum guten alten Schinkenmesser greift, zu dem, an dessen Griff der Sohn vor Jahren mit Erfolg ausprobiert hatte, ob das Kartoffelschälmesser auch zum Schnitzen geeignet sei. Es war geeignet!

Übrigens: Haben Sie auch ein ganz besonders scharfes kleines Küchenmesser, das nicht entweiht werden darf?

## Vorsicht – Waschtag!

Wenn heutzutage über Fortschritt diskutiert wird und darüber, ob der Fortschritt nun eigentlich ein Fortschritt ist oder im Hinblick auf das Wohlergehen der Menschheit insgesamt doch eher ein Rückschritt, so möchte ich mich (selbst auf die Gefahr hin, für oberflächlich gehalten zu werden) doch ganz energisch dahingehend festlegen, daß ich zum mindesten die Erfindung der Waschmaschine für einen unbestreitbaren Fortschritt halte. Sicherlich gehört die Anschaffung einer solchen Maschine in die verwerfliche Rubrik „Konsumzwang"; aber ich lasse mich sehr viel lieber zu einem solchen Ankauf zwingen als dazu, wie Anno dazumal, in einer von Laugendunst erfüllten Küche oder Waschküche an einer Zinkwanne zu stehen und auf einer Waschruffel schmutzige Wäsche auf- und abzubewegen. Vom Spülen ganz zu schweigen: Da stand die geplagte Hausfrau an riesigen Becken mit eiskaltem Wasser und versuchte, aus unhandlichen Wäschestücken soviel Wasser wie möglich herauszuwringen. Aus unerfindlichen Gründen ergoß es sich zumeist über die Schuhe, so daß der Aufenthalt in der Waschküche automatisch mit nassen Füßen verbunden war. Heimkehrende Männer und Kinder, die – ins Haus tretend – den Laugendunst erschnupperten, zogen automatisch die Köpfe ein, denn die Tatsache, daß „große Wäsche" war, bedeutete automatisch mäßig gutes Eintopfessen, gereizte Mütter und unlustige Ehefrauen. Denn obwohl seit eh und je die Reklamedamen schon von den Plakaten und aus den Zeitschriften mit jubelnder Begeisterung ihre weiße Wäsche im Winde flattern ließen, jubelten die wirklichen Wäscherinnen seltener, sondern bemühten sich eher, ihr schmerzendes Kreuz zu stützen.

Aber da der Mensch nun leider nicht zu Zufriedenheit und Dankbarkeit neigt, geht jene schöne Zeit, wo die Neubesitzerin einer Waschmaschine eifrig durch die Wohnung läuft und nach Dingen ausspäht, die sich vielleicht noch waschen ließen, schnell vorbei, und man beginnt sich wieder zu ärgern, wenn etliche Familienmitglieder beständig jede herumliegende Textilie in die schmutzige Wäsche werfen, um sich der Mühe zu entheben, sie wegzuräumen. Es geht zwar alles jetzt viel, viel leichter, aber die Maschine, die alles sortiert, zur Maschine trägt, trocknet, zusammenfaltet, bügelt und in die Schränke verteilt, gibt es doch noch nicht. Leute, die dabei gegen oder ohne Entgelt helfen, haben nach gültigen Aussagen aller Betroffenen zwei durch nichts niederzukämpfende Neigungen: die wenigen Sachen, die nicht in die Waschmaschine gehören, aus Gründen der Arbeitserleichterung und Forschung doch hineinzustopfen und aus Gründen totaler Hygiene grundsätzlich alles zu kochen oder doch zum mindesten recht heiß zu waschen. Tränen können einem in die Augen treten, wenn man seine geschrumpften und verhärteten Pullover, seine entfärbten Blusen und Nachthemden, die schönen, einst weißen und nun dunkelgelben Rohseidenhemden und die verfilzten Skisocken wiedererblickt. Nach allseits bekannten Schwüren und Beteuerungen sind alle diese ruinierten Stücke dann natürlich doch genau nach Vorschrift behandelt worden.

Ein technisches Wunder – wenn auch ein negatives. Damit aber die Hausfrau nicht selbstgerecht und übermütig wird, passiert es ihr auch garantiert alle Jubeljahre einmal, daß ihr ein dunkelblauer Herrensocken oder ein knallroter Kinderhandschuh in die Kochwäsche gerät. Ein wunderschönes gleichmäßiges Himmelblau oder Rosa hat sich nach der Wäsche allen Kopfkissen, Waschlappen, Küchenhandtüchern, Unterhosen und Kinderhemden mitgeteilt. Man ist ganz gerührt, wenn angesichts dieses Ereignisses wenigstens das jüngste Familienmitglied in Jubel über seine nun himmelblauen Hemdchen und Schlüpfer ausbricht.

Das alte Hausfrauenideal – früher nur bei allerschönstem Wetter und intensivstem Arbeitsaufwand zu verwirklichen – „abends die Wäsche wieder im Schrank zu haben" (am gleichen Abend nämlich, an dem man morgens mit Waschen begonnen hat, das „Einstecken" nicht mitgerechnet), läßt sich heute wesentlich leichter verwirklichen, wenn auch noch immer die schöne Tätigkeit des Bügelns vor das In-den-Schrank-Räumen vorgeschaltet ist. Nun gibt es zwar eine ganze Menge bügelfreier Sachen, aber daneben auch noch die, die zwar so heißen, aber doch viel besser aussehen, wenn man sie ein bißchen überbügelt, und die, die gar nicht erst behaupten, bügelfrei zu sein. Also zieht man mit Bügelbrett, Eisen, feuchtem Tuch, Wäschekorb, Kleiderbügeln und Transistorradio an den erprobten Platz und bügelt los. Als man dereinst mit dieser Tätigkeit begann, verbrannte man mehrfach empfindliche Stücke – natürlich immer die schönsten – und die eigenen Hände und Arme; aber das ist nun vorbei. Und sollte man Gelegenheit haben, einer unerfahrenen Bügelkraft zuzuschauen, sehe man am besten gar nicht hin; es macht nur nervös. Was übrigens den Zeitpunkt des Bügelns anbetrifft, so gibt es zwei Methoden: entweder regelmäßig jede Woche, alle vierzehn Tage beziehungsweise immer gleich, wenn die Wäsche trocken ist, oder aber nach Bedarf, wenn wirklich keine gebügelte Bluse mehr verfügbar ist, wenn man unbedingt die gelbe Hose, die seit einiger Zeit schon im Wäschekorb liegt, anziehen will, oder wenn man das dringende Bedürfnis hat, sich selbst oder anderen zu beweisen, daß man trotz allem eine fabelhafte Hausfrau ist. Was übrigens die Bügelmaschine betrifft, muß leider gesagt werden, daß sie nicht in dem Sinne Bügelmaschinen sind, wie Waschmaschinen es sind. Der Konsumzwang zu ihnen ist also etwas geringer.

## Schuhputzen
### ist nicht jedermanns Sache!

Schuhe müssen geputzt werden. Darüber sind sich wohl nahezu alle, die überhaupt Schuhe tragen, einig. Eine Ausnahme bilden höchstens Knaben und Mädchen, die auch das Waschen von Hälsen und Händen und das Anlegen sauberer Schulkleidung für höchst überflüssig halten; oder etwas reifere Jahrgänge, die ein normal gepflegtes Aussehen nicht mit ihrer Weltanschauung vereinbaren können; und schließlich jene Leute, die aller irdischen Eitelkeit entsagt haben, wie beispielsweise die echten Pennbrüder. Da also über die Notwendigkeit des Schuheputzens im allgemeinen kaum Zweifel bestehen, wären nur noch drei Fragen zu klären: Erstens wie oft? Zweitens wie? Und drittens von wem? Hier gehen nun leider die Meinungen ganz enorm auseinander.

Schon bei der Beantwortung der ersten Frage offenbaren sich zwei verschiedene Richtungen: Die eine vertritt die Ansicht, daß man grundsätzlich nur frisch geputzte Schuhe tragen soll, während die andere dafür ist, Schuhe dann zu putzen, wenn diese es unbedingt nötig haben. Man könne beispielsweise Schuhe, die man nur im Hause getragen hat, so wieder anziehen. Es gibt jedoch auch Mitbürger, die das Nicht-nötig-Haben sehr weitherzig auffassen, so daß man häufig besser daran tut, ihre Schuhe nicht allzu eingehend zu betrachten. Gerade dies aber sollen dem Vernehmen nach manche Leute tun, die bei den Schicksalen anderer – sei es in beruflicher, sei es in privater Hinsicht – entscheidend mitzureden haben. Schlecht geputzte Schuhe – womöglich noch mit schiefgetretenen Absätzen – gelten als ein warnendes Zeichen für eine Saloppheit, die man nicht überall für eine Empfehlung hält.

Auch über das „Wie" beim Schuheputzen gibt es sehr verschiedene Meinungen. Die Zeiten, in denen die Kammerdiener echter Dandys glaubten, nur unter Zuhilfenahme französischen Champagners ließe sich der wahre Glanz erzielen, sind seit mehr als hundert Jahren vorbei. Auch die professionellen Schuhputzer, die man früher im Ausland allenthalben antraf und die mit zwei Bürsten gleichzeitig und einem mit beiden Händen über dem Schuh hin- und hergezogenen Wollappen unerhörte Wirkungen erzielten, werden immer weniger. Sollte man der Roman- beziehungsweise der Biographienliteratur Glauben schenken, ist ein hoher Prozentsatz von ihnen inzwischen Millionär geworden.

Dafür, daß die hohe Kunst des Schuheputzens nicht völlig verkommt, sorgt jedoch jene Generation, die sie unter der strengen Obhut des Staates gründlich erlernt hat. Sie vermag ihren nicht allzu interessierten Nachkommen den Begriff eines „Schuhappells" zu erläutern, mit einer genauen Schilderung, wie das jeweilige Staatsorgan – sei es männlich oder weiblich gewesen – vermittels der Spitze eines Küchenmessers Staub aus den Nähten der Marsch- und Arbeitsstiefel beförderte oder prüfte, ob auch das nicht die Erde berührende Stück unter dem Schuh auch blank gewichst und poliert war. Von Absatz und Sohle, die heutzutage häufig bei nachlässigen Putzern so wenig berücksichtigt werden, daß sie unter dem braunen oder schwarzen Oberleder ganz grau schimmern, ganz zu schweigen. Die allerschlimmste Sünde

aber ist das Überschmieren von Staub und kleinen Lehm-
und Schmutzklumpen mit deckender Creme, wozu vor allem
jugendliche Schuhputzer neigen, woraufhin dann der Bericht über den historischen „Schuhappell" fällig ist, der aber
leider nicht immer in der gewünschten Weise beeindruckt.
Auch Raumpflegerinnen finden häufig, daß das Reinigen der
Schuhe eigentlich nicht in der Pflege der Räume einbegriffen
sein sollte, und verleihen ihrer Unlust dadurch Ausdruck,
daß sie mit viel Schuhwichse und wenig Kraftanwendung
vorgehen.

Womit wir bei der dritten Frage angelangt sind: Wer denn
eigentlich die Schuhe putzen soll. Das Einfachste wäre natürlich, jeder wäre für seine eigenen verantwortlich, aber dies
ist nicht überall durchführbar. Da gibt es fürsorgliche
Frauen, die immer noch grundsätzlich jede Handreichung
für ihre Männer tun oder die es einfach nicht ertragen, wenn
ihre eher schlampigen Ehegatten mit ungeputzten Schuhen
umherlaufen. Da gibt es Männer, die finden, daß ihre Frauen
zu zart und fein für die Handhabung der Schuhbürste sind
oder daß außer ihnen selbst niemand diese hohe Kunst auch
nur annähernd ausreichend beherrscht. Und es gibt Söhne,
die man, ganz gegen ihre Wünsche und Neigungen, seit eh
und je für die geborenen Schuhputzer hält. Generationen
von Jungen sind schon mißmutig mit Bergen von Schuhen
unter dem Arm in Keller, auf Balkons, in Küchen und Gärten
abgezogen; und wenn auch die Mädchen mit anderen nicht
minder lästigen Aufgaben betraut wurden, empfanden es die
Jungen immer als besonders hart, wenn ihnen das Schuhwerk
ihrer Schwestern zugewiesen wurde. Allerdings bietet das
Schuheputzen auch heute noch vielen Kindern die erste
Möglichkeit, „eigenes" Geld zu verdienen, und ist dann doch
erträglich.

Es gibt natürlich auch Schuhputzmaschinen. Eine hat sich einmal, als meine Jüngste sich maschinell ihre braunen Riemensandalen putzen ließ, als besonders wirkungsvoll erwiesen – an den weißen Socken.

## Klavier zu verschenken!

Außer den Geschenken, die man zu Weihnachten oder an Geburtstagen macht und die man mehr oder minder liebevoll aussucht oder sorgfältig nach dem Motto wählt, daß sie nach mehr aussehen sollen, als sie kosten, gibt es noch die, die man macht, weil man etwas loswerden möchte. Da hat man sich etwa den Sommer über an dem prächtigen Ansatz des Apfelbaumes gefreut und ist voller Besitzerstolz unter ihm gelustwandelt, sich die reiche Apfelernte ausmalend – und was dann über einen hereinbricht, ist eine wahre Sintflut: Äpfel, wohin man blickt! Alle Regale, alle Kisten, alle Waschwannen, alle Schränke quellen davon über. Langsam, aber unaufhaltsam greift Fäulnis um sich, und mit allem Gelee- und Apfelmuskochen, mit allen Kuchen und Pfannkuchen, mit allem Most und Apfelreis wird man der Lage nicht Herr. Für gewöhnlich freut sich alle Welt über Äpfel. Wenn man aber dringend Menschen braucht, die sich so sehr freuen, daß sie auch bereit sind, die herrlichen Früchte abzuholen, dann findet man plötzlich niemanden, und die, die begeistert Äpfel haben wollen, kommen und kommen nicht dazu, das großzügige Geschenk aus dem Hause zu schaffen. Und selbst die armen kleinen Kinderchen im Waisenhaus wollen nur ins Heim gebrachte Äpfel geschenkt haben. Genau das gleiche erlebt man selbstverständlich mit Birnen und

Pflaumen, mit Stauden und Ablegern, mit Platten und Brennholz. Und vor allem mit jungen Katzen. Erst, wenn es einem irgendwie gelungen ist, sich des Segens zu entledigen, dann trifft man plötzlich zahllose Leute, die in vorwurfsvollem Tone äußern: „Ja, hätten Sie mir nur ein Wort gesagt, ich wäre natürlich sofort gekommen!" Oder man hat einen Wintermantel, ein gutes Stück aus reiner Wolle, modern und gut erhalten, das nur den einen Nachteil hat: Man kann es nicht mehr ausstehen. Wie schön wäre es nun, wenn eben nach diesem Mantel ein liebes Menschenkind heißes Verlangen verspürte. Man könnte eine gute Tat tun, einen Menschen beglücken und außerdem für sich selber den notwendigen Vorwand zum Kauf eines neuen Mantels schaffen. Aber ganz sicher findet man den Menschen erst, wenn man das Gewand schon an eine Wohlfahrtsorganisation weggegeben hat. Abgelegte Kindersachen wird man leichter los. Kinder brauchen ja so unendlich viel und empfinden es sogar als Empfehlung, daß die geliebte größere Cousine das Kleid schon getragen hat (nur darf sie selbstverständlich nicht in die gleiche Schule gehen!). Aber es ist doch ganz merkwürdig: Irgendwie hängt man ganz ungebührlich an den Sachen, in denen die eigenen Kinder so süß aussahen. Man stellt voller Mißvergnügen fest, daß der gute hellblaue Pullover nunmehr zu heiß gewaschen und daß der piekfeine Blazer zu Blue jeans beim Rollern getragen wird. Und wenn man die vererbten Sachen überhaupt nie an den Erben sieht, ärgert es einen erst recht.

Sehr schwierig ist das Verschenken von Möbelstücken. Wie die Königskinder können die beiden nicht zusammenkommen – der Besitzer eines herrlichen alten Sofas etwa, das auf Grund einer tiefgreifenden Reformation des Wohnzimmers weichen muß, und der Jemand, der gerade ein solches

Sofa haben möchte. Man bietet sein Sofa ringsumher wie saures Bier an. Aber noch nicht einmal die Wohlfahrtsorganisation, die jeden alten Strumpf nimmt, will es haben. Ja, man opfert sogar Geld für eine Annonce; denn es ist doch einfach schlechterdings unmöglich, dem guten Möbelstück mit dem unversehrten Innenleben, dem Vorkriegsroßhaar und dem schönen Streifenbezug mit der Axt zu Leibe zu rükken. Und es hoch oben auf dem Sperrmüll abfahren zu sehen, hat man auch einfach nicht das Herz. In so einer Situation gewinnt man jeden Menschen geradezu lieb, der dann doch noch das gute alte Sofa zu sich nimmt. Übrigens kann es durchaus passieren, daß man sich später ärgert, daß beim Nachbesitzer der Hund auf dem Sofa schlafen darf – obgleich man doch selbst die Müllabfuhr in Erwägung gezogen hatte! Die Bedauernswerten, die – aus welchen Gründen auch immer – gezwungen sind, einen ganzen Haushalt aufzulösen, müssen schier Übermenschliches im Verschenken leisten. Denn da es für die meisten von uns einfach unmöglich ist, noch gute und brauchbare Sachen wegzuwerfen, gilt es jetzt, schnell einen Menschen zu finden für den Wäschekorb, für den Staubsauger, den Besen, den Philodendron, für die Kochtöpfe, das Radio und das Klavier. Von Möbeln ganz zu schweigen. Jemand zu finden, der ein Klavier geschenkt haben will, ist fast ebenso schwer, wie jemanden zu finden, der einem eins schenkt, wenn man zufällig selber eins braucht.

P. S.: Es soll übrigens sogar Leute geben, die sich seit Jahren verzweifelt bemühen, ganze Schlösser zu verschenken, ohne daß es ihnen gelingt.

## Deinem Heim zur Zierde

Natürlich kennen Sie „Hinstellerchen"! Es sind jene großen oder kleinen Sachen aus Porzellan, Holz, Bast, Metall, Glas oder aus einer Kombination aller dieser Materialien, die nur das eine gemeinsam haben, daß sie zu überhaupt nichts nütze sind außer vielleicht, einen Fleck auf Möbeln oder Tapete zu verdecken. Vielleicht waren sie zu einem früheren Zeitpunkt einmal zu etwas nütze wie beispielsweise der Messingmörser oder die Lichtputzschere oder das Porzellangefäß mit der verschnörkelten Aufschrift „Gries"; aber nunmehr dienen sie nur noch der reinen Ästhetik. Auch die zierlich aufgereihten Messinggewichte aus einer längst vergangenen Apotheke und die kleinen Nackedeifiguren, mit deren Hilfe noch vor gar nicht so langer Zeit züchtige Chinesenfrauen dem Doktor zeigten, wo es ihnen weh tat, verschönern heute das Bücherregal.

Die Größe der Hinstellerchen kann ganz verschieden sein: Die alten Griechen und Römer hatten sie in Form lebensgroßer Statuen in den feudaleren Wohnungen stehen. Auch Goethe besaß noch den Kopf einer Juno in der Größe eines modernen Clubsessels. Bei unseren Großeltern schrumpften die gleichen Götter und Helden auf mehr handliche Formate zusammen und zierten Klavier, Kommode, Anrichte und Piedestal, unter Umständen begleitet von Beethoven, Schiller und dem Niederwalddenkmal in klitzeklein. Später kamen dann noch Uta von Naumburg, Nofretete und der Bamberger Reiter dazu, woraus man ersehen kann, daß die Hinstellerchen manches auszusagen vermögen.

Wenn heutzutage jemand eine ganze Menge Geld hinblättert, um sich eine Miniaturausgabe des Niederwalddenkmals oder Kaiser Wilhelms behelmten Kopf oder Hermann den Cherusker mit hoch aufgerecktem Schwert hinzustellen, geschieht dies mehr aus Gründen der Nostalgie und Ironie, da nämlich viele Sachen gewissermaßen als Witz aufgebaut werden. Es gibt da die herrlichsten Sammlungen von Kitsch, die die Räume lustiger Leute aufheitern. Man darf sich allerdings nicht vergaloppieren: Als ich vor kurzem eine hochbusige rosa gekleidete Porzellandame, die neckisch nach Schmetterlingen haschte, fröhlich belachte, wurde mir in etwas irritiertem Ton bedeutet, hier handele es sich um ein köstliches Werk des Jugendstils, wie jedem Kenner gleich klar wäre. Ob da allerdings die stolzen Besitzer nicht einem köstlichen Schwindel aufgesessen sind, wie er unter der heute gängigen Marke „Jugendstil" nicht allzu selten stattfindet? Aber schließlich macht das bei Hinstellerchen auch nicht allzuviel aus, vor allem, wenn man bedenkt, daß die Dame farblich genau zum Sofa paßte. Denn auch das kann wesentlich sein, wie man vor allem den schönen Innenarchitekturfotos entnehmen kann: Die Weintrauben aus nicht ganz so echter Jade harmonieren mit dem Sessel, der Stickerei auf der Tischdecke und dem Pullover der Bewohnerin, und das braune Reh auf der Fensterbank des Badezimmers ist das Tüpfelchen auf dem i einer Komposition von Naturholz, Badetüchern, Tiegeln und Klodeckel. Nur ein Barbar würde statt dessen einen grünen Hasen dulden.

Bei Leuten, die es innenarchitektonisch nicht so genau

nehmen, geht das natürlich alles ein wenig durcheinander. Das liegt sicher auch daran, daß man sich normalerweise all das schmückende Beiwerk nicht gezielt für einen bestimmten Platz anschafft, sondern es im Laufe vieler Jahre als Andenken ersteht, es erbt, zum Geburtstag bekommt, von weiten Reisen mitgebracht kriegt oder einfach kauft, weil man es hübsch findet.

Manche Dinge hat man schon so lange irgendwo stehen, daß man längst nicht mehr über die ihnen einmal angedichtete Schönheit nachdenkt, wie es meiner Tante ging, als sie neulich eine immer wieder umkippende Porzellanjapanerin zum soundsovielten Male kleben wollte, aber sie dann mit den erstaunten Worten: „Eigentlich ist die ja scheußlich!" in den Papierkorb warf. Und wenn man einmal im scharfen Sonnenlicht den wunderschön bemalten bunten Holzvogel genau betrachtet, muß man plötzlich feststellen, daß er nur noch in unserer Erinnerung bunt bemalt, in Wirklichkeit aber abgeblättert und verblaßt ist. Wie gut, daß man immer wieder dringend nach Sachen für den Flohmarkt gefragt wird!

## Marmeladekochen
## ist so kreativ!

Es ist noch gar nicht so lange her, daß man glaubte, sich für die doch löbliche und nützliche Tätigkeit des eigenhändigen Marmeladekochens entschuldigen zu müssen. Strengblickende Geschlechtsgenossinnen rechneten einem vor, daß der Einkauf von Zucker und Früchten, der Strom und die wertvolle Arbeitskraft teurer kämen als die Erstehung der gleichen Marmelade im Geschäft. Der bescheidene Hinweis, die selbstgekochte Marmelade schmecke einfach besser, wurde als Aberglaube abgetan, denn, so bewies man, in den Fabriken seien hochbezahlte Fachkräfte am Werke, mit denen sich der Laie auf keinen Fall messen könne. Es war hoffnungslos, wahrheitsgemäß zu berichten, daß man die Einkocherei einfach gern betriebe – das herrliche Gefühl, einen Korb voll wohlgefüllter Gläser in den Keller zu tragen! Einem Menschen, der Bücher las, konnte es doch einfach keinen Spaß machen, Kirschen zu entsteinen; und so erfand ich dann – ich wollte ja schließlich auch kein bemitleidetes Hausmuttchen sein – den geschenkten Korb Sauerkirschen, den man ja schließlich nicht schlecht werden lassen konnte, das Verlangen nach einem ganz bestimmten Familientraditionsgelee, die Johannisbeerschwemme im elterlichen Garten oder gar die aufopferungsvoll gesammelten Brombeeren der Kinder.

Heute hingegen sieht man die Sache in einem ganz anderen Licht. Zunächst einmal ist Großmutter wieder „in". Man stellt ihr Bügeleisen als Nippes und ihre Kaffeemühle als Zierde auf und häkelt Gardinen mit Schwänen. Ich erinnere mich übrigens noch ziemlich genau an die Zornesausbrüche meiner sehr temperamentvollen Großmutter, wenn der Bolzen in dem jetzt so geschätzten Eisen schon wieder kalt war, später dann an ihre helle Freude über ein elektrisches Bügeleisen – und wenn ihre Marmelade gewiß herrlich schmeckte, so war doch trotz in Rum getauchter Deckblättchen der Schimmel obenauf nahezu obligatorisch (er wurde übrigens, so gut es ging, entfernt und war kein Grund, die Konfitüre nunmehr zu verschmähen). Ganz gewiß auch pflegte sie Früchte und Zucker so lange zu kochen und zu rühren, bis auch das letzte Vitamin seinen Geist aufgegeben hatte. Aber was bei Großmutter eine notwendige Vorratshaltung war, das ist bei uns heute kreativ.

Obwohl meine Großmutter eine gebildete Frau war, bin ich gar nicht sicher, ob sie dies Wort überhaupt kannte. Und wenn, hätte sie es bestimmt nicht mit ihrer Bereitung von Pflaumenmus in Zusammenhang gebracht. Heutzutage ist das anders: In jedem Glas Marmelade haben wir uns schöpferisch verwirklicht, und dafür sind wir fraglos zu loben. Deshalb werden auch die Erzeugnisse immer raffinierter: Da gibt es nie dagewesene Kombinationen von Früchten – mit Vorliebe auch exotischer Natur – und Zimt, Ingwer, Vanille nebst anderen Gewürzen, Whisky, Rum und teure Liköre veredeln die Kreationen, so daß es sehr undankbar ist, wenn primitive und unwissende Männer angesichts solcher Schöpfungen von Großmutters schlichtem Apfelgelee schwärmen.

Jedoch mit der Marmelade ist es nicht getan. Wenn man vor Jahren noch den Nachmittagsgast am besten mit „Konditorkuchen" ehrte, so backen wir jetzt wieder selbst – auch hier angeblich nach Großmutters Rezepten. Wozu allerdings gesagt werden muß, daß Großmutter und Großvater offenbar wahre Pferdemägen hatten und uns ihre echten Rezepte wohl gewisse Beschwerden verursachen würden, weswegen wir unserer zarteren Konstitution zuliebe eher angepaßte Exemplare backen. Es gilt selbst unter mehr intellektuellen Damen überhaupt nicht mehr als spießig, Backrezepte auszutauschen. Die Fragen, ob man den Boden für die ganz besonders kreativ empfundene Apfeltorte kurz vorbacken soll oder wie lange die Korinthen in Rum zu tauchen sind, kann man getrost diskutieren.

Aber nicht genug mit Kuchen und kleinem Gebäck. Es ist auch wieder gang und gäbe, sein eigenes Brot zu backen, was schon Großmutter im allgemeinen nicht mehr tat. Das eigene Brot ist natürlich etwas ganz besonders Feines: Man fühlt sich der Natur und dem einfachen Leben sehr viel näher, wenn man die duftenden Brotlaibe aus dem eigenen Infrarotbackofen zieht. Wie gut, daß es die Zutaten zum einfachen Leben fertig abgepackt in der Lebensmittelabteilung des Warenhauses zu kaufen gibt!

Leider kann man Kreativität nur beweisen, indem man schöpferisch tätig wird. Deswegen ist etwa Fußbodenwischen, Fensterputzen und Wäschebügeln nicht kreativ, sondern blöde Hausarbeit – wie früher Backen und Einmachen. Schade!

## Den nächsten Sperrmüll nicht vergessen!

Unter den Wohnungsinhabern gibt es zwei verschiedene Sorten: Die einen haben einen Keller oder Dachboden, der einem allen Respekt abnötigt. Schon der Fußboden in diesen Räumen wirkt gepflegt, und was auch immer auf diesem Fußboden steht – und es steht nicht allzuviel darauf –, macht einen übersichtlichen und ordentlichen Eindruck. Gartengeräte und -möbel, Weinflaschen und Einmachgläser, die Kommode mit abgelegtem Zeug und die Wintersportgeräte findet man so fein säuberlich angeordnet, daß es eine wahre Lust sein muß, über solch einen Keller oder Dachboden zu gebieten. Bei der anderen Sorte Wohnungsinhaber finden sich zumeist die gleichen Sachen an und oft auch noch viel mehr. Leider handelt es sich hier um Leute, für die der Keller oder Boden der beste Platz für all das ist, von dem man im Augenblick nicht recht weiß, wohin damit. Und da ja alles – man wird es demnächst irgendwo ordentlich einordnen oder wegsortieren – nur provisorisch abgestellt wird, nimmt man den nächsten besten freien Platz. Es soll schon Fälle gegeben haben, wo es schließlich einen solchen Platz nirgendwo mehr gab, so daß die leeren Weinkartons auf dem alten (aber noch guten!) Sofa landeten, bekrönt von einem noch fast brauchbaren Lampenschirm. Doch das soll immer alles anders werden, wenn das nächste Mal der Sperrmüll abgefahren wird.

Die Leute mit den vorbildlichen Kellern haben auch die beneidenswerte Eigenschaft, immer rechtzeitig zu wissen, wann Sperrmüll ist. Die anderen werden es erst gewahr, wenn sie zu nächtlicher Stunde fein gekleidet heimkehren und vor den Häusern ihrer Nachbarn unförmige Haufen entdecken. Es gehört eiserne Willenskraft dazu, mitten in der Nacht oder im Morgengrauen in ein schlichtes Arbeitskleid umzusteigen und im Keller oder auf dem Dachboden das auszusortieren, was man längst aussortiert hätte, wenn man der mahnenden Stimme in seinem Innern gefolgt wäre. Es ist sehr bitter, zu den Benachteiligten zu zählen, bei denen der Sperrmüllwagen morgens in aller Frühe zu seiner Runde startet.

Das Aussortieren ist oft ein qualvoller Vorgang: Da geht es um all die Sachen, die zwar keiner haben will, die aber noch zu gut für den zermalmenden Müllwagen sind; oder um die Dinge, von denen man denkt, daß man es noch einmal bitter bereuen wird, wenn man sie weggibt. Auf anderen entbehrlichen Stücken ist so viel aufgestapelt, daß es mehr als lästig wäre, sie herauszuoperieren. Und dann sprechen auch unter Umständen Gründe der Pietät mit: War nicht das Schränkchen die erste gemeinsame Anschaffung?

Man kann sich mit dem Gedanken trösten, daß vielleicht ein junger Haushalt mit dem erinnerungsträchtigen Stück glücklich wird, denn es gab von jeher Interessenten, die die Sperrmüllhaufen nach Brauchbarem durchsuchten. Man gönnt den Suchern ja auch alles von Herzen, wenn sie nur nicht so oft den kunstvoll aufgerichteten Bau auseinanderrissen oder den (zugegebenermaßen nicht ganz vorschriftsmäßig in den größeren Gegenständen versteckten) Kleinkram umherstreuten. Allerdings sind jene legendären Zeiten, wo man Antiquitäten auf dem Sperrmüll fand, längst vergangen, und auch jene entzückend zu bemalenden Möbelstücke, die man nach den Ratschlägen auf Bastelseiten vom Sperrmüll nehmen soll, sind mittlerweile recht dünn gesät. Ich weiß dies ziemlich genau, denn seitdem eine Freundin von mir einen kostbaren alten chinesischen Teppich gefunden hat, bei dem nur ein paar Brandlöcher kunstgestopft werden mußten, nehme ich jede Anhäufung von Sperrmüll sorgfältig in Augenschein. Es gibt da eine Schwemme von abgetreten Bettvorlegern, Matratzen in unbeschreiblichem Zustand, wackeligen Regalen; besonders scheußlichen Sesseln und alten Herden, mit denen auch der passionierteste Bastler nichts mehr anfangen könnte. Aber man kann ja nie wissen! Übrigens gibt es auch Leute, die es für unter ihrer Würde halten, etwas vom Sperrmüll mitzunehmen. Natürlich sehen die immer und überall die herrlichsten Stücke, wie sie uns, die wir keine so verletzliche Würde hätten, sehr anschaulich zu berichten wissen.

Wie fast alle Umstände ihre zwei Seiten haben, so ist auch die frühe Sperrmüllabfuhr unter Umständen von unschätzbarem Vorteil, was alle Eltern von Schulkindern wissen. Kinder haben nämlich eine leidenschaftliche Vorliebe für Sperrmüll und neigen dazu, auf dem Heimweg von der Schule alles mögliche einzusammeln. Da kann man von Glück sagen, wenn man nur für den soeben endlich abgestoßenen alten Papageienkäfig einen noch älteren oder noch größeren ins Haus geliefert bekommt, es kann auch eine durchlöcherte Babybadewanne sein, ein alter Kinderwagen oder eine ziemlich unappetitliche Steppdecke.

Auf diese Art und Weise hat man wieder etwas für den Keller. Und für den nächsten Sperrmüll.

## Alles in schönster Unordnung!

Bezüglich ihrer Ordnung und Ordnungsliebe kann man die Menschheit nicht nur in ordentliche und unordentliche Zeitgenossen einteilen. Man muß auch die sehr verschiedenen Gruppen der unordentlichen Leute streng auseinanderhalten: Die, die sich in ihrer Unordnung pudelwohl fühlen, und die unordentlichen Leute, die unter ihrer Unordnung leiden. Ich weiß, wovon ich rede, denn ich gehöre selbst zu denen, die Ordnung lieben, denen es aber nicht gegeben ist, sie zu halten. Meine Kinder- und Jugendjahre verbrachte ich unter lauter Menschen, die von Haus aus oder von Geburt an ordentlich waren. Die dachten nun weder daran, hinter mir herzuräumen, noch meinen in ihren Augen schwerwiegenden Charakterfehler wohlwollend zu dulden: Manch heiliges oder unheiliges Donnerwetter brach über mich herein, manche in meinen Augen notwendigen und schönen Dinge wurden konfisziert oder gar in den Mülleimer geworfen, weil sie „herumflogen", manche Schublade wurde zum Zwecke des Aufräumens auf den Fußboden entleert. Ganz zu schweigen von allerlei schönen Unternehmungen, die mir entgingen, weil ich „erst" aufräumen mußte. Aber schon damals hatte ich ein Gefühl tiefster Befriedigung, wenn ich nach all diesen Leiden vor einem aufgeräumten Spielschrank stand, oder vor einem Bücherregal, in dem sich nur Bücher, und die in Reih und Glied stehend, befanden. Welch glückliche Empfindung, wenn ich an einem Schreibtisch saß, auf dessen Platte Platz für Heft und Buch war, und wenn in der Kommode Pullover, Taschentücher und Strümpfe fein voneinander getrennt untergebracht waren. Leider hielten diese Idealzustände nie lange vor: Die Schränke zeigten nach einiger Zeit wieder Tendenz, sich bei unvorsichtigem Öffnen polternd ihres Inhalts zu entledigen.

Gewissermaßen als Kompensation war ich dann im ferneren Leben ständig von Leuten umgeben, denen Unordnung überhaupt nichts ausmachte, ja, die es nach eigenen Angaben erst so richtig gemütlich fanden, wenn Zeitungen stapelweise vermischt mit Schallplatten auf dem Boden lagen, wenn Butter und Wurst möglichst im Papier verblieben, und die in andere Ecken verrückten Sessel nie wieder zurückgerückt wurden, wenn alle im Laufe eines Jahres von der ganzen Familie gelesenen Bücher gerecht über das ganze Haus verteilt wurden und alle Schuhe einzeln dort stehenblieben, wo sie irgend jemand der Bequemlichkeit halber ausgezogen hatte.

Unordentliche Leute behaupten, daß man nach dem Aufräumen nichts wiederfände (daß sie allerdings auch vor dem Aufräumen nichts wiederfinden und den Haushalt vor allem am frühen Morgen mit nervenzerfetzenden Suchaktionen erschüttern, sei nur nebenbei bemerkt!). Um also am Morgen die benötigten Kleidungsstücke gleich zu finden, läßt man sie am besten auf dem Fußboden in der Reihenfolge des Ausziehens liegen, und sollte man sich am nächsten Morgen für eine andere Garderobe entscheiden, können sie ja für den übernächsten Tag gleich liegenbleiben. Da natürlich außer den Textilien noch allerlei Überbleibsel von Nahrungsaufnahmen, geistiger Arbeit, Freizeitgestaltung und eventuell von der Beschäftigung mit Kleintieren den Teppich zieren, haben jene klugen Leute gut reden, die Humor und Toleranz predigen: Ein Mensch, der in die Ordnung – glücklich oder unglücklich – verliebt ist, leidet und denkt neiderfüllt an die guten Eltern zurück, die dem Leiden völlig unbefangen Luft schafften durch mehr oder weniger laute und gezielte Worte oder durch Maßnahmen.

Man hat's nun einmal so gern ordentlich, weil ja der schönste Raum, der hübscheste Garten und reizendste Balkon gleich sehr verlieren, wenn verstreute Zeitungen und Turnschuhe, leere Konservenbüchsen und Sprudelflaschen herumliegen, wenn Mäntel auf Sitzgelegenheiten, Pflaumenkerne auf einem Buchdeckel und Bonbonpapiere unter dem Tisch lagern. Natürlich soll es nicht so aussehen wie im Schaufenster eines Möbelgeschäftes, aber das braucht man ja wohl wirklich kaum zu befürchten.

Beschließt übrigens ein von Haus aus unordentlicher Mensch, der unter seiner Unordnung keineswegs leidet – unter dem Druck der öffentlichen Meinung oder vom Wunsch beseelt, ein neues Leben voller Ordnung zu beginnen -- eine Großaufräumaktion, so besteht noch kein Grund zum Frohlocken. Entweder erlahmt sein Schwung, wenn er alles ausgeräumt hat, so daß die Unordnung noch viel fürchterlicher wird, oder aber er wird noch jahrelang Vorwürfe verteilen, wenn er wieder einmal etwas nicht finden kann.

## Unkraut vergeht nicht

Der Mensch, der einen Garten mietet, erwirbt, anlegt, neugestaltet oder übernimmt, muß sich von vornherein darüber klar sein, daß es ihm in Zukunft nicht nur obliegt, Rasen zu mähen, Rosen zu schneiden und edle Blumen zu pflanzen, sondern daß er nun einen immerwährenden Krieg gegen das Unkraut zu führen hat, einen Krieg, in dem es bis ans Ende aller Tage nur ganz kurzfristig Sieger und Besiegte geben kann. Dies wird dem Menschen so ganz plastisch vor Augen geführt, wenn er – aus dem Urlaub heimkehrend – seine heimatliche Scholle wiedersieht, die er kurz vor der Abreise noch sorgfältig von allem Wildwuchs gereinigt hatte. Es ist erstaunlich, was ein solides Unkraut in vier Wochen ungestörter Tätigkeit an Höhe, Ausdehnung und Samenverstreuung schafft! Selbst die Besitzer bescheidener und ausgedehnter Blumenkästen können Exemplare bewundern, die ihre Petunien, Geranien und Pelargonien nicht nur weit überragen, sondern auch eine wundervolle Widerstandskraft gegen die ferienbedingte Trockenheit in den Kästen bewiesen haben.

Also begibt man sich mit Hacke, altem Küchenmesser und Handschuhen in den Garten – die Blumenkästenbesitzer haben es natürlich sehr viel leichter, nicht nur, weil sie auf die Hacke verzichten können – und nimmt den Kampf auf.

Große, schöne Unkräuter aus weichem Boden zu ziehen macht eine Zeitlang sogar Spaß. Ganz schrecklich wird die Sache jedoch, wenn es sich um unzählige kleine Pflänzchen mit soliden Wurzeln in sonnengedörrtem Boden handelt. Hätte man doch nur nicht zugelassen, daß die eine hintenstehende Distel Gelegenheit finden konnte, ihre Samen über Land zu schicken! Und als man darauf verzichtete, die Wurzeln des kriechenden Hahnenfußes auszugraben, sondern nur oberflächlich das Geranke abriß, war man auch mit Blindheit geschlagen, wie man jetzt anläßlich einer eisern verankerten Hahnenfußplantage feststellen kann. Tröstlich ist in solchen Momenten der Selbstbezichtigung der Gedanke, daß letzten Endes dies alles doch auch nichts geholfen hätte: Unkraut ist eben einfach immer da. Kein Mensch kann sich so recht erklären, woher es kommt. Deshalb soll man sich auch gar nicht über jene schlampigen Nachbarn ärgern, die Pusteblumen, Disteln und Brennesseln fröhlich wachsen lassen, deren ungehinderter Samenflug sich dann über unser gereinigtes Grundstück erstreckt.

Auch neben ganz ordentlichen Nachbarn, die jedes Unkräutlein mit unnachsichtiger Strenge ausmerzen, hat man Unkraut genug. An schönen warmfeuchten Sommertagen sieht man es förmlich wachsen, und ehe man Stück für Stück mit der Nachurlaubsbereinigung durch ist – man hat schließlich auch noch anderes zu tun –, bekommen die zuerst bearbeiteten Stellen schon wieder einen verdächtigen Grünschimmer.

Für den Gartenbauneuling ist es manchmal gar nicht so einfach zu unterscheiden, was nun eigentlich Unkraut ist. Vor Jahren säte ich einmal Blumensamen aus und freute mich daran, wie schön er keimte und wuchs. Dann verpflanzte ich die zarten Pflänzchen vorschriftsmäßig in gehörigem Abstand auf ein vorbereitetes Beet. Sie zeichneten sich durch äußerste Wuchsfreudigkeit aus und gediehen prächtig. Aber je größer sie wurden, desto deutlicher unterschieden sich ihre Blätter von dem Bild auf der Samenpackung, und schließlich wurde es mir schrecklich klar, daß ich die ganze Pflege wildwachsendem Giersch hatte angedeihen lassen. Hieraus ergibt sich schon ein Kriterium des Unkrauts: es wächst besser als jeder andere Samen. Wenn man beim Unkrauthacken versehentlich eine für teures Geld gekaufte Staude trifft, so kann man sicher sein, daß sie dies nicht überlebt, während das eigentlich gemeinte Unkraut jedoch aus einem versehentlich nicht berücksichtigten Wurzelendchen imposante Auferstehung feiern kann. Wer Kinder oder einen Hund sein eigen nennt, weiß zudem, daß ihre Pfoten und Füße schreckliche Verheerungen unter edlen Gartenpflanzen anrichten können, wohingegen das Unkraut brutale Behandlung nur als eine Aufforderung zu neuem, stärkerem Wachstum auffaßt. Jeder kennt wohl die Inseln von Quekken, Wegerich, Gänseblümchen, Klee und Löwenzahn in einem sonst völlig durch Fußball ruinierten Rasen.

Von jeher hat man übrigens versucht, auf dem Gebiet der Unkrautbekämpfung die verpönte Kinderarbeit wiederaufleben zu lassen. Die Kleinen haben allerdings – wie man aus der eigenen Arbeit in Onkels, Großvaters oder Vaters Garten weiß – ein höchst negatives Verhältnis zu dieser Art von segensreicher Tätigkeit, selbst wenn sie sie gegen Quadratmeter- oder Stundenlohn oder als Sühneleistung betreiben. Und das Ergebnis ist erfahrungsgemäß zumeist unbefriedigend, da hauptsächlich der schöne Schein einer sauberen Oberfläche, nicht aber die mühsamere Tiefenreinigung angestrebt wird. So muß man schließlich, wie so oft, alles selber machen.

Ist man übrigens einmal sehr traurig oder wütend, dann hat man im Unkrautjäten eine ideale Beschäftigung: eine Arbeit, bei der die Gedanken schweifen können, einen Gegner, an dem man seinen Zorn auslassen kann, und die Garantie, ungestört zu bleiben. Denn um einen Menschen, der Unkraut bekämpft, machen alle einen weiten Bogen. Es könnte ja sein, daß er sie zur Mithilfe auffordert.

# Von heimlichen Drachen
# und sanften Engeln

Für Hebammen sind Geburten das Alleralltäglichste von der Welt, was man sich natürlich nicht immer ins Gedächtnis ruft – vor allem dann nicht, wenn man selbst mit diesem Ereignis zu tun hat. Dies wiederum findet – nach neuestem statistischem Durchschnitt – nur noch etwa anderthalbmal in einem ganzen Frauenleben statt. Nur so läßt sich wohl erklären, daß ich überhaupt nicht begriff, wie mich meine Hebamme just in dem wichtigen Augenblick, als ich von dem normalen Krankenbett auf das eigene Entbindungslager umstieg, ausschalt, weil ich Pantöffelchen mit Gummizug trug. Man muß eben daran denken, daß für eine Hebamme Pantöffelchen mit Gummizug viel, viel seltener vorkommen als Geburten. Der alleroberste Doktor jener Klinik, bei dem ich mich – uneinsichtig, wie ich war – beschwerte, meinte übrigens nur, da könne ich mal sehen, was er auszustehen habe, da er mit dieser sehr tüchtigen und sehr grimmigen Person tagtäglich zu tun habe – und das seit zwanzig Jahren –, während dies doch bei mir nun sehr selten der Fall sei. Man kann die Sache auch so sehen.

Für die, die die Kinder zu kriegen haben, gibt es aber kaum ein anderes Ereignis, das so wichtig und so interessant ist wie dieses. Wenn man einmal im richtigen Kreise zusammensitzt, so kann jede, die es mitgemacht hat, ihre speziellen

Erlebnisse beitragen. Das fängt an mit dem Tiefschlag, den der Doktor einer knapp Dreißigjährigen versetzt, indem er sie eine „Spätgebärende" nennt, und endet mit dem glorreichen Auszug aus der Klinik mit dem Baby im Körbchen und der Angst im Herzen, daß man dieses empfindliche Wesen nun im großen und ganzen allein über die schwierigen Runden der ersten Wochen und Monate zu bringen hat. Dazwischen liegen dramatische Schilderungen: Die eine hat nur mit knapper Not in einem atemberaubenden Rennen den Kreißsaal erreicht, während die andere sich tagelang quälen mußte oder gar den irgendwie beschämenden Rückweg nach Hause anzutreten hatte mit dem Ratschlag, in ein paar Tagen wiederzukommen. (Welch ein Triumph, wenn man dann schon drei Stunden später – und diesmal endgültig – da war!) Anderen wieder war verordnet, vorsichtshalber in der Klinik die allerletzte Zeit abzuwarten, und da warteten sie nun tage- und wochenlang. Und dann die atemberaubenden Fälle, wo es beinahe schiefgelaufen wäre: schwächer werdende Herztöne, verwickelte Nabelschnüre, Zangengeburten, Kreislaufschwierigkeiten und was der Komplikationen mehr sind, auf die barbarischerweise manche Frauen liebend gern dann zu sprechen kommen, wenn in ihrem Kreis eine werdende Mutter – immer weißer um die Nase werdend – gebannt lauscht. Es darf allerdings auch nicht verschwiegen werden, daß es genauso, wie es ein Jägerlatein gibt, auch eine Art Kinderkrieg-Latein gibt, von dem man gegebenenfalls getrost eine ganze Menge abziehen kann.

Unerschöpflich sind daneben auch die menschlichen Erfahrungen. Da gab es die Schwester, die ungerührt in der Ecke des Kreißsaals Nabelbinden aufwickelte und dabei „You are my lucky star ..." vor sich hin sang, und die, die stundenlang nicht von der Seite wich und nur einmal kurz davoneilte, um für sich und die soeben werdende Mutter einen anständigen Kaffee zu kochen. Da war die Hebamme, die den superklugen Rat gab, man solle doch noch ein wenig schlafen, und die, die einen anschnauzte, oder die, die ein gutgemeintes Gespräch über die Schönheiten des Jugendstils begann. Offenbar sehr häufig existiert auch die, die einem dann, wenn man eigentlich schon ziemlich etwas auszustehen hat, erklärt, dies wäre noch gar nichts und was man dann wohl nachher erst sagen wolle? Allerdings wird auch von jener Schwester berichtet, die just bei einem solchen Tiefpunkt mit einem besonders appetitlichen Baby auf dem Arm hereinkam, damit man nicht ganz vergäße, wozu letzten Endes die ganze Plackerei diene.

Und jetzt gibt es natürlich mehr und mehr Schilderungen von Ehemännern im Kreißsaal. Ob die wohl wirklich alle so fabelhaft sind, wie man's immer wieder zu hören bekommt?

## Von Mädchen, die lieber Jungen wäre, und Jungen, die mit Puppen spielen ...

Immer wird nur von jenen geredet, die unbedingt zum Friseur sollen und nicht wollen. Tanten und Omas machen mehr oder weniger spitze Bemerkungen, Opas sprechen beziehungsreich von ihrer Militärzeit, und die Onkel, deren Knaben zu jener Zeit unter väterlicher Autorität standen, als der amerikanische Bürstenschnitt das Allerschickste war, reden voller Stolz davon, wie einsichtsvoll in diesem Punkt ihr Nachwuchs war („... Sonst hätte ich ihnen aber auch meinen Standpunkt klargemacht!"). Kurzum, man spricht von denen, die in jedem Friseur einen geschworenen Feind ihrer Schönheit oder Freiheit oder Modernität sehen. Man schweigt aber vollständig von jenen Problemkindern, die unbedingt immer zum Friseur wollen und nicht sollen. Wie mit vielen anderen nicht so spektakulären Problemen müssen sie die Mütter auch mit diesem allein auseinandersetzen.

Um es genauer zu sagen: Es handelt sich hier um die kleinen Mädchen, die eigentlich viel lieber Jungen wären und annehmen, wenn sie nur ihr Haar recht kurz trügen, wäre schon einiges zur Erfüllung dieses Wunsches erreicht. Kein Hinweis darauf, daß die schönen langen Locken viel zu schade sind, daß man dann unweigerlich sieht, daß die Ohren ein wenig abstehen, daß der sehr verehrte Jürgen von nebenan sein Haar viel länger trägt, vermag die Quengelei, daß aber ganz, ganz bestimmt wieder zum Friseur gegangen werden muß, zu stoppen. Und wenn eines dieser kleinen Mädchen auch noch durch widrige Umstände dazu gezwungen wird, einmal statt der geliebten Hosen ein Kleid anziehen zu müssen, ist der Jammer groß. Ich erinnere mich an drei kleine Cousinen, die mit sich und der Welt zerfallen in ihren Festtagskleidern am achtzigsten Geburtstag des Großvaters auf der Treppe saßen und mit dem Schicksal haderten, das sie so vor den Vettern blamierte, die zuweilen schon so zu ihnen gewesen waren, als ob sie auch Jungen wären.

Selbstredend waren die jungen Damen sonst Räuber oder Fernfahrer oder Gestalten aus einem Fernsehwestern, wobei sie natürlich keine Macht der Welt dazu gebracht hätte, die Rolle einer jener Weiblichkeiten zu übernehmen, die immer wohlfrisiert, gutgelaunt und zierlich gekleidet im Wilden Westen gelebt haben müssen. Und einer sehr geliebten Tarzanhose, die immer im Schwimmbad als Badebekleidung getragen worden war, wurde jämmerlich nachgeweint. Sie mußte nämlich ausrangiert werden, weil ihre Trägerin ganz und gar nicht mehr wie Tarzan aussah – vor allem obenherum.

Kleine Jungen wollen eigentlich nie Mädchen sein. Sie sind des festen Glaubens, daß Jungen im Grunde genommen etwas Besseres sind, weswegen sie es auch manchmal über Jahre hinweg ablehnen, mit Mädchen Umgang zu pflegen. Das hindert sie allerdings nicht daran, sich zuweilen mit den Sachen ihrer Mütter und Schwestern auf das Abenteuerlichste herauszuputzen. Wenn Väter dies einmal miterleben, werden sie übrigens sogleich von tiefer Besorgnis erfaßt: Der Junge wird doch wohl nicht? Auch die Puppen – von manchen Mädchen zugunsten von Indianerfedern, Tomahawk und Schießgewehr verächtlich beiseite gelegt – üben auf manche Jungen eine große Anziehungskraft aus. Sie lehnen es dann schlichtweg ab, der Vater der Puppe Annemarie zu sein, denn jedermann weiß, daß der Vater beim Puppenspielen morgens aus dem Haus gehen muß, um draußen lediglich auf und ab zu spazieren, bis er zum Mittagessen oder Abendbrot wieder heimkommen darf. Nein, der Junge will auch eine Mutter sein, das Kind füttern, den Puppenwagen schieben und das Essen kochen! Und auch dies sehen viele Väter gar nicht gern: Ihr Stammhalter, der die schönste Eisenbahn, ganze Schachteln von Cowboys und Indianern nebst Fort Laramie und ein superschickes Tretauto besitzt, klopft in dem ausgedienten Puppenwagen der älteren Schwester sachkundig die Kissen zurecht und bettet dann unter zärtlichen Mutterküssen ein vom Zahn der Zeit sehr angenagtes einbeiniges Puppenkind hinein, oder er ist selig mit einem Hausputz der Puppenstube beschäftigt.

Um die Sache wenigstens etwas „männlicher" zu gestalten, pflegen manche Eltern die Liebe ihres Knaben wenigstens auf einen Teddy umzupolen. Wenn dieser dann allerdings nach einiger Zeit im Taufkleid der Babypuppe prangt, in der Sportkarre auf der Straße umhergefahren wird und ein Fläschchen bekommt, kann man die Umpolung eigentlich als gescheitert ansehen. Auch das Indianerzelt, das das Eigenheim beim Mutter-und-Kind-Spiel darstellte, war in einem anderen Sinne angeschafft worden: genauso übrigens wie das lebensgroße Puppenhaus, das schließlich zu „Bonanza" wurde, und die Ritter von der Ritterburg, die in den Betten der Puppenstube landeten und Milch in winzigen Täßchen bekamen.

Am besten macht man sich von vornherein mit dem Gedanken vertraut, daß es eine „Jungenabteilung" und eine „Mädchenabteilung" nur in manchen Spielwarenläden und

Warenhäusern, nicht aber in Wirklichkeit gibt. Und man soll sich auch nicht ärgern, wenn die schönen, mühsam selbst bemalten Möbel der Puppenstube benutzt werden, um den Greifbagger auszuprobieren, während die äußerst empfindlichen Zubehörteile der Modelleisenbahn als Geburtstagsgeschenke für die Negerpuppe Sambo auf dem Spieltisch aufgebaut sind. Aber daß das wunderschöne karierte Faltenröckchen schon fast zu kurz ist und vom Töchterchen kaum getragen wurde, ist ja doch ärgerlich!

## *Auf zum Kindergeburtstag!*

Für manche Kinder spielt sich das Jahr zwischen zwei wichtigen Terminen ab: zwischen Weihnachten und dem eigenen Geburtstag! Ostern, die Sommerferien, andere Familiengeburtstage, Pfingsten und so weiter haben zwar auch etwas für sich, sind aber nur kümmerliche Ereignisse gemessen an den beiden erstgenannten. Der Geburtstag bietet fast noch etwas mehr Gesprächsstoff, weil das Kind an der Gestaltung selbst beteiligt ist: Soll die Torte mit Kirschen oder mit Gummibären verziert werden? Ist man zum Topfschlagen schon zu erwachsen? Muß man wirklich das nicht sehr geliebte Nachbarkind einladen, bloß weil es einen auch immer einlädt? Und andererseits: Kann man den netten Michael bitten, obwohl er einen noch nie eingeladen hat? („Einer muß ja anfangen!") Soll jeder einen großen Gewinn oder zwei kleine kriegen? Und wie ist es mit dem Abendessen? Kann man wirklich, ohne der allgemeinen Mißachtung anheimzufallen, mit der Würstchen-Tradition brechen, bloß weil man selbst keine mag? Diese und ähnliche Fragen müssen so rechtzeitig geklärt werden, daß man die Entscheidungen jederzeit wieder umstoßen kann, je nachdem, mit welchem Schulfreund oder -freundin man zuletzt gesprochen hat.

Die Schulkinder nämlich, davon wissen geplagte Mütter

ein Lied zu singen, sind bei ihren Planungen alles andere als unbefangen. Es ist so unendlich wichtig, daß bestimmten Gästen die Party auch ja gefällt. Daß diese Kinder zumeist die kleinen Snobs der Klasse sind, versteht sich von selbst. In ihren Augen kann es ein Fauxpas sein, Kakao statt Cola anzubieten, Pfänderspiele zu spielen, ein Kleid anzuziehen, Murmeln zu verlosen und ein Kind einzuladen, das nicht in die eigene Klasse geht. Leider weiß man nie so ganz genau, was Anstoß erregen kann, und wenn besagte Sylvia oder besagter Oliver am Vormittag vor dem großen Ereignis die Meinung kundtun, Seifenblasen wäre nur etwas für Babys, so steht die partygestaltende Mutter vor dem Problem, ob sie nun, um ihrer Tochter Schande zu ersparen, die Seifenblasenbüchsen aus der Tombola entfernen oder auf Sylvias Meinung pfeifen soll. Übrigens kann es durchaus vorkommen, daß dieselbe Sylvia am Nachmittag zutiefst einschnappt, weil, als sie die freie Auswahl hatte, keine Seifenblasen mehr da waren.

Das Kuchenessen, mit dem jeder Kindergeburtstag beginnt, geht ungeheuer schnell über die Bühne, wobei die verzehrten Mengen sehr unterschiedlich sind. Die Hoffnung auf mindestens eine halbe Stunde, in der die lieben Kleinen beschäftigt sind, erweist sich meist als trügerisch. Sogar der kleine Freßsack, der sich immer unter den Gästen befindet, wird von den anderen unbarmherzig zur Eile gedrängt, kaum, daß es ihm noch gelingt, ein Stück Kuchen als Vorrat in die Hand zu nehmen. Und dann heißt es in ununterbrochenem Einsatz eine Schar höchst unterschiedlicher Charaktere zu amüsieren. Leider ist ein Spiel, das lustig und spannend zugleich ist und die Gewähr bietet, daß alle gleichzeitig gewinnen, noch nicht erfunden. So hat man es immer mit enttäuschten Seelen zu tun, die „gleich zu Anfang gesagt hatten, sie wollten die blaue Taschenlampe, und nun ist sie weg!" Außerdem gibt es natürlich auch immer welche, die schamlos mogeln, und welche, die behaupten, die glücklichen Gewinner hätten schamlos gemogelt. Hier hat nun der spielleitende Erwachsene nicht die Aufgabe, fehlgeleitete Charaktere auf den rechten Weg zu bringen, sondern gleichfalls ein wenig zu mogeln, um der ausgleichenden Gerechtigkeit möglichst auf die Sprünge zu helfen, damit nicht, wie bei der Olympiade, einer sieben Goldmedaillen bekommt und sechs gar keine. Bei dem „Reise nach Jerusalem" genannten Kampf um Stühle etwa gibt es immer zugunsten der schwächeren Reisenden Schiedsrichterentscheidungen zu treffen, und auch der „Ochs am Berge" gibt die Gelegenheit, mal Bewegungen zu übersehen und mal besonders scharf hinzugukken. Daß übrigens auch das Geburtstagskind selbst besonders aufs Gewinnen versessen und besonders leicht eingeschnappt ist, soll an diesem seinem lange erwarteten Ehrentag häufig vorkommen.

Wenn gerade alles so richtig schön läuft, ist es Zeit, das Abendessen – was es auch immer sein mag – zu servieren. Dabei werden meist ungeheure kindliche Witze gerissen, über die fürchterlich laut gelacht wird. Außerdem müssen wir mit gelindem Entsetzen anhören, wie unser Kind die andern überredet, doch noch ja nicht heimzugehen. Manche Kinder bekommen übrigens eine Zeit mit auf den Weg, und manche dürfen bleiben, „bis die andern alle gehen". Infolgedessen hebt ein geschäftiges Telefonieren der ersten Gruppe an, „weil es doch gerade noch sooo nett ist und alle andern auch dürfen ..." Als letzte Anstrengung hat man dann noch alle Jacken, Mäntel, Mützen, Handschuhe und Schals richtig zu verteilen und darüber zu urteilen, wem das kaputte rote Auto gehört und wem das heile. Auch die Tatsache, daß die

112

Bonbons, die jemand extra oben auf dem Bücherregal deponiert hatte, sehr dezimiert sind, muß beurteilt und vor allem geklärt werden.

Auf dem Heimweg nach dem Rücktransport des letzten Gastes kann man sich dann in Ruhe – über das nächste Weihnachtsfest unterhalten!

## *Überhaupt keine Umstände!*

Manchmal bekommt man anderer Leute Kinder ins Haus geliefert, sei es, daß deren Eltern auf Reisen gehen oder auch nur auf ein Fest, dessen Ende nicht abzusehen ist, sei es, daß unsere Kinder sich diesen Besuch gewünscht haben oder sei es, daß wir nur für alle Fälle mit gutem Beispiel vorangehen wollen. Immer aber bekommt man die Kinder ins Haus gebracht mit dem Hinweis, man möge sich doch bitte gar keine Umstände machen, denn gerade dies Kind sei besonders anspruchslos, gut geartet und anpassungsfähig. Und dann steht da so ein kleines oder etwas größeres Wesen neben seinem Köfferchen und ist uns für einige Zeit ausgeliefert.

Manchmal kennt man die Betreffenden als Schulkameraden, Nachbarskinder oder Kindergartengefährten recht gut, da sie ohnehin große Teile des Tages bei uns zubringen. In diesem Fall kann man eigentlich nur mit allem, was mit dem Schlafen zusammenhängt, Überraschungen erleben: Das Bett ist irgendwie komisch, ein musikalisches Programm muß noch durchgesungen werden, die Tür muß offenstehen – aber nicht so doll, nur ein bißchen –, das Licht muß anbleiben, und auf dem Nachttisch soll ein Glas mit Apfelsaft stehen. Größere Kinder verlangen nach einem bestimmten Badezusatz, finden ihren Fönkamm daheim besser und stellen unkontrollierbare Behauptungen darüber auf, wann sie zu Hause ins Bett müssen. Geübte Kinderbeherberger befragen deshalb in Gegenwart der kleinen Gäste deren Eltern über diesen wichtigen Punkt, denn die Tatsache, daß man zu Weihnachten, zu Ostern oder an irgendeinem Geburtstag einmal lange aufbleiben durfte, wird sonst leicht verallgemeinert, und in den eigenen Kindern werden nagende Neidgefühle erweckt, unter denen man noch lange zu leiden hat. Manchmal kennt man die betreffenden Kinder aber auch nicht so gut. Man hat sie gewissermaßen über ihre Eltern, die einem viel vertrauter sind, erworben und muß nun sehen, wie man mit ihnen zurechtkommt, wobei es sich oft als ausgesprochen hinderlich erweist, daß Kinder von befreundeten Eltern sich nur sehr selten untereinander gleichfalls nett finden. Meist hatten sich die eigenen Kinder schon nur betont gedämpft gefreut bei der Aussicht, daß das liebe kleine Peterchen kommt, und abschätzig gefragt: „Etwa der, der immer Blockflöte spielt?" Aber auch umgekehrt muß die Freude nicht immer allzu groß sein: Bei einem meiner Neffen fand meine Tochter durch gründliches Befragen heraus, daß er eigentlich sauer war, weil er gar nicht zu uns, sondern viel lieber zu Onkel Walther wollte, der einen Trecker habe, aber wenn er es bei uns brav aushielte, dürfe er das nächste Mal wieder zu dem Trecker.

Überhaupt keine Umstände soll man sich natürlich auch mit dem Essen machen – das ins Haus gelieferte Kind ißt immer alles! Nur verleiten freundliche Nachfragen jedes Kind dazu, detailliert damit herauszurücken, was es nicht mag. Oft ist es gerade das, was auf dem Tisch steht, und selbst, wenn man auf besonderen Wunsch das für Hausfrauen so günstige Lieblingsessen aller Kinder, nämlich Nudeln mit Tomatensoße, gekocht hat, kann es einem passieren, daß der kleine Gast lustlos in den Nudeln herumstochert und nachdenklich äußert: „Bei meiner Mutter schmecken die aber ganz anders!" Was man merkwürdigerweise etwas beschämt hinnimmt. Auch sonst haben es die Kleinen gern genau wie zu Hause: Der Toast muß heller sein, der Kakao nicht so heiß, eigentlich möchten sie lieber ein Brötchen, aber dafür kein Ei, und als plötzlich bei uns dicke Tränen auf ein Käsebrötchen fielen, lag es daran, daß Papi immer Bauklötzchen aus dem Käse macht und wir nicht dahinterkamen, wie besagter Papi dies anstellt.

Mit kleinen Kindern hat man überhaupt zuweilen Verständigungsschwierigkeiten. Zum Beispiel mit jenem kleinen Jungen, von dem es hieß, überall, wo man ihn hinlege, schlafe er wie ein Stein von abends um sieben bis morgens um acht: Was er unter heftigem Schluchzen zwischen elf und eins hervorstieß, haben wir trotz aller Mühen nicht herausgefunden. Klarer war schon die Sache bei einem kleinen Mädchen, das in etwa zweistündigem Abstand die ganze Nacht hindurch mit den Worten „Bonbon haben!" an unseren Betten erschien. Und da so ein armes kleines Kind in der Fremde Mitleid verdient, bekam es auch, was es wollte. Größere Kinder tun übrigens zuweilen tiefere Einblicke in unseren Haushalt, als uns lieb ist, und berichten getreulich zu Hause, daß der Onkel immer die Wurst mit den Fingern nimmt oder ähnliches.

Werden die Kinder wieder abgeholt, bestätigen die Gastgeber liebenswürdigerweise, daß sie wirklich überhaupt keine Umstände gemacht hätten. Dies hörte ich auch immer über meine eigenen Kinder. Deshalb konnte ich sie guten Gewissens überallhin auf Besuch schicken.

## Für fünf Pfennig
## Salmis und Veilchenpastillen

Wenn ich auch weit davon entfernt bin, im Gelde zu schwimmen, so könnte ich mir doch ohne weiteres das leisten, was ich früher für den höchsten Luxus gehalten habe, der einem Menschen erreichbar ist: Ich könnte mir täglich – ja, was sage ich, sogar vormittags und nachmittags noch einmal – an einer Erfrischungsbude eine Dose Salmis und eine Dose Veilchenpastillen kaufen. Die Betonung liegt hier natürlich auf dem „und", denn, wenn Sie alt genug sind, entsinnen Sie sich sicher auch noch der quälenden Wahl zwischen den beiden möglichen Genüssen, die für fünf Pfennige in kleinen Blechdöschen zu haben waren. Ganz eindeutig war bei den Salmis mehr drin, so daß ihr Kauf wirtschaftlicher erscheinen mußte. Andererseits aber war jede einzelne Veilchenpastille ganz gewiß dicker, was ihre spärliche Zahl in etwa aufwog. Und wenn der dezente Veilchengeschmack auch delikater schien, so konnte man sich doch aus den Salmis einen kunstreichen Stern mit Spucke auf den Handrükken kleben und langsam, aber genußreich ablecken, was merkwürdigerweise unverständige Erwachsene für ordinär und unappetitlich hielten. Kurzum, die Wahl war wirklich schwer, da man doch fast immer nur eins haben konnte. Manchmal wich man dann auf ein Nappo aus.

Ich habe keine Ahnung, ob es noch Nappos gibt. Es waren

schokoladenüberzogene Dinger in – mathematisch gesprochen – gleichseitiger Trapezform. Außenherum war blau-silbernes oder rot-silbernes Papier, und innen war ein nahezu steinharter Kern aus einer weißlichen Masse, der erst durch ausdauerndes Ziehen, Beißen, Abdrehen und Reißen in handliche und eßbare Stücke abzutrennen war. Und dann hatte man ein längeres genußreiches Kauen vor sich. Ein Nappo gab, verglichen mit einem Kaugummi, geschmacklich ungleich mehr her, wohingegen das Kaugummi natürlich eindeutig an Lebensdauer und Verwendbarkeit überlegen war. Es grenzt tatsächlich ans Wunderbare, wie schier unerschöpflich die Nutzbarkeit eines einzigen Kaugummis sein kann. Leider geht offenbar mit zunehmendem Alter das rechte Verständnis für diese Eigenschaft verloren: Schon meine Mutter zwang mich, noch recht gut erhaltene Exemplare von ihrem Aufbewahrungsort unter der Kinderzimmertischplatte hervorzuklauben und in den Mülleimer zu werfen – und heute erfahren meine Kinder das gleiche Leid durch mich. Es ist sehr schade, daß es früher noch nicht die Sorte zum Luftballon-Machen gab, die auf sensible Ästheten so ganz besonders schockierend wirkt. Ich bin sicher, wir hätten sie sehr geschätzt.

Aber es gab damals wie heute Gummibärchen, jene grünen, gelben, roten, weißen und orangefarbenen kaum als Bärchen erkennbaren Winzlinge, von denen man eine stattliche Anzahl für sein Geld bekam und dem Vernehmen nach heute noch immer bekommt. Man kann sie nicht nur verspeisen, sondern auch mit ihnen spielen. Leider aber haben alle diese Spiele einen etwas düsteren Charakter: Die Bärchen schmecken einfach zu gut, so daß etwa von der Schiffsbesatzung nacheinander alle Matrosen über Bord gehen, in der Schule dezimiert offensichtlich eine Seuche die Klasse, und von der glücklichen Bärenfamilie im Walde geht ein Mitglied nach dem andern verloren. Die gleichen leuchtenden Farben erschienen früher übrigens bei der Brauselimonade mit den stolzen Namen „Himbeer", „Zitrone", „Orange" und „Waldmeister" wieder, die am Ziel jeder Schulwanderung mit unsagbarem Genuß getrunken wurde.

Die herrlichen rot-weißen geringelten Zuckerstangen, die früher jeder Bäcker führte, gibt es heute hauptsächlich auf Jahrmärkten, desgleichen die Schlangen aus einer dicken elastischen Masse in Pastellfarben, die für wenig Geld auch noch mit einem Edelsteinring im Maul geliefert werden. Sie sättigen ungemein auf die angenehmste Art und haben wegen des Schmuckstückes bleibenden Wert, ganz anders als die verschiedenen Arten von Lakritze, die eigentlich mehr den Appetit anregen. Lakritz kann man nur leidenschaftlich lieben oder völlig verabscheuen. Von jeher gab es Lakritzhasser, die versuchten, einem diese köstliche Süßigkeit durch allerlei abscheuliche Theorien über seine Bestandteile zu verekeln. Ich aber habe ihn immer geliebt. Es gab große Debatten, ob man sich mit einfachen Stangen zu zehn, zwei Schnecken zu fünf, vier Pfeifen mit rosa oder gelbem Tabak aus Gummischlangenmasse oder einer Wundertüte am besten stand. Zuweilen stellte man auch Versuche mit Lakritzenwasser an, einer Mischung aus Wasser und kleingeschnittenem Lakritz in Flaschen, die nach alter Überlieferung eine Zeitlang im Garten eingegraben werden mußte, aber eigentlich etwas enttäuschend schmeckte – eben wie stark verwässerter Lakritz.

Heutzutage schmecken leider alle diese Kinderherrlichkeiten längst nicht mehr so herrlich, wie man sie in Erinnerung hatte, so daß man den Kindertraum von „Salmis satt" gar nicht so recht genießt. Vor manchen Köstlichkeiten, die man sich in eindrucksvollen Quantitäten leisten wollte, sobald man erst groß war, graust es einen sogar. Wer weiß, woran es liegt? Man ist nur allzu leicht geneigt, sein Haupt zu schütteln und zu sagen: Auch die Himbeerbonbons sind nicht mehr das, was sie früher waren ...

## *„Alle Kinder dürfen das!"*

Manchmal müßte man die Gelegenheit haben, eine große Elternversammlung einzuberufen, um einmal ganz richtig und zuverlässig zu klären, was eigentlich „alle Kinder" dürfen. Schon zu meinen Kinderzeiten durften nämlich „alle Kinder" immer genau das, was mir verwehrt wurde. Lange aufbleiben zum Beispiel oder im März Söckchen tragen, Jerry-Cotton-Bändchen kaufen und zum Mittagessen Brauselimonade trinken (statt Milch!). Jetzt würde ich vor allen Dingen klären, was eigentlich alle Kinder stets und ständig im Fernsehen sehen dürfen. Es geht da etwa um den allwöchentlichen Spätwestern, der am Samstagabend zu nachtschlafender Zeit über den Bildschirm zu flimmern pflegt und schwere Nachteile für das Ansehen eines Kindes schafft, das ihn nicht zu sehen bekommt, da er doch so ganz offensichtlich zum Bildungs- und Konversationsgut bestimmter Schulklassen gehört. Und wie ist es mit den Krimiserien bestellt, die teils hierzulande, teils unter Palmen oder Wolkenkratzern immer wieder dokumentieren, daß schließlich doch alles herauskommt, zumal Schwerverbrecher glücklicherweise die Neigung haben, kurz vor ihrem Tode oder bei ihrer Verhaftung noch einmal ihre Untaten genau zu erklären? Und müssen wirklich „alle Kinder" nachmittags, wenn die Sonne scheint oder wenn das Wohnzimmer von lauter Menschen bevölkert ist, die dies nicht schätzen, immer Elefantenboy, die edle Lassie, Heidi oder gar Skippy, das Känguruh, sehen?

Man müßte wirklich einmal mit den Eltern von „allen Kindern" reden können. Hinweise nämlich auf ein bestimmtes Kind, dessen Mutter etwa auch die Edgar-Wallace-Serie greulich findet, werden mit einem verächtlichen: „Ja, die ...!" abgetan. Auch die Psychologie erweist sich als nicht so recht hilfreich. Wie immer klingen ihre Ratschläge sehr einleuchtend: Man soll eine sorgfältige Auswahl des Programms – nach Alter und Einsicht abgestuft – treffen, und man soll das Kind nie allein fernsehen lassen, sondern dabeisitzen und sich später mit ihm über das Geschehene unterhalten. Leider sind die Kinder, die ich kenne, offenbar nicht die richtigen. Man kann mit ihnen stundenlang darüber reden, daß der Western nachts um halb elf nicht das richtige ist, sie werden immer nur argumentieren, daß aber „alle Kinder" ihn sehen dürfen, daß morgen Sonntag ist und daß sie, wenn sie dies gewußt hätten, nicht den Rasen geharkt hätten. Von echten Diskussionsbeiträgen kann also keine Rede sein. Dies zur Auswahl des Programms.

Zum Alter sei gesagt, daß die Psychologen offensichtlich nicht das Problem von Geschwistern ins Auge gefaßt haben. Was macht man mit dem brüllenden Peter, wenn Paul schon den Elefantenboy sehen darf? Zumal doch die Mutter mit am Bildschirm sitzen muß, um später mit Paul das Geschehene zu besprechen, wobei sie womöglich dies Opfer ganz umsonst auf sich genommen hat, da Paul außer der Ansicht, der Elefantenboy sei immer „dufte", zur Unterhaltung gar nichts beitragen will, da er sich inzwischen ganz anderen Dingen zuwendet. Und was geschieht, wenn nun einmal die Mutter ganz und gar keine Lust hat, sich Dschungelabenteuer anzusehen, was offenbar die Psychologen überhaupt nicht in Betracht ziehen? Muß sie trotzdem, oder darf das Kind auch nicht? „Beschäftigen Sie Ihr Kind anderweitig!" heißt der einschlägige Ratschlag. Beschäftigen Sie aber mal ein Kind, dem seit dem letzten Telefonat mit der Schulfreundin nichts als „Die Straßen von San Francisco" im Kopf steckt und das sich gar nicht beschäftigen will, weil es sich unterdrückt, geknechtet, mißverstanden und schlecht behandelt fühlt, weil es wieder einmal nicht darf, was „alle Kinder" dürfen. Da es aber diese mißhandelten und geknechteten Kinder fast in jedem Haushalt gibt, wäre es wirklich interessant, einmal die Eltern von den anderen, von „allen Kindern" kennenzulernen.

Größere, dem Problem inzwischen entwachsene Sprößlinge, die diese Kämpfe in weiter Vergangenheit ausgefochten haben, sind bei der Lösung all dieser Probleme nicht sehr hilfreich. Sie neigen mehr dazu, moderne Erziehungsgrundsätze nur theoretisch und nicht in bezug auf jüngere Geschwister zu schätzen. „Wir durften mit dreizehn", so lieben sie zu argumentieren, „überhaupt nur bis zur Tagesschau aufbleiben! Und das auch nur, wenn wir ,ganz brav' waren!" Und dies wieder behaupten „alle" Herangewachsenen. Komisch!

*Wir haben*
*eine Eins geschrieben!*

Wie man immer wieder von den Pädagogen hört, lernt man in der Schulzeit nicht für die Schule, sondern für das Leben; und wenn das auch in mancher Hinsicht stimmen mag, so kann einem dieser erhabene Gedanke doch nicht in jedem Fall das Lernen versüßen. Also ist es nicht ganz unverständlich, wenn der junge Mensch beim Verlassen der Schule nicht mit Bedauern, sondern voll Dankbarkeit und Erleichterung glaubt, daß – was auch immer das Leben an Plackereien für ihn bereithalten möge – es mit der Plackerei der Schularbeiten nun ein für allemal vorbei sei.

Aber auch in diesem Falle kommt es leider wieder einmal anders, als man denkt: Denn nach ein paar goldenen Jahren ohne Hausaufgaben sitzt der Mensch – vor allem der weibliche – wieder an der Seite seiner Sprößlinge an der Arbeit. In den vergangenen sorglosen Jahren hat er vielleicht mancherlei schöne Theorien aufgestellt, etwa dergestalt, daß die eigenen Kinder im Gegensatz zu fast allen Kindern ringsum von Anfang an an selbständiges Arbeiten gewöhnt werden sollen und daß man sich um die Schularbeiten genausowenig kümmern wird, wie dies die eigene Mutter dereinst tat. Aber wenn dann die eigenen Kinder, entgegen aller Theorie, anstatt des Lobes für die selbständige Arbeitsweise einen Zettel mit nach Hause bringen, auf dem geschrieben steht, so ginge es nicht weiter und es möchte sich doch einmal jemand darum kümmern, daß die Hausaufgaben etwas gewissenhafter erledigt würden, muß man einsehen, daß die Theorie sicher sehr fundiert ist, daß aber leider die Kinder unvollkommen programmiert sind.

Und so sitzt man wieder an der Arbeit, verpackt die Drei siebenmal in einundzwanzig und schlägt sich mit Schnittmengen, Teilmengen, leeren Mengen und Elementen herum oder greift helfend in die „Zeichnung des Schulhofes vom Himmel aus gesehen" ein, weil nämlich die beste Freundin ein Sternchen für ein Gemälde bekommen hat, dessen Haupturheber der große Bruder war. An diesem Platz – zumeist rechts oder links neben demjenigen, der da fürs Leben lernt – bleibt man dann für mehrere Jahre sitzen, obwohl man in den meisten Fällen noch nicht einmal gern gesehen wird. Das „selbständige" Arbeiten kann oft sehr viel zeitsparender, großzügiger und konfliktloser erledigt werden. Denn Mütter stellen zuweilen Anforderungen an Vollständigkeit und Sorgfalt, die Stoff zu Meinungsverschiedenheiten enthalten können, und anders, als „wir es machen müssen", wollen sie dies oder jenes auch anpacken. Das Argument: „Aber so haben wir das gelernt!", oft mit erhobener Stimme und sogar unter Tränen hervorgebracht, erweist sich manchesmal als richtig, was den schularbeitenden Elternteil häufig zu gelindem Kopfschütteln veranlaßt.

Im Laufe der Jahre wachsen die Anforderungen. Aus der Luftansicht des Schulhofes wird ein Längsschnitt durch die Alpen und statt des Verpackens der Drei müssen x und y isoliert, ausgeklammert, gekürzt und faktorisiert werden. Manchmal hat auch die einsatzfroheste Mutter dies alles von Herzen satt. Sie ist ja voll und ganz damit einverstanden, daß die moderne Schule keine Paukschule mehr sein will – aber hin und wieder hat sie ganz ketzerische Gedanken: Da Vokabeln beispielsweise in der Schule zwar nicht mehr gepaukt, aber in den Klassenarbeiten ohne Gnade verlangt werden und da sie nun einmal leider nicht die Eigenschaft besitzen, den Kindern anzufliegen, wird die lästige Paukerei von der Schule ganz schlicht auf die Eltern – natürlich meist auf die Mutter – abgeladen. Und da lastet sie nun! Manchmal leider recht lange, bis nämlich das selbständige Arbeiten endlich auch beim letzten Spätentwickler wirklich einsetzt. Leider gibt es eine Menge Kinder, die gar kein bißchen dankbar sind, sondern die Sache noch durch wortgewaltige Auseinandersetzungen erschweren. Wenn nicht überall landauf, landab andere Eltern auch an den Schularbeiten säßen und das eigene Kind ohne Hilfe hoffnungslos ins Hintertreffen geriete (sofern es nicht zu den wenigen erfreulichen Ausnahmen gehört), würde man wirklich liebend gern in einen lebenslangen Schularbeitenstreik treten!

Man hat natürlich auch seine wohltuenden Erfolgserlebnisse: Wenn „wir" eine wunderschöne Englischarbeit geschrieben haben, wenn „unser" gestickter Turnbeutel mit „sehr gut" zensiert wurde und wenn „wir" als einzige die Physikaufgabe herausbekommen haben, dann erleben wir stolze Momente. Andererseits ist der berühmte Vater, der alle Mathematikaufgaben falsch hat, nicht nur eine Witzfigur, sondern aus dem vollen Leben gegriffen: Unsere für ein müdes Kind verfertigte Zeichnung von Südamerika erhielt z. B. nur ein lähmendes „Ausreichend", und dem Vater einer Klassenkameradin, der selbst Deutschlehrer war, gelang es im Hausaufsatz bei einem Kollegen nie über „befriedigend" hinauszukommen. Und allmählich bleiben wir in einem Fach nach dem anderen auf der Strecke ...

PS. Bei Schulentlassungsfeiern bekommen Schüler, Direktoren und Lehrer zumeist warme Worte des Lobes und der Anerkennung gespendet. Aber wer gedenkt jemals der schularbeitenden Mütter und Väter?

## Wir helfen nach
## mit Nachhilfeunterricht

Im Zusammenhang mit Nachhilfestunden ergeben sich heute manchmal Probleme, von denen man sich früher nie etwas hätte träumen lassen. Beispielsweise: Soll sich ein junges Mädchen in Mathematik auf den gewünschten Wissensstand bringen lassen von einem offensichtlich guten Mathematiker, der aber zur Sommerszeit seinen Unterricht ungeniert im Unterhemd erteilt?

Vor Jahren noch erschien einem alles völlig problemlos. Wie problemlos – daran erinnert man sich blitzartig, wenn man andere Mütter voller Überzeugung den schönen Satz aussprechen hört: „Ich werde mein Kind von Anfang an daran gewöhnen, selbständig zu arbeiten, denn ich halte es für grundfalsch, bei den Schularbeiten zu helfen oder helfen zu lassen!" Ich glaube, es ist für alle erfahrenen Eltern ganz klar, daß es sich hier offensichtlich um Mütter von Säuglingen oder Erstkläßlern handelt. Im allgemeinen kommt es meist so, daß schon nach relativ kurzer Zeit die Mutter zunächst über die Schulter schauend und dann leider oft danebensitzend die Aufsicht darüber übernimmt, daß die verlangten geraden Striche ordnungsgemäß nebeneinander aufmarschieren, daß die sichtbare Tatsache, daß Otto auf dem Baum und Lisa im Wagen sitzt, lesend vorgetragen werden kann und daß die Menge der Kinder mit Brille und die

Menge der Kinder mit Fahrrad angemessen registriert wird. Und damit haben die ersten Nachhilfestunden stattgefunden!

Da es nun leider sehr wenige Kinder gibt, die für diese mütterliche Hilfestellung von Dankbarkeit erfüllt sind, sondern sich zumeist eine gewisse ungemütliche Stimmung breitmacht, versuchen viele Mütter nach Möglichkeit, das undankbare Geschäft zu delegieren. Ältere Geschwister bieten sich natürlich geradezu an. Überrascht muß man bedauerlicherweise feststellen, daß die größeren Brüder und Schwestern, die man doch mit Verständnis und Toleranz und Nachsicht erzogen zu haben glaubt, sich oft den Kleineren gegenüber als wahre Tyrannen entpuppen. Ohne Rücksicht auf das empfindsame kindliche Selbstwertgefühl argumentieren sie mit „Mensch, bist du aber behämmert!", verkrachen sich bis aufs Blut mit ihrem „Schüler" und entdecken sogar die längst in Vergessenheit geratene Weisheit, daß Schläge auf den Hinterkopf den Verstand fördern, zu unserem Entsetzen neu. Wenn sie auch geschwisterliche Versäumnisse getreulich decken und gute Ratschläge für die geeignete Behandlung gemeinsamer Lehrer austauschen, so erweisen sie sich doch im allgemeinen zwar als kostensparende, aber trotzdem noch nicht als ideale Lösung des Nachhilfe-Problems.

Also sieht man sich, wenn es einmal wieder brennt, nach familienfremden Kräften um: nach Mitschülern höherer Klassen beispielsweise. Da man sich aber in neuerer Zeit überhaupt nicht mehr darauf verlassen kann, daß alle in etwa das gleiche gelernt haben, kann es einem durchaus passieren, daß ein Oberstufenschüler den Aufgaben eines fünf Jahre jüngeren Knaben völlig verständnislos gegenübersitzt und selber erst eine längere Einarbeitung in das Problem benötigt. Im allgemeinen aber ist die Leistung der Mitschüler im Kampf gegen den Bildungsnotstand nicht hoch genug zu preisen. Durch die hier umgesetzten Millionen ist ganz bestimmt die Mofa-, Schallplatten-, Foto-, Textil- und Radioindustrie nicht unerheblich angekurbelt worden. Bei älteren Jahrgängen treten dann Studenten und Lehrer auf den Plan, wobei man den letzteren richtig dankbar sein muß, daß sie trotz dauernder Überarbeitung noch Zeit zu solchen Einsätzen finden – allerdings zu oft sehr stolzen Preisen. Studenten machen es billiger. Unter ihnen gibt es wahre pädagogische Genies, die als Geheimtip von Eltern zu Eltern weitergegeben werden. Es gibt aber auch wahre Nieten, die keinen Zweifel darüber aufkommen lassen, wie unsympathisch sie das benötigte Fach, den Schüler und Nachhilfestunden überhaupt finden. Andere hinwiederum trainieren die ihnen Anvertrauten vor entscheidenden Arbeiten mit dem Eifer eines Rennstallbesitzers. Und dann gibt es natürlich noch die Möglichkeiten schöner menschlicher Beziehungen zwischen Nachhilfekraft und Schülerin – ob zum Segen des gemeinsamen Tuns, sei dahingestellt.

Um auf den Mathematiker im Unterhemd zurückzukommen – wie würden Sie in diesem speziellen Fall entscheiden?

# Übermorgen gibt's Zeugnisse!

Manche jungen Eltern, die erwartungsvoll dem allerersten Zeugnis ihres – selbstverständlich besonders intelligenten – Sprößling entgegensehen, erleben zunächst einmal eine Enttäuschung: Statt prachtvoller Zensuren in Rechnen, Schreiben und Lesen steht da lediglich „Thomas (oder Petra) hat einen guten Anfang gemacht. Er (sie) war eifrig bei der Sache." Und bei dem nicht halb so genialen Nachbarkind, das erst neulich noch die schwerwiegende Frage „Ist Jochen im Auto?" und die Antwort „Nein, Jochen ist im Wagen!" beim Lesen nicht auseinanderhalten konnte, steht erbitternderweise genau dasselbe. Glücklich sind die Eltern zu preisen, bei denen dies die einzige Enttäuschung auf dem Zeugnissektor bleibt!

Alle anderen Eltern leben zweimal im Jahr in der Ungewißheit dessen, was da kommt. Oft kommt es sehr überraschend, was daran liegt, daß die Berichterstattung der Kinder nicht immer ganz zuverlässig ist. So wird aus begreiflichen Gründen die Tatsache, daß man als einziger gewußt hat, wo Rumänien liegt, deutlicher hervorgehoben als die, daß man vorn an der Landkarte vergeblich die Mündung der Donau in Oberitalien gesucht hat. Übungsarbeiten mit einer Fünf darunter geraten leichter im Durcheinander der Schulmappe in Vergessenheit als niedrigere Ziffern, und optimi-

131

stisch eingestellte Schüler haben den rührenden Glauben, daß „das Mündliche" schon alles herausreißen wird. Natürlich gibt es auch Pessimisten, die etwa finstere Andeutungen der Lehrkraft wie: „Ich an deiner Stelle würde lieber aufpassen!" oder: „Wenn deine Leistungen im Französischen nur halb so gut wären wie deine Modezeichnungen!" als Vorboten einer nahenden Katastrophe auffassen und die entsprechende Stimmung verbreiten. Übrigens ist es durchaus nicht bei allen so, daß diese und andere drohende Vorzeichen in den Wochen vor den Zeugnissen eine gewaltige Hochkonjunktur in Fleiß anfachen. Es gibt auch jene Schüler, die durch eiserne Schweigetaktik, Resignation oder Erwartung von Wundern ins Unglück schlittern. Da sind schon die Saisonarbeiter glücklicher veranlagt, die zweimal im Jahr imstande sind, sich vermittels eines ungeheuren Kraftaktes aus dem Sumpf zu ziehen.

Da alles relativ ist, erleben auch wirklich gute Schüler und ihre Eltern so ihre Enttäuschungen: Tränen um ein „Sehr gut", das es bei der neuen Lehrerin nicht mehr gegeben hat, der Hinweis eines ehrgeizigen Vaters, daß mit einem „Befriedigend" in Englisch der Abstieg zum Analphabetentum beginne, oder der Glaube, daß ein Klassengenosse, der vom Lehrer mehr geliebt wird, besser benotet wurde, trüben die Familienstimmung, während in anderen Familien das gleiche Zeugnis einen wahren Freudentaumel hervorrufen würde. Es kann sehr verbittern, wenn eine Familie in der Verwandtschaft oder Bekanntschaft Gejammer über ein „Gut" anhören muß, während sie selbst ganz heiter ist, weil statt der zwei befürchteten Fünfen nur eine einzige im Zeugnis steht.

Genau wie vor hundert Jahren haben trotz aller schönen Forderungen nach Vertrauen, Toleranz und Verständnis Zeugnisse immer noch in vielen Sippen familienspaltende

Tendenzen: Mutter und Kind verschwören sich gegen den Vater, der Vater verspricht Schutz gegen die aufgebrachte Mutter, oder das arme Kind steht ganz allein gegen die geschlossene Einheitsfront unzufriedener Eltern. Wie gut, wenn es da noch ältere Geschwister gibt, die der Sache aus eigener, jüngster Erfahrung gelassener gegenüberstehen! Ältere Geschwister hingegen, die immer bildschöne Zeugnisse hatten, können eine zusätzliche Belastung darstellen.

Sehr zu loben sind allerorten die lieben Großmütter: Sie schwellen vor Stolz über ein gutes Zeugnis, loben ein mittelmäßiges und finden auch an dem allermäßigsten noch gute Seiten. Es ist kaum nötig zu bemerken, daß sie auch Belohnungen parat haben, und damit die weniger glänzenden Erscheinungen unter ihren schulpflichtigen Enkelkindern nicht leer ausgehen müssen, verteilen sie auch klingende Münzen für gute Zensuren in Turnen, Musik und Betragen. Außerdem können sie manchmal noch sehr heilsame Erinnerungen an die Zeugnisse der jetzigen Elterngeneration ausgraben! Was übrigens die Belohnungen betrifft, gibt es in manchen Familien regelrechte Tarifordnungen mit gestaffelten Einnahmen oder gar Ausgaben, während anderswo schon die reine Tatsache der Versetzung fürstlich honoriert wird.

Zum Schluß seien hier noch einige gängige Kommentare zu Zensuren zitiert: „Bei Herrn X ist eine Drei mindestens so gut wie bei anderen eine Zwei!", „Fräulein Y hat gesagt, das sei die beste Vier in der Klasse", „Diese Fünf ist ungerecht, bloß weil er mich nicht leiden kann!", „Und dabei hat sie extra gesagt, wenn ich noch eine anständige Arbeit schreibe und nicht mehr störe, drückt sie ein Auge zu!"

Leute mit einigermaßen intaktem Gedächtnis können feststellen, daß es auf diesem Gebiet also nichts Neues gibt.

## „*Bist du aber groß geworden!*"

Natürlich geschieht es immer wieder, daß Erwachsene mit relativ fremden Kindern und Halbwüchsigen zusammentreffen, und weil sie im Vergleich zu diesen zumeist weltgewandter und weniger gehemmt sind, machen sie den Versuch, eine freundliche Konversation anzuknüpfen. Als Mutter oder Tante hat man im Laufe der Jahre reichlich Gelegenheit, dabei zuzuhören, und kann feststellen, daß den allermeisten Leuten ganz haargenau das gleiche einfällt. An erster Stelle steht da mit Abstand die Bemerkung: „Bist du aber groß geworden!" Nun haben es Kinder unbestreitbar an sich, daß sie etwa vom ersten Lebenstag an bis zum fünfzehnten (oder gar zwanzigsten) Jahr zu wachsen pflegen, und es ist tatsächlich immer wieder überraschend, wenn einem statt eines krabbelnden Kleinkindes ein tatendurstiger Schulanfänger oder statt einer drolligen Erscheinung mit Zahnlücke und Rattenschwänzchen ein Teenager mit durchsichtiger Bluse und blauumrandeten Blick entgegentritt. Was aber sollen die Betroffenen auf die Festellung, daß sie „aber" groß geworden sind, eigentlich antworten? Als Einleitung zu einem Gespräch ist eine solche Bemerkung kaum geeignet.

Manche Leute übrigens schmücken die Sache noch aus mit dem Zusatz: „Als ich dich zuletzt gesehen habe ..." Da hört dann das Kind, daß es auf dem Sofa saß und an einem Handtuch nuckelte, daß es weinte, weil es ein Kleid nicht anziehen mochte, daß es immer die Ticktackuhr sehen wollte oder einschnappte, weil es die Rolling-Stones-Platte nicht auflegen durfte. Weit davon entfernt, an solchen Schilderungen Freude zu finden, ist es manchen Teenagern im genierlichen Alter geradezu peinlich, sich vorzustellen, daß sie etwa bei diesem wildfremden Herrn auf dem Schoß gesessen und Küßchen gegeben haben sollen, und die Behauptung, sie hätten im reifen Alter von acht Jahren gesagt: „Die Tante hat aber ein schönes Kleid an – wie eine Fee!", halten sie für glatt gelogen. (Schon, weil sie nie zu fremden Damen „Tante" gesagt haben.) An das Großgewordensein knüpfen besonders mit Takt gesegnete Menschen häufig noch weitere Bemerkungen an, wie etwa die Frage, ob der junge Mensch noch in den Himmel wachsen wolle, oder die undurchführbare Aufforderung, er solle doch noch ein bißchen wachsen. Daß beides von den Betroffenen nur zähneknirschend gehört wird, versteht sich eigentlich von selbst. Auch der Ratschlag für dünne Kinder, ein bißchen mehr zu essen, oder die Frage an dicke Kinder: „Dir schmeckt's wohl?" gehört zum ewigen Repertoire herablassender Erwachsener, die sich dann hinterher darüber wundern, daß anderer Leute Kinder oft so muffig zu Fremden sind.

Besonders beliebt sind auch Bemerkungen darüber, wem das Mädchen oder der Junge ähnlich sieht. „Du bist ja ganz die Mutter..." oder „... ganz deine Tante Elsa!" oder „ganz der Großvater!" bekommt da das Kind zu hören, ohne Rücksicht darauf, ob Tante Elsa die anerkannte Schönheit der Familie war oder ob der Großvater zwar ein lieber Mensch, doch – klein, dick, glatzköpfig und rotgesichtig – nicht gerade eine blendende Erscheinung ist. Außerdem will nur in den allerseltensten Fällen ein Kind unbedingt wie eine Tante oder eine Mutter aussehen. Wie ein Schlagerstar oder eine Fußballgröße – ja, das wäre etwas anderes! Es gibt allerdings auch entgegengesetzte Fälle: Zwei Töchter einer wirklich wunderschönen Mutter bekamen ihr Leben lang immer wieder zu hören, daß sie ihrer Mama aber nur sehr wenig ähnelten. Und dann folgten zwangsläufig Schilderungen, was für ein Bild von Mädchen ihre Mutter mit sechzehn oder achtzehn Jahren gewesen sei. Die beiden mußten selbst erst sehr viel älter als sechzehn oder achtzehn Jahre alt werden, ehe sie über diese freundliche Art fremder Leute, mit ihnen ins Gespräch zu kommen, lachen konnten. Aber auch Diskussionen darüber, ob er wohl die Familiennase hätte oder nicht, können den jungen Besitzer der diskutierten Nase in tödliche Verlegenheit versetzen, zumal, wenn alle Freunde und Bekannten wissen, daß die Familiennase ein beachtlicher Zinken ist.

Eine ganz anders gerichtete Art, mit fremden Kindern eine Unterhaltung anzuknüpfen, besteht in der Frage: „Na, was macht die Schule?" Dies erinnert sehr an die von Politikern bestgehaßte Konversationsfrage: „Na, was macht die Politik?" insofern, als sich der Fragende im Grunde genommen herzlich wenig für die Antwort interessiert. Nur ganz kleine Schulkinder wissen dies noch nicht und beginnen unter Umständen einen detaillierten Bericht, der in der Regel aber nicht einmal zu Ende angehört wird. Schon nach ein paar Jahren fällt die Antwort kurz und nichtssagend aus, wobei es manchmal sogar bei einem im wahrsten Sinne des Wortes einsilbigen „Och ...!" bleibt. Nicht vergessen sollte man auch, daß man in vielen Familien mit dieser Frage eine offene Wunde berührt, vor allem, wenn man dann noch zur Belebung der Konversation dem jungen Menschen von den wundervollen Erfolgen eigener oder ganz fremder Kinder auf dem Schulsektor berichtet.

Häufig werden übrigens vor allem kleinere Kinder mit der neckischen Frage angeredet: „Sag mal, mußt du eigentlich gar nicht ins Bett?" Daß dies nicht der Beginn einer freundlichen Beziehung sein kann, müßte eigentlich jedem denkenden Menschen klar sein. Dann schon lieber: „Bist du aber groß geworden!"

# Bei Mozart fing's genauso an

Sehr früh erkennen Experten wie Omas, Tanten und stolze Mütter die Musikalität eines Kindes. Grenzt es denn nicht fast schon ans Geniale, wenn das Kleine im Takt auf seinem Stühlchen herumhopst, wenn es – noch nicht zweijährig – den Anfang der Melodie von „Hänschen klein ..." ganz richtig singen kann. Oder wenn es gar beim Klang einer schluchzenden Geige, in seinem Bettchen liegend, zunächst kummervoll mit der Unterlippe zittert und dann herzzerreißend losjault. (Den Hinweis, daß unter Umständen auch Hunde so reagieren, können nur Leute ohne Sinn für das Höhere geben.) Da offensichtlich ganz ähnliche Erscheinungen beim jungen Mozart beobachtet wurden, ist man geradezu verpflichtet, diese stupende Musikalität nicht so einfach verkümmern und dem Kind Unterricht geben zu lassen. Nicht gleich so früh wie dem kleinen Wolfgang Amadeus – wir erwarten schließlich bei allem Optimismus nicht, daß die vorliegende Musikalität das geniale Kind schon mit vier Jahren zum Komponieren drängt – aber doch immerhin sehr rechtzeitig im allerbesten Lernalter.

Vorsichtige Eltern, die kein unnötiges finanzielles Risiko eingehen wollen, schreiten zunächst gewissermaßen probehalber zum Kauf einer Blockflöte. Danach stirbt unter Umständen schon der Glaube an das musikalische Genie dahin, denn es ist nirgendwo überliefert, daß Beethoven, Mozart oder Bach in ihrer Kindheit irgendeinem Instrument so schauerliche Mißtöne entlockt haben, ohne zu merken, daß sie ständig neben dem richtigen Ton landeten. Es kann sehr quälend sein, einem Blockflöte übenden Kind zu lauschen, und der Gedanke, es würde ähnliche Töne gar auf einer Geige hervorbringen, läßt einen erschauern. Aber auch sonst sind gewisse Unterschiede zu den großen Komponisten festzustellen: Wird nicht von ihnen überliefert, daß sie über der geliebten Musik alles vergaßen? Daß sie sich zum Geburtstag wünschten, noch länger üben zu dürfen? Welche bittere Enttäuschung für die fürsorglichen Eltern, wenn die Kinder vor allem das Üben vergessen und wenn die Musiklehrerin beim Schulkonzert zwar die Teilnahme mit Blockflöte erlaubt, aber Fürchterliches androht für den Fall, daß das Kind es wagen sollte, auch nur einen einzigen Ton auf dem Instrument hervorzubringen.

Natürlich bleiben nicht alle jungen Genies auf der Strecke, manche wandern auch jahraus, jahrein zu einem Klavier- oder Geigenpädagogen und lernen dort, wo die alte Devise „Ohne Fleiß kein Preis" ihre Berechtigung hat. Da der Fleiß mehr oder weniger von oben verordnet wird, kommt schließlich für die gute Oma der strahlende Moment, in dem sie feuchten Auges lauschen darf, wie das Kind ein klassisches Menuett nahezu fehlerlos vorspielt, und es stört Oma auch gar nicht, wenn das Tempo bei den geläufigen Stellen etwas anzieht. Und dann geht es weiter und weiter, wie weit, das kommt nicht nur auf die Begabung, sondern auch auf die Willensstärke von Kind und Eltern und auf die Fähigkeit des Pädagogen an, der nicht zu jenen gehören darf, die einer glänzenden Virtuosenkarriere nachtrauern und im Grunde ihres Herzens ihre Lehrtätigkeit für eine regelrechte Zumutung halten.

Das häusliche „Üben" kann zu einer Quelle der Unstimmigkeiten werden, sei es durch Kritik, Taktzählen, Mitsummen oder, schon vor der Durchführung, durch langwierige Diskussionen über wann, ob schon oder wie lange? · Auch war es kaum im Sinne der Klavierpädagogik, wenn meine Cousinen gleichzeitig den „Fröhlichen Landmann" spielten, um festzustellen, wer es schneller konnte, oder wenn ein mir bekannter Knabe zu einem bekannten Adagio die unflätigsten Schmähungen auf seine Klavierlehrerin sang, unter besonderer Berücksichtigung ihres ungeheuren Busens. Alle diese Unzuträglichkeiten führen dazu, daß wie beim Pferderennen in Ascot das Feld immer kleiner wird. Manch Traum von einem familieneigenen Kammermusikorchester schmolz auf einen Solisten oder, wenn man Glück hatte, auf ein Duo zusammen. Übrigens verläßt manche Eltern niemals der Kummer um all die vergebliche Mühe, die unnötigen Auseinandersetzungen, das verkümmerte Talent und um das schöne vergeudete Geld. Weswegen man gut daran tut, möglichst nicht die Sprache auf das einst aufgegebene Streben zu bringen. Ich bin da fein heraus: Meine Ausbildung fand ein frühes Ende, weil Großvater, in dessen Haus wir damals wohnten, mein Üben nicht mehr mitanhören konnte.

Leider wirkt es auf die jungen Menschen gar nicht, wenn ich berichte, daß ich eine erstaunlich große Anzahl gesetzter Leute kenne, die heute wieder mit Musikunterricht beginnen und sich halb tot darüber ärgern, daß sie damals aufgehört haben zu üben.

Vom
Umgang mit Vierbeinern

*So ein Hund wie meiner ...*

Mit den Hunden ist es so wie mit den Zahnärzten: Jeder hat den besten und jeder versucht, den anderen zu seinem Zahnarzt bzw. zu seinem Hund zu bekehren. Natürlich gibt es wie überall Ausnahmen – die teure Jacketkrone, die einem der Doktor verpaßte, hat nicht gehalten, und der oder jener Hund ist nicht davon abzubringen, Nachbars alleredelste Zuchtlegehennen zu ermorden. Aber im allgemeinen bedauert man jeden, der einen anderen Zahnarzt und einen anderen Hund hat. Da man aber zwar seinen Zahnarzt, jedoch nicht seinen Hund teilen kann, empfiehlt man zum mindesten allen Freunden und Bekannten, sich nie einen anderen Wolf oder Lumpi, eine Asta oder Cherry anzuschaffen als einen von der Rasse, die man selbst sein eigen nennt. Jeder schwört auf die Rasse seines Hundes, und wer einen Mischling besitzt, schwört darauf, daß überhaupt nur Mischlinge so richtig treu und anhänglich sind. Außerdem sind sie überhaupt nicht überzüchtet wie beispielsweise der (zugegebenerweise sehr schöne) Rassehund, den Sie da vor sich sehen und der sich ganz auf die Weise hinter den Ohren kratzt, die auf Nervosität durch Überzüchtung hindeutet. Übrigens bekommt gerade diese Rasse im mittleren Alter Hüftgelenkschäden, oder die langen Schlappohren sind äußerst empfindlich. Der gepriesene Mischling hingegen, mit

143

einem Stehohr und einer auf- und abwippenden Ohrmuschel, ist da sicherlich ganz ungefährdet. Und wenn er auch ganz gewiß genausooft unerlaubt und unangemeldet auf den Pfaden der Liebe wandelt wie seine edlen Verwandten, so ist doch sein Eigner fest davon überzeugt, daß er bei weitem treuer und anhänglicher ist als diese.

Was die edlen Verwandten betrifft, so hatten die Besitzer zunächst die Grundsatzentscheidung zu treffen zwischen großen und kleinen Hunden. Schon hier scheiden sich die Geister. Wenn die einen der Ansicht sind, daß erst von einer gewissen Größe an ein Hund überhaupt anfängt ein Hund zu sein, so meinen die anderen, daß man genausogut wie einen großen Hund auch ein Kalb ins Haus nehmen könnte. Nicht ohne Abscheu betrachtet ein Schäferhundfreund einen Winzling mit roter Haarschleife im seidigen Schopf. Und dessen Besitzer – meist Besitzerin – hält wieder den Schäferhund für eine Bestie, dazu noch mit politischer Vorbelastung. Aber nicht nur klafft zwischen groß und klein ein tiefer Abgrund: Auch zwischen Pudel und Terrier, zwischen Dackel und Chow-Chow, zwischen Schnauzer und Beagle gibt es unüberbrückbare Gegensätze, und jeder Hundefreund ist so felsenfest davon überzeugt, das bessere Exemplar zu haben, daß er keine höhere Aufgabe sieht als die, auch seine Mitmenschen davon zu überzeugen. Man entdeckt sich plötzlich selbst dabei, wie man völlig gleichgültige Leute dazu überredet, sich unbedingt einen Airedaleterrier zu kaufen, was einem doch eigentlich ganz gleichgültig sein sollte. Andere Leute schwören auf Dackel, wobei es sie überhaupt nicht geniert, wenn sie während ihrer Lobrede gerade den gemeinsamen Spazierweg rückwärts antreten müssen, weil ihr Waldi sich weigert mitzukommen. Auch dieser Waldi ist angeblich ungeheuer anhänglich, was sich aber mehr im Blick seiner treuen Augen als in entsprechenden Schritten ausdrückt. Und ein Boxer meiner Bekanntschaft, ein wahrer Anarchist unter den Hunden, der Bettdecken zernagt, Leute umwirft, Oberhemden durch den Garten trägt, Radfahrer verfolgt und Tische abdeckt, gehört Leuten, denen nie ein anderer Hund als ein Boxer ins Haus käme, obwohl eine etwas sanftere und gemessenere Ausgabe sicher nicht unangebracht wäre.

Manchmal hat man übrigens seine Hunderasse nicht frei gewählt, sondern geschenkt bekommen; doch in den allermeisten Fällen hält man auch dann daran fest. Manchmal hat man sie auch ererbt: Es gibt Familien, in denen man seit Menschengedenken mit Dackeln oder Deutschem Kurzhaar lebt. Und weil ein uralter Onkel von mir als armer junger Mann in einen reichen alten Park blickte, in dem ein schönes Mädchen in weißer Spitze mit einem Neufundländer lustwandelte, gab es in meiner Familie seitdem bisher neun Neufundländer. Aber auch Abneigungen, die sich auf ganze Rassen ausdehnen, können sowohl zu den ererbten als auch zu den erworbenen Eigenschaften gehören.

Ganz unabhängig von allen Gefühlen gibt es aber auch noch die Hundemode. Wer wußte hierzulande früher schon etwas von Bassets und Bobtails? Und wer hat in den letzten Jahren noch einmal einen Rehpinscher gesehen, wie sie in meiner Kindheit noch kulleräugig und ständig frierend zahlreich durch die Straßen trippelten?

## Allerlei „Kleinnager"

Hätten wir nicht eines Tages, einem dringenden Bedürfnis Folge leistend, unser Biedermeiersofa aufpolstern lassen, so wäre das Schicksal des Goldhamsters Poldi in ewiger Ungewißheit verblieben. So aber wurde schließlich doch noch geklärt, daß dem bedauernswerten Tier sein Drang nach dunklen und unzugänglichen Orten schließlich im Inneren des Sofas zum Verhängnis geworden war. Sein kleiner mumifizierter Leib fand also noch ein würdiges Begräbnis neben einigen gleichfalls dahingeschiedenen Artgenossen. Denn, wie jeder, der mit diesen Tieren näheren Umgang pflegt, weiß, sind sie nur begrenzt haltbar. Oft vertragen sie es auf die Dauer nicht, in Hosentaschen herumgetragen zu werden, wie es die jungen Besitzer mit Vorliebe zu tun pflegen, und außerdem neigen sie dazu, sich in wahrhaft selbstmörderischer Manier von allerlei Möbelstücken in den Abgrund zu stürzen oder ganz unzuträgliche Sachen zu verspeisen. Wenn man dann noch ihre Undankbarkeit hinzunimmt, mit der sie die Erlaubnis zu einem kleinen Ausflug quittieren, muß man leider konstatieren, daß sie als Hausgenossen und Spielgefährten trotz ihres einnehmenden Äußeren problematisch sind. Die Suche nach verschwundenen Goldhamstern hat schon ganze Familien über Tage in Atem gehalten, wobei es erschwerend wirkt, daß die reizenden

146

Tierchen sich tagsüber totenstill verhalten und erst zu nächtlicher Stunde hinter Schränken und Bücherwänden zu rascheln und zu nagen beginnen. Hat man sie übrigens geortet, sind sie in keiner Weise bereit, sich greifen zu lassen, und werden in der Geschicklichkeit des Entwischens nur noch von weißen Mäusen übertroffen, die auf diesem Gebiet so genial sind, daß sie eigentlich nur kurze Gastspiele geben und dann auf Nimmerwiedersehen verschwinden. Dafür sind sie aber auch in der Anschaffung sehr preisgünstig.

Zumeist geht man nach der Bestattung mehrerer Goldhamster zu etwas Soliderem, Größerem und weniger Gewandtem über: ein Meerschweinchen kommt ins Haus! Diese Tiere haben ihre Vorteile. Zunächst einmal werden sie viel älter. Manchmal überleben sie sogar das Interesse ihrer Besitzer an Meerschweinchen, und es stellt sich dann als gar nicht so einfach heraus, jemanden zu finden, der ein schon etwas dickes und ältliches Tier dieser Art geschenkt haben möchte. Bis es aber soweit ist, erweisen sie sich als liebe, sogar ein wenig anhängliche Genossen, die tagsüber wach sind und auch nicht immer unbedingt die Freiheit wählen wollen. Sie lassen sich gern mit ins Bett nehmen, wo sie nur etwa jedes dritte Mal Spuren hinterlassen, und hören auf ihren Namen, wenn man ihnen gleichzeitig eine Möhre oder ein Stück Apfel hinhält. Warnen sollte man nur, wenn Meerschweinchenbesitzer andere Meerschweinchenbesitzer besuchen wollen, damit die einsamen Tierchen miteinander spielen können. Meist sind diese nämlich schon aus dem Spielalter heraus, und die Folgen sind absehbar – mindestens drei an der Zahl, für die dann wieder Besitzer gesucht werden müssen. Da nämlich Meerschweinchen noch nicht einmal ihre eigene Mutter respektieren, muß man sich von dem Nachwuchs baldmöglichst trennen.

Ist die Meerschweinchenperiode durch Krankheit, Unfall, Altersschwäche oder Wegschenken zu Ende gegangen, geschieht es häufig, daß nunmehr ein Zwerghase in den verwaisten Käfig einzieht. Einem jungen Zwerghasen mit seinen winzigen Ohren, den großen Kulleraugen und dem kleinen runden Körper – viel kleiner als ein ausgewachsenes Meerschweinchen – ist einfach kaum zu widerstehen, und man glaubt nur allzugern den Versicherungen des Händlers, daß das Tierchen seine Endgröße nahezu erreicht hat. Leider ist dies bei allen mir bekannten Häschen nie der Fall gewesen, so daß in kürzester Zeit zum Ankauf einer neuen Behausung geschritten werden muß, die etwa den doppelten Preis ihres Bewohners kostet; und da moderne Hasen nicht etwa mit selbstgesammeltem Löwenzahn und Kartoffelschalen gefüttert werden wie früher ordinäre Kaninchen, sondern aus kostspieligen Packungen leben, nagen sie ganz schön am Taschengeld ihrer Besitzer. Aber dafür hoppeln sie fröhlich im Zimmer herum, lassen sich bei den Schularbeiten auf dem Schoß halten und erregen nur zuweilen Ärgernis, indem sie alle elektrischen Zuleitungen zu den unentbehrlichen Stereoanlagen durchnagen, merkwürdigerweise, ohne daß sie der Schlag trifft. Bis vor kurzem hüpfte auch unser „Karlchen" jedesmal auf den Deckel der Toilette, um von dort seiner Besitzerin beim Bade zuzuschauen. Seit er aber neulich bei diesem Sprung übersehen hatte, daß der Deckel nicht geschlossen war, nimmt er davon leider Abstand.

## Wenn Bello
### mit auf Reisen geht ...

Ganz grob kann man reisende Tiere einteilen in solche, die im eigenen Heim auf Reisen gehen, und solche, die ganz wie ihre menschlichen Begleitpersonen auf ein fremdes Dach über dem Kopf angewiesen sind. Zu der ersten Gruppe gehören Vögel aller Arten, Goldhamster, Meerschweinchen, Zwerghasen und wohl auch hin und wieder der eine oder andere Fisch. Sie selbst – eingeschlossen in ihren eigenen vier Wänden – wären relativ unproblematisch, wenn nicht ihre Behausungen ein Vielfaches der Körpergröße an Raum einnähmen. Jeder, der schon einmal mit einem Meerschweinchen oder Papageienkäfig in die Ferien gefahren ist, kann ein Lied davon singen. Die heiligen Schwüre der Besitzer, daß sie das liebe Tier mitsamt dem Käfig während der ganzen Fahrt auf dem Schoß halten wollen, damit dem Liebling ja nicht die gewohnte seelische Betreuung und die Freuden eines Ski- oder Badeurlaubs entgehen, erweisen sich zuweilen als brüchig. Wasser, Futter und Sand treten über, und irgend etwas klappert immer. Noch fataler kann es sein, wenn – was auch gar nicht so selten geschieht – der Wellensittich oder Goldhamster heimlich – was bedeutet ohne Käfig – in einer Pappschachtel oder Manteltasche mitgeführt wird. In der Regel hat der Besitzer nur bis zur Ankunft am Ziel vorausgedacht. Nicht alle Hoteliers geraten außer sich vor Wonne,

149

wenn einer ihrer Gäste ein zutrauliches Lebewesen aus dem Ärmel gucken läßt oder aus der Hosentasche verliert. Und nicht immer schätzen die gastgebenden Freunde und Verwandten weiße Mäuse im Schuhkarton. Ein Goldfisch im Weckglas wird schon eher gern gesehen. Es fragt sich nur, ob der Goldfisch sich nicht nach seinem weitläufigeren Aquarium sehnt.

Während man die Tiere mit Eigenheim relativ leicht in Pflege geben kann, gestaltet sich die Sache bei vierbeinigen Hausgenossen, die unsere ganze Wohnung als die ihre betrachten, schon schwieriger. Katzen kann man zwar mitsamt der Wohnung in Pflege geben, oder man kann für sie eine Art Behelfsheim in Gestalt eines tragbaren Schlafzimmers anschaffen, aber so richtig mögen sie beides nicht. Hunde hingegen wollen auf jeden Fall mit. Sie sind auch sehr schwer zu verleihen, weil selbst die guten Menschen, die sich angeboten hatten, den Bello oder die Asta während unserer Reise zu nehmen, meist gerade dann nicht können, wenn man auf ihr Angebot zurückgreifen will.

Manche Hunde reisen völlig ohne Gepäck, für andere hingegen muß eine ganze Ausrüstung eingepackt werden: Körbchen, Decke, Futternapf, Spielzeug, Spezialfutter, Medikamente für alle Fälle, warme oder regendichte Mäntelchen und vielleicht sogar das Reisenecessaire, das es in feinen Hundeläden zu kaufen gibt. Aber ob gut oder gar nicht gerüstet – vor Überraschungen ist man nie sicher. Da sah man sich etwa im Geiste auf den Langlaufskiern durch die Landschaft streifen, den fröhlichen Hund als Begleitung ... und nun darf er überhaupt nicht auf die Loipe, und im Schnee sackt er bis zu den Ohren ein. Auch der gemeinsame Strandspaziergang unter südlicher Sonne ist oft verboten, und beim Schlittschuhlaufen wird der treue Wachhund von dem Gefühl beherrscht, er müsse alle Welt laut bellend vor diesem unnatürlichen und gefährlichen Tun anhaltend warnen. Ich kannte auch einen Neufundländer, der es sich in den Kopf gesetzt hatte, alle Menschen aus den Fluten zu retten. Als man ihn daraufhin im Hotel ließ, zernagte er voller Rachsucht einen Schuh und eine Bettdecke, was er nachweislich seit seiner allerfrühesten Jugend nicht mehr getan hatte. Auch sonst fallen die lieben Hunde auf Reisen manchmal in die Gewohnheiten ihrer frühesten Jugend zurück. Vielleicht wollen sie wie etwaige Vorgänger eine Spur ihrer Anwesenheit hinterlassen, und so ist es kein Wunder, daß nicht in allen Unterkünften der Eintritt eines angeleinten Begleiters mit Wohlwollen begrüßt wird. Es empfiehlt sich, das gute Tier im Auto zu lassen, bis die Ankunftsformalitäten abgeschlossen sind. Man kriegt auf solchen Reisen richtige Hundeaugen, da man beginnt, die Welt danach zu betrachten, was gut für Bello ist. Hat man bisher schön möblierte Schlösser geliebt, so zieht man jetzt Ruinen vor, weil der Hund dort herumschnuppern darf. Man meidet herrlich gepflegte Gärten und freut sich über verkommene Grundstücke. Die schönste Kathedrale verliert in unseren Hundeaugen, wenn sie über keine Möglichkeit zum Anbinden verfügt, und außerdem entwickeln wir uns zu Anhängern aller Freilichtmuseen.

Übrigens: An das deprimierende Erlebnis, in einer fremden Stadt den mitreisenden Hund völlig ergebnislos straßauf, straßab zu führen, weil er irgendwie keine ihm zusagende Stelle findet, erinnert sich wohl so mancher ...

*Waldi will doch nur spielen!*

Es gibt – so ungeheuerlich diese Tatsache auch für leidenschaftliche Tierliebhaber klingen mag – Leute, die es überhaupt gar kein bißchen schön finden, wenn etwa ein zutraulicher Boxer liebevoll seine feuchte Schnauze auf ihr Knie legt und mit seelenvollem Augenaufschlag um eine Salzstange bettelt. Es gibt auch Leute, die sich von Herzen graulen, wenn ein würdevoller Kater mit ernstem Blick immer näher auf sie zugeschritten kommt in der festen Absicht, sich auch auf dem Schoß niederzulegen und sich dort, möglichst nah an den ihm offensichtlich zusagenden roten Angorawollrock geschmiegt, kraulen zu lassen. Andere Leute wieder halten Pferde für Tiere, die dem Menschen ständig nach dem Leben trachten, und Papageien für gräßliche Raubvögel, die sich davon ernähren, daß sie große Stücke aus den Fingern anderer Leute hacken, und die ständig Papageienkrankheit um sich verbreiten. Und dann gibt es noch alle die, die sich ganz einfach vor Hundehaaren, Katzenfellen, Pferdegeruch, Vogelklecksen und anderem tierischem Zubehör, für das der Tierbesitzer auch nicht gerade schwärmt (mit Ausnahme vielleicht von Pferdegeruch), das er aber gelassen hinnimmt, unbeschreiblich ekeln. Alle diese Menschen, die in den Augen des begeisterten Tierhalters mit einem schier unverständlichen Defekt behaftet sind, haben aber zuweilen sonst sehr ansprechende Eigenschaften, so daß man deswegen Nachsicht mit ihnen haben sollte. Wenn also Ihr entzückender junger Neufundländer einem nicht tierlieben Gast die dicken Pfoten auf die Schultern legt und ihn begeistert anhechelt, so genügt es nicht, ganz beruhigend zu sagen: „Er tut nichts!" oder „Er will nur ein bißchen spielen ..." Nehmen Sie ihn lieber weg – es gibt wirklich Leute, die ganz schlicht vor Hunden Angst haben! Weibliche Leute können das wenigstens sagen – männliche genieren sich meist zuzugeben, daß sie bange sind, und blicken gequält dem bösen Feind ins Auge. Echte Tiernarren behaupten immer, das kluge Tier spüre sofort, wer es liebe und es gut mit ihm meine. Leider habe ich offenbar nie kluge Tiere besessen: meine verschiedenen Vier- und Zweibeiner schwärmten manchmal geradezu für Leute, die sie nicht ausstehen konnten: sie tupften ihre Pfötchen, Aufmerksamkeit erheischend, an ängstlich unter den Sessel gezogene Strümpfe, rasten mit Freudengejaule Menschen von weither entgegen, die eben dies Gejaule in eisigem Entsetzen für ein wütendes Angriffsgebell hielten, und flogen zutraulich auf die Schultern völlig verschreckter Vogelfeinde. Selbst meiner Schildkröte gelang es, vor vielen, vielen Jahren – aus dem Winterschlaf erwacht – ausgerechnet über den Fuß der Freundin meiner Großmutter zu steigen, die fast vor Entsetzen in Ohnmacht fiel.

Wenn auch die eigenen Tiere ganz besonders reizend sind, so könnte man doch auch als Tierfreund zugeben, daß andere Leute manchmal wirklich greuliche Exemplare ihr eigen nennen. So, wie man auch als Kinderfreund einräumen muß, daß es unausstehliche Gören gibt – in anderen Familien natürlich. Diese fremden Hunde etwa tragen sicher daran die Schuld, daß manche Leute keine Hunde leiden können. Ich kenne da beispielsweise einen, der ununterbrochen kläfft, oder einen, der eine so zarte Seele hat, daß er immer auf dem Sofa sitzen muß und nur fressen kann, wenn er wenigstens mit den Hinterbeinen auf einem Teppich steht. Man braucht gar nicht einmal so furchtbar eigen zu sein, wenn man weder Futternäpfe im Wohnzimmer noch fremde Hunde auf dem eigenen Sofa allzu begeistert schätzt. Ja, und dann gibt es noch die lieben kleinen Hündchen, denen zuweilen auf fremden Teppichen etwas geschieht, was ihnen angeblich zu Hause nie und nimmermehr passiert. Und einen kenne ich, der offenbar eine abartige Neigung zu Schuhcreme in sich trägt: jedem Fremden leckt er intensiv schmatzend die Schuhe ab. Auch Katzen etwa liegen nicht immer nur dekorativ und schön anzusehen in einer Ecke, sondern können zuweilen ganz schön lästig werden. Unter den Tierfreunden und stolzen Tierbesitzern gibt es welche, die mit geradezu missionarischem Eifer andere Menschen bekehren wollen. Anstatt ihr Pudelchen von dem sichtlich irritierten Gast fernzuhalten, bestehen sie darauf, daß beide Freundschaft schließen, und sind ganz begeistert, wenn das Pudelchen für einen mit spitzen Fingern ängstlich dargebrachten Keks dankbar die Hände leckt. Sie bestehen darauf, daß Pferden Zucker gereicht wird von Leuten, die fest daran glauben, daß ein Pferd bei solcher Gelegenheit Finger mitzufressen pflegt, und setzen Menschen Katzen auf den Schoß, die gegen Katzenhaare allergisch sind. Ja, manchmal zwingen sie ängstliche, aber gehorsame Wesen, Schlangen zu streicheln, um zu beweisen, daß auch diese Tiere harmlos und in keiner Weise glitschig sind. Übrigens würde es ganz sicher noch viel mehr Tierfreunde geben, wenn es endlich gelänge, Hunde zu züchten, die sich die Pfoten abtreten, ehe sie ins Haus (ins eigene oder fremde) kommen. Doch damit wären wir schon bei einem ganz anderen Thema.

## Viele junge Mädchen
## sitzen hoch zu Roß

Falls Sie es noch nicht gemerkt haben sollten: Der Pferde-
sport hierzulande ist voll in den Händen der Mädchen!
Und falls Sie dieser Behauptung keinen Glauben schenken,
gehen Sie nur einmal in eine jener Hallen und Bahnen, wo
man die Kunst des Reitens erlernt. Sie werden feststellen,
daß auf einen Knaben, der da im Kreise trabt oder galop-
piert, zum mindesten zehn Mädchen kommen, die sich
leuchtenden Auges um rechten Sitz, Schenkeldruck und Zü-
gelhaltung mühen. Auch auf den oft extrem unbequemen
Zuschauerplätzen findet man – neben den als Chauffeusen
dienenden Müttern – ganze Pulks junger Mädchen, die
höchst sachkundig Roß und Reiter kommentieren und allerlei Hoffnungen hegen: daß sie die Stute Simmy und nicht
den Hengst Türk reiten dürfen, daß Aniellas Husten besser
geworden ist, daß Paolo nicht wieder verrückt spielt und daß
Strolchi die doofe Petra abwirft, die sich immer einbildet, sie
könne als einzige reiten, bloß weil die Tante einen Ponyhof
hat. Es ist wohl müßig klarzustellen, daß es sich außer bei
der doofen Petra um lauter Pferde handelt. Über diese
Pferde gibt es unendlich viel zu reden – nicht nur im Reit-
stall, sondern auch per Telefon zu Hause. Bulletins über
Aniellas Husten und Mußmaßungen über die Chance, das
nächstemal die unvergleichliche Simmy zu bekommen, trei-

ben die Telefonrechnung in die Höhe und blockieren die Leitung. Und wenn die Diskussion am Abendbrottisch, ob in Bolivars Adern echtes Araberblut rollt, kein Ende nehmen will, werfen sich die geplagten Eltern leicht erschöpfte Blicke zu.

Allerdings können sie auch voller Erstaunen an ihren Töchtern sehr lobenswerte Züge von Fleiß, Ausdauer und Einsatzbereitschaft erkennen: Die sonst gar nicht so nach Arbeit gierenden jungen Damen putzen Boxen und Pferde, fegen Stallgassen, hantieren mit Mistgabel, Striegel und Hufkratzer und halten auf Grund einer bewundernswerten psychologischen Behandlung durch die Reitstallbesitzer dies mühsame Tun auch noch für eine Auszeichnung. Schade nur, daß es irgendeinen magischen Unterschied zwischen einem Stall- und einem Hausbesen, zwischen einer Pferde- und Hundebürste zu geben scheint.

Wenn es die Mädchen so richtig gepackt hat, ist es natürlich nicht mit dem Reiten allein getan – nein, das Pferd erscheint gewissermaßen ganztägig. Nur Eltern solcher Töchter wissen, was es auf dem Pferdemarkt so alles gibt: Man trocknet sich mit Pferden ab, trägt sie als T-Shirt, packt in ihnen seine Schulbücher ein, benutzt sie als Radiergummi, als Heft, als Kopftuch und putzt sich mit ihnen die Nase. Ganze Pferdefamilien aus Ton, Porzellan, Holz oder Kunststoff zieren jeden freien Platz, Pferde hängen um Hals und Arm, werden in Postkartenform nicht nur verschickt, sondern auch gesammelt, und als Poster galoppieren sie im Abendrot über dem Bett oder gestalten die Zimmertür zur Stalltür. Was eigentlich nur noch fehlt, ist echtes Gewieher aus der Stereoanlage. Natürlich wird auch kein Buch mehr gelesen, in dem nicht ein Pferd herumtrabt, in den allermeisten Fällen mit einem Mädchen zur Seite, das sich das Reitgeld vom Munde abspart, das Pferd kurz vor dem sicheren Tod gesund pflegt oder als einzige im Stande ist, ihm Unarten auszutreiben und es schließlich zum Siege zu reiten. Manchmal in diesen Büchern droht der Liebe zum Pferd Unheil durch Armut und Verkauf oder Reitverbot als Strafe, durch Neid und Mißgunst oder ein schweres Pferdeleiden. Aber zum Schluß der Lektüre sind Monika oder Stephanie oder Birgit oder Sabine und das jeweilige Pferd glücklich vereint.

Natürlich bringen diese schönen Bücher Konfliktstoff in die Familie: Warum kann man nicht wie die arme elternlose Sabine auch ein eigenes Pferd haben, wo man doch gar nicht so arm und erst recht nicht elternlos ist? Übrigens gibt es auch immer in der Bekanntschaft tatsächlich Eltern, die ihren Töchtern ein eigenes Pferd halten. Hoffentlich wissen sie wenigstens, das sie damit anrichten!

Nicht immer wirkt sich der Reitsport auf die schulischen Leistungen günstig aus, da in den Schulbüchern viel zuwenig Pferde vorkommen. Außerdem ist es dringender und wichtiger, Simmys Hufe auszukratzen, als Vokabeln zu lernen. Wenn man sich so umhört, werden vor allem von den Vätern in dieser Sache viele Machtworte gesprochen und stillschweigend zurückgenommen. Schließlich ist niemand stolzer als der Vater eines hoch zu Roß erfolgreichen jungen Mädchens.

Am Anfang sagte ich schon, daß es nur sehr wenig reitende Jungen gibt. Damit erledigt sich das Problem für viele kleine Mädchen ganz von selbst, wenn sie etwas größer werden.

## Lieblingstiere
### haben es manchmal schwer

Was, glauben Sie wohl, denkt ein Marienkäfer, der zusammen mit anderen Artgenossen in einer Handvoll Laub in einem Marmeladenglas sitzt, dessen Deckel der Zufuhr frischer Luft halber mehrfach durchbohrt wurde? Denkt er etwa: „Ach, nun kann ich gar nicht mehr heim zu meiner lieben Mutter!" oder „Hier ist es aber mal furchtbar gemütlich und ganz sicher vor Raubtieren, die mich fressen wollen!" oder: „Das ist gegen jede Marienkäferwürde! Ich will 'raus, 'raus, 'raus!"?

Diese Frage galt es zu entscheiden, als sich meine Kinder mit ihren Freunden darüber zerstritten, ob das Marienkäfersammeln Tierquälerei und das Marmeladenglas infolgedessen zu öffnen sei. Es ist sehr schwierig, sich in diesem Fall in die Käferpsyche einzuleben. Vielleicht ist es ihnen ganz egal. Sicher aber schätzt es der ihnen verwandte Maikäfer bestimmt nicht, wenn er durch einen Nylonfaden am Bein daran gehindert wird, endgültig das Weite zu suchen. Auch das tun zuweilen sonst sehr nette kleine Kinder, die dem so gepeinigten Sumsemann unter Umständen sogar liebevoll den braunen Panzer streicheln, ehe sie ihn wieder in seiner Streichholzschachtel – zuweilen sogar mit Watte ausgepolstert – zu Bett bringen. Und sie sind sehr überrascht, wenn man mit der uralten Pädagogenfrage ankommt, was denn wohl sie selbst empfinden würden, wenn ein großer Riese ihnen einen Strick ums Bein binden und sie immer im schönsten Davonlaufen zurückreißen würde? Dieser große Riese muß auch ins Feld geführt werden, wenn es darum geht, Ameisenhaufen vor der Zerstörung zu retten, Seesternen das Getrocknetwerden zu ersparen und Regenwürmer vor Schaufeln zu schützen.

Nun ist das Verhältnis zu Ameisen, Seesternen und Regenwürmern nicht besonders innig, aber auch das geliebte Tier hat allerlei von kleinen Händen auszustehen. Der sehr geschätzte Laubfrosch wird in der Tasche umhergetragen, wo er ganz sicher unter Beklemmungen schlimmster Art zu leiden hat; den kleinen Vogel will man unbedingt in der Hand halten, wo er fast vor Angst stirbt, und der geradezu angebetete Hund der Tante (der Hauptgrund, weswegen man eben diese Tante immerzu besuchen will) wird an die Leine genommen und um den Eßtisch herum spazierengeführt, wozu er nicht die geringste Lust verspürt. Auch haßt er es natürlich, eine Mütze aufgesetzt zu bekommen und pausenlos Pfötchen zu geben. Die Katze hingegen will weder gewaschen noch gekämmt werden. Und wissen, ob sie im Notfall schwimmen könnte, will sie noch viel weniger. Auch die hübsche Idee, Eintagsküken das Erlebnis eines Ausflugs im Puppenwagen zu vermitteln und sie, damit sie sich nicht erkälten, schön warm zuzudecken, ist nicht besonders glücklich, desgleichen das Bestreben, dem Wellensittich mit sanfter Gewalt die Freuden des Kaltbadens nahezubringen und die Schildkröte zu trainieren, auf daß sie es doch noch lernen möge, sich von der Rückenlage wieder auf die Beine zu bringen. Ein geliebtes Tier bei Kindern zu sein ist ganz sicher keine ungetrübte Freude, und die große unglückliche Leidenschaft meines Neffen, die Maus Piefke, wußte sicher, was sie tat, als sie ihre rosa Puppenstube und ihre golden ausgeschlagene Trageschachtel verließ und die Freiheit wählte.

Obwohl natürlich Verstand und Einsicht normalerweise beim erwachsenen Menschen größer geworden sein sollten, ist sicher auch für manches Lieblingstier eines Großen das Leben keine ungetrübte Freude. Die Goldfische, die ihre Runden in dekorativen kleinen Glaskugeln drehen, und die Vögel, die trübsinnig auf der Stange ihrer schmucken Käfige sitzen und zugedeckt werden, wenn sie sich ungebührlich laut bemerkbar machen, kranken sicherlich an entsetzlicher Langeweile, und was in einem Hund vor sich geht, dem ein karierter Paletot mit passenden Gummistiefelchen angeschafft wird, sind auch sicherlich nicht nur freudige Regungen.

Überhaupt die Hunde! Neulich lernte ich einen kennen, der in der Hundepension zwei Mark pro Tag mehr bezahlen mußte. Wissen Sie warum? Weil er gewohnt war, mit dem Löffel gefüttert zu werden; und das macht natürlich mehr Arbeit. Und einem anderen Hund – einem jungen –, der aus irgendeinem Grund nicht fressen wollte, machten Frauchen und Herrchen gemeinsam vor, wie gut das Futter schmeckte, indem sie auf allen vieren vor dem Futtertrog lagen, taten, als ob sie fräßen, und genußreich schmatzten. Da das leuchtende Vorbild nichts fruchtete, wurde der arme Kleine mit der Nase in den Napf getunkt und bekam schließlich aus lauter Besorgnis kräftig eins übergezogen. Einen Dackel kenne ich, der wegen seiner kurzen Beinchen immer fürsorglich getragen wird und wohl demnächst an Herzverfettung eingeht, und zwei Katzen, die täglich auf das sorgfältigste parfümiert werden. Um auf den Riesen zurückzukommen: wenn er nun käme und die Katzenbesitzer täglich mit etwas begösse, was Katzen gern riechen? Die würden sich schütteln?

160

Aber es gibt auch Tiere, die wirklich herrlich und in Freuden leben und die Welt sicher uneingeschränkt gut finden. Eine Pudelhündin beispielsweise, eine echte Diva, die alles tut, was sie will, und obgleich sie zu den ganz großen Pudeln gehört, von jeher bei ihrem Frauchen im Bett schlafen durfte. Und als sie nun fünf wunderschöne Junge bekam, wurden auch diese fünf so sehr geliebt, daß sie alle in Frauchens Bett schlafen durften. Und alle waren glücklich, bloß Frauchens Mann nicht. Er zog zuerst auf die Mansarde und später in die weite Welt.

## Mit Pluto zum Onkel Doktor

Die Geschichte von dem Hund, der nach abgeschlossener Operation dem Tierarzt, der ihn von schwerem Leiden befreit hatte, dankbar die Hand leckte und hinfort, jedesmal wenn er seiner ansichtig wurde, in freudiges Bellen ausbrach, kommt mir doch nicht mehr ganz so einleuchtend vor wie früher, als ich sie im Lesebuch las und noch nie mit einem Hund beim Tierarzt gewesen war.

Weit davon entfernt, an irgendein vergangenes Leiden zu denken, hatten meine Hunde wohl immer nur Spritzen und andere mehr unangenehme Prozeduren im Gedächtnis und pflegten deshalb schon in Praxisnähe den Schwanz einzuziehen und eine verhaltene Gangart einzuschlagen. Beim Arzt selbst boten sie dann etwa das gleiche Bild, das ihre Besitzer beim Zahnarzt bieten würden, wenn sie sich genausowenig wie ein Hund genierten. Daß aber Hunde und auch Katzen von großer Dankbarkeit erfüllt sind, merkt man an anderer Stelle: In vielen Wartezimmern hängen ihre Fotos. Mit Unterschrift und Dankadresse an den lieben Onkel Doktor, der alle Wehwehchen geheilt hat. Wauwau! Miau! Da findet man den Terrier, der nach schwerem Unfall noch viele Jahre Herrchens Freude war, die Siamdame, der trotz Schwierigkeiten zu Nachwuchs verholfen wurde, den Boxer, der fast an einem Knochen erstickt wäre, und alle die anderen, die sich nach mehr unbestimmten Leiden für neue Gesundheit bedanken. Nicht bedanken – wenigstens nicht in Bild und Schrift – tun sich die, die der liebe Onkel Doktor vor den Folgen unerwünschter Fehltritte bewahrt hat, obwohl sie sicher auch eine stattliche Anzahl ausmachen würden.

Außer den schönen Patientenbildern gibt es auch sonst im Wartezimmer des Tierarztes allerlei zu sehen: Tafeln der Hunde- und Katzenrassen. „Unsere Singvögel", Pferdebilder und die tausendfach vergrößerte Abbildung einschlägiger Parasiten. Am interessantesten aber sind natürlich die anderen Patienten und ihre Besitzer. Im Gegensatz zu den Wartezimmern der Menschenärzte pflegt man sich beim Tierdoktor zu unterhalten, was meistenteils mit der gut zu wissenden Tatsache, ob „meiner" beißt oder nicht beißt, beginnt. Von da aus kommt man dann leicht zur gegenwärtigen oder vergangenen Krankheit des mitgeführten Lieblings. Zu der traurigen Erscheinung, daß die Haare oder Federn ausfallen, die Ohren anscheinend schmerzen oder der Atem keuchend geht, kann man hier im Wartezimmer schon wertvolle Hinweise bekommen. Allerdings sind Tierbesitzer untereinander nicht gerade zimperlich, wie düstere Aussagen – etwa: „Daran ist mir auch schon einer eingegangen…" oder: „Die Mieze spritzt er Ihnen gleich ab…" – beweisen. Dazu kommt noch, daß Hundebesitzer oft nicht verstehen, warum man um eine kranke Katze soviel Aufhebens macht, während mancher Katzenfreund im Geiste ausrechnet, daß der Goldhamster- oder Wellensittichbesitzer für das Tierarzt-Honorar schon ein nagelneues gesundes Exemplar anschaffen könnte. Die Wellensittich-Begleitperson hingegen betrachtet den um die Schnauze ergrauten Dackel, dessen angefressener Bauch fast über den Fußboden schleift, voller Abscheu. Die meisten Leute im Raum sind davon überzeugt, daß andere Leute die Sache mit den Tieren ein bißchen übertreiben.

Manchmal tut sich im Wartezimmer des Tierarztes auch wirklich Interessantes. Ein kranker Affe mit einer Puppe unter dem Arm wartet mit uns, ein Pudel mit zartlila getöntem Fell tritt ein (alle Anwesenden tauschen Blicke des Einverständnisses), oder ein Papagei, der nie wegfliegt, tut es doch und blickt mißtrauisch und verächtlich von der Gardinenstange des himmelhohen Altbauraumes hinab auf alle Lockmittel. Zuweilen gibt es auch Streit. Plötzlich fährt etwa ein bis dahin todkrank und apathisch unter dem Stuhl liegender Spaniel auf einen neueintretenden dickverbundenen Schnauzer los, dessen Geruch offensichtlich etwas Beleidigendes an sich hat. So ein Ereignis bringt auch noch andere Patienten in Aufruhr, und – wie es das Schicksal will – am nachhaltigsten natürlich die, die man laut ärztlicher Anweisung ruhig halten soll. Manchmal geht der Streit sogar auf die Besitzer über, was für die anderen Wartenden zuweilen allerdings nicht ganz ohne Genuß sein kann. Auch was aus dem Sprechzimmer wieder herauskommt, ist sehenswert: die Mieze ist offensichtlich nicht „abgespritzt", sondern hat einen Verband um den Hals, der Wellensittich scheint unverändert, ebenso wie der dicke Dackel, dessen Besitzerin aber dem Anschein nach geweint hat, und der Spaniel macht einen mitgenommenen Eindruck, was ihn aber nicht hindert, in Richtung Schnauzer schwach zu knurren. Einem kleinen Terrier, der eben noch getragen wurde, ist jetzt wohl das Selberlaufen verordnet worden, während ein junger Kater bewußtlos heimgetragen wird.

„Der Nächste bitte", das sind dann wir. Wenn man doch bloß dem guten Tier klarmachen könnte, daß es diesmal nur um eine Gesundheitsbescheinigung geht – so, wie es sich wieder anstellt!

Seele
auf Rädern

*Das hab' ich unterwegs gelernt!*

Seit neuestem weiß ich etwas, was ganz sicher kaum jemand weiß: vor dreihundertfünfzig Jahren wurde in Gütersloh der Gregorianische Kalender eingeführt. Papst Gregor, ein kluger Mann – wurde ich belehrt –, rechnete und rechnete und rechnete, und dann hatte er's 'raus. Dies lernte ich auf dem Wege zur chemischen Reinigung so ganz nebenbei, denn mein Autoradio lief wie fast immer, wenn ich allein fahre, und spendete nicht nur musikalische Genüsse, sondern auch Erbauung und Belehrung. Am Tage davor wurde ich auf der gleichen Strecke mit der Forderung vertraut gemacht, daß es nunmehr wegen der unerhörten ausländischen Konkurrenz darum gehe, auf neuen Wegen zum Schwein von großer Wuchsfreudigkeit zu gelangen, wozu allerdings die problemlose Sau eine wesentliche Vorbedingung sei. Und sollten Sie sich einmal Gedanken über die Rückkehr zur Futterrübe machen – auch dazu könnte ich jetzt Wesentliches beitragen, obwohl mir bis zum diesbetreffenden Landfunk noch nie die offensichtlich vorangegangene Abkehr von der Futterrübe aufgefallen war.

Wie Sie sehen, gehöre ich zu jener Hälfte der Autoradiohörer, die nicht ständig an den Knöpfen drehen, um immer noch bessere Musik zu bekommen, sondern geduldig und vollständig beim einmal klar hereinbekommenen Sender bleiben. Da weiß man, was man hat, während andere Leute zwar unter Umständen immer noch bessere Sachen, aber auch sehr entnervende Fauch-, Pfeif- und Kratzgeräusche zu Ohren bekommen, die zuweilen zu echten Verbitterungen zwischen Fahrer und Beifahrer führen können. Auch wird meine Stetigkeit – wie oben gesagt – sichtlich belohnt, indem man aus allen Bereichen menschlichen Daseins etwas dazulernt. Bedenken Sie allein den Schulfunk mit allen seinen Möglichkeiten! Neulich beispielsweise hörte ich Mozart mit Haydn, Frau Mozart und Schwiegermutter bei der Entstehung von Kammermusik zu, die dann auch gleich fehlerlos vom Blatt gespielt wurde. Und als Archimedes das mit Recht so benannte Archimedische Prinzip erfand, war ich gerade als Hörer anwesend und habe zum erstenmal die Sache genau begriffen. Auch während der Entdeckung des Penizillins durch Alexander Fleming konnte ich den großen Mann belauschen. Aber leider schweift man wie in der Schule auch zuweilen mit den Gedanken ab, so daß einem unter Umständen wesentliche Hinweise für den nach der Schulentlassung zu ergreifenden Beruf entgehen und die mineralogische Beschaffenheit des Kaukasus unbeachtet vorübergleitet.

Und dann gibt es natürlich die Musik. Fremdartig klingende Elektronenmusik mit den erklärenden Bemerkungen des ins Studio geeilten Komponisten, „Glühwürmchen, Glühwürmchen..." mit schönen Grüßen an die Omi von Peterle und seiner Mami, den Gersberger Alpenchor unter der Leitung seines Begründers und jede Menge Schlager, interpretiert von jungen und alten Stars, die sich außerdem noch gern mit dem jeweiligen Diskjockey unterhalten und oft nicht besser daherreden, als sie singen. Dies reißt dann häufig den Autoradiohörer, der sich sowieso gerade mißmutig in einer Schlange eingekeilt befindet, zu laut geäußerten Beleidigungen der Dame hin, die etwa gerade nächtlich mit den Flamingos dahinfliegen will. Übrigens ein höchst ungewöhnliches Verhalten dieser Tiere! Ist aber der Autofahrer besonders guter Laune, so hat er Gelegenheit, bei kunstvoll gesungenem, aber wohlbekanntem Liedgut miteinzustimmen, wobei er besonders die „Tirallala"- oder „Heidiheidoheida"-Refrains bevorzugt, weil da keine Textschwierigkeiten auftreten können. Nur ist es ärgerlich, wenn der Satz für 6stimmigen Männerchor so künstlerisch gestaltet ist, das man unweigerlich aus dem Takt gerät.

Hat man sich gerade selbst bemitleidet, daß man bei zauberhaftem Wetter in der Stadt herumkurven muß, um ganz bestimmte Schrauben für die Gartenpforte zu suchen, so kann einen der Straßenzustandsbericht insofern trösten, als eine sieben Kilometer lange Stauung auf der gen Süden führenden Autobahn ohne das eigene Fahrzeug um wenige Meter kürzer ist. Sehr nachdenklich stimmt einen dann die Meldung, daß Lotte und Karl-Heinz Schubert, die mit dem blauen Opel-Kadett KH-EF 205 wahrscheinlich in Richtung Jugoslawien unterwegs sind, unbedingt bei Walther Esser anrufen sollen. Es ist richtig quälend, daß man in diesem wie auch in allen anderen Fällen nie erfährt, warum.

Als ich aber neulich in ein so schönes Hörspiel geriet, daß ich es vor der Post zu Ende hören wollte, klopfte ein besorgter Polizist an meine Tür und fragte, ob mir etwas fehle.

## Schmücke dein Auto!

Auf einer längeren Autofahrt – alle Spiele waren schon gespielt, alle Lieder gesungen, alle Rätsel geraten und das Autoinnere sah aus wie die Zuschauertribüne eines Fußballplatzes nach dem Kampf – wurden die zum Quengeln neigenden Gemüter der kindlichen Mitfahrer wieder froh und glücklich gestimmt durch einen Leoparden. Dieser Leopard saß groß und majestätisch und fast echt anzusehen hinter der Heckscheibe des vor uns fahrenden Autos (ganz sicher behinderte er den Blick in den Rückspiegel!) und hatte leuchtende grüne Augen. Das heißt, die Augen hatte er natürlich ständig, aber leuchten taten sie nur, wenn der Fahrer bremste. Da dies Wunderwerk während einer Ortsdurchfahrt in unser Blickfeld geriet, leuchtete der Raubtierblick immer wieder auf und brachte im wahrsten Sinne des Wortes Licht in unsere schon etwas trübsinnige Reisegesellschaft.

So scheuen eben manche Autofahrer weder Mühe noch Unkosten, um ihren Hintermännern Freude zu machen: da finden sich eben hinter der Heckscheibe nicht nur Hüte, Butterbrotpakete und Autoatlanten, sondern auch allerlei Plüschtiere, Mickymäuse und Puppen blicken zurück und wackeln gar bedeutsam mit dem Kopf. Vorn hingegen geschieht etwas für des Fahrers eigenes Gemüt: Babyschuhchen und ein Foto der Lieben daheim mahnen daran, an die

170

Familien zu denken, während in jeder Beziehung ausge-schnittene flotte Bienen eher das Gegenteil tun. Medaillen, Hufeisen und Maskottchen behindern nicht nur in den Kur-ven leicht die Sicht, sondern bringen auch Glück. Und wenn man ein sehr praktisch veranlagter Mensch ist, kann man eine Unmenge von Kleinigkeiten erstehen oder sich schen-ken lassen, die einem helfen, Zigaretten, Streichhölzer, Parkgroschen, Notizblätter, Bleistifte und Bonbons in Greif-nähe unterzubringen und das Armaturenbrett in eine Art Bauchladen verwandeln. Allerdings: die Kristallvase mit ei-ner Rose oder Nelke, die zu der Zeit, als meine Eltern die er-sten Autos kauften, in jedem besseren Wagen anzutreffen war, ist leider fast ganz aus der Mode gekommen. Nur die Kissen fürs Wageninnere mit und ohne aufgestickte Auto-nummer gibt es immer noch.

Menschen, die sich so viel Mühe mit der innenarchitek-tonischen Ausgestaltung ihres Wagens geben – ich vergaß noch die schmückenden Schonbezüge und eventuell die Decken, um die Schonbezüge zu schonen –, geben sich natürlich zu-meist auch nicht mit einem serienmäßig gestalteten Äußeren zufrieden. Man kann gewissermaßen die Technik, vor allem soweit sie ins Auge sticht, auf den höchsten Stand bringen, indem man etwa vier hohe Antennen an allen vier Ecken montiert, oder man kann jede Menge zusätzlicher Schein-werfer vorn und hinten anbringen, so daß das Auto einen aus vielen blitzenden Augen anstarrt. Es gibt natürlich auch wahre Hochstapler, die sich einfach die Kennzeichen für eine stärkere Ausgabe ihres Wagens besorgen und schamlos anbringen. Dies Verfahren hat den Vorteil, nicht viel zu ko-sten, aber den Nachteil, daß jeder Kenner sofort den Schwindel entdeckt. Die Zeiten übrigens, wo ein Rallyestrei-fen notwendig etwas mit einer Rallye zu tun hatte, gehören auch längst der Vergangenheit an. Jetzt dienen sie in den allermeisten Fällen lediglich der Verschönerung oder sollen unter Umständen vom sportlich-aufgeschlossenen Geist des Autobesitzers künden. Die Autoindustrie, immer bestrebt, es ihren Kunden recht zu machen, bringt auch noch eine ganze Menge verchromter Zierleisten und Embleme auf den Markt, mit deren Hilfe man sein eher schlichtes Gefährt in ein chromblitzendes Wunderauto verwandeln kann, und manche tun das mit viel Liebe und nicht geringen Unkosten tatsächlich. Leider aber ist das handwerkliche Können des Besitzers nicht immer dem Schmuckbedürfnis gewachsen: eine eigenhändig, aber schiefangebrachte Zierleiste kann den überwältigenden Eindruck nachhaltig stören.

Witzige Leute übrigens übertreiben vor allem bei ihren Veteranen die Verschönerung ins Komische: da prangt eine Alpenlandschaft mit Sonnenuntergang auf ihrem Vehikel, da gibt es Raffgardinchen oder gar Blumenkästen, die Polster haben Spitzendeckchen, und das selbst in seiner frühesten Jugend nicht repräsentativ gewesene Auto ist mit dem leibhaftigen Zeichen eines Rolls-Royce geziert. Das macht mindestens genausoviel Spaß wie grüne Leopardenaugen!

## Der allerbeste Wagen

Daß die Schönheit im Auge des Beschauers liegt, ist eine zu alte Weisheit, als daß sie eigentlich noch eines Beweises bedürfte. Trotzdem fand ich sie neulich erneut bewiesen, als mich ein hoffnungsvoller junger Mann vors Haus bat, damit ich dortselbst sein neues Auto bewundern sollte. Mit leuchtenden Augen und liebevollem Stolz wies er auf seine Neuanschaffung. Ich weiß nicht genau, was er sah – ich jedenfalls sah einen betagten Käfer von undefinierbarem Grau, das durch offensichtlich später hinzugefügte Kotflügel in Himmelblau erhellt wurde. Löcher, die durch die Demontage jeglicher Zierleisten entstanden waren, hatte man liebevoll mit Blümchen und Käfermotiven verklebt, und wenn man genau hinschaute, konnte man wahrnehmen, daß es nur noch eine Frage von Wochen sein konnte, bis der dick aufgetragene Lack von den Roststellen wieder abblättern würde. Eine fehlende Radkappe solle allerdings noch nachgeliefert werden, und von unten sei allein für dreihundert Mark alles neu geschweißt, wurde mir noch von dem strahlenden Besitzer bedeutet.

Soweit besagter Käfer. Aber auch gesetztere Persönlichkeiten werden völlig blind, wenn es um die Fehler ihres eigenen Autos geht. Blind jedoch auch, wenn es sich um die Qualitäten anderer Wagen handelt. Jeder schwört auf sein

Auto, und leider muß gesagt werden, daß selbst sonst grundanständige Menschen in diesem Falle dazu neigen, falsch zu schwören. Wenn es beispielsweise um den Verbrauch geht, wären die Reklameabteilungen der großen Autofirmen sicherlich außer sich vor Begeisterung, könnten sie mit anhören, wie rationell ihre Erzeugnisse fahren, und zwar durch die Bank alle. Sollte sich bei einem solchen Gespräch die geübte Beifahrerin fragen, wieso man bei dieser Sparsamkeit denn eigentlich zwischen Köln und Hamburg immer einmal tanken muß, so tut sie besser daran, zu schweigen, weil eine solche Äußerung als Verrat empfunden werden könnte. Außerdem könnte es möglich sein, daß es beim nächsten Mal, wenn sie beteuert, ihr eigenes kleines Auto spränge entgegen dem üblen Ruf, den die Marke hat, auch bei Kälte sofort an, nicht bei einem diskreten Hüsteln bleibt.

Der moderne Mensch, der in unzähligen Autos gesessen hat, dies oder jenes auch besessen und gefahren hat und bei mehr Autogesprächen, als ihm oft lieb war, zum mindesten als gelangweilter Zuhörer anwesend war, kennt natürlich die Schwächen der verschiedenen Autos: Dies hat eine miserable Straßenlage, jenes ist Gift für die Bandscheiben, ein anderes ist anfällig in der Kupplung oder verweigert bei Glatteis die geringste Steigung. Das eine hat weit und breit keinen Kundendienst, das andere hat zwar einen, aber dort kostet das „Guten-Tag-Sagen" schon zweihundert Mark netto, und beim dritten muß man wochenlang auf Ersatzteile warten. Und dann gibt es noch die, die rosten oder Schaden erleiden, wenn man sie hauptsächlich im Stadtverkehr fährt. Wie schön und wie aufbauend ist es doch, wenn man dann von den Besitzern der beanstandeten Automarken hören kann, das alles dies Verleumdungen der Konkurrenz sind oder die Erfahrungen von Nichtskönnern, die mit keinem Auto zurechtkommen! Außerdem trifft natürlich dies oder jenes haargenau auf einen ganz anderen Typ zu. Man kann sich glücklich preisen, wenn kein Besitzer dieses Typs in der Nähe ist, denn es gilt unter Autobesitzern nicht als taktlos, das Gefährt des anderen madig zu machen – vor allem, wenn es sich um Wagen der gleichen Preisklasse handelt. Natürlich wird ein Jaguar nicht über eine Ente herfallen, aber etwa BMW und Mercedes neigen durchaus dazu, die Argumente des anderen mit Hohnlachen zu quittieren.

Manche Leute schwören so fest auf eine Marke, daß ihnen nie etwas anderes in die Garage kommt. Andere lieben es, die Marke gelegentlich zu wechseln. Von letzteren kann man dann voller Überraschung vernehmen, der soeben abgestoßene Wagen habe nicht nur Benzin gesoffen, sondern sei auch Stammgast in der Werkstatt gewesen und zudem faul am Berg. Merkwürdig, nicht wahr?

## Der beste Beifahrer hat keinen Führerschein!

Wenn man sich die Sache so recht überlegt, sind die besten Beifahrer die, die möglichst wenig vom Autofahren verstehen. Sie dürfen allerdings auch nicht so völlig ahnungslos sein, wie meine liebe alte Tante, die eine Zeitlang energisch darauf bestand, daß ich ein bestimmtes Einbahnschild auf dem Wege zu ihrer Tochter mißachten sollte, weil „es doch keinem schadet ... weil Platz genug ist ... weil gerade keiner kommt ... und weil doch schließlich keiner von einem verlangen kann, daß man immer denselben Umweg fahren soll". Sie sollten auch nicht so naiv sein wie die beiden kleinen Jungen, die fanden, ich führe nicht halb so gut wie ihr großer Bruder, bei dem es immer ganz toll in den Kurven quietschte und ganz laut heulte, wenn er losführe. Am besten sind die Beifahrer, die sich normalerweise so wenig um den Fahrer des Autos wie um den Lokomotivführer in der Eisenbahn kümmern – sofern es sich um die Fahrtechnik handelt, die aber doch genug Respekt vorm Autofahren haben, um keine fundierte Stellungnahme über den letzten Scheidungsfall oder die Einrichtung von Grünewalds neuem Haus von einem zu verlangen, wenn man gerade mit Samtpfoten einen vereisten Berg hinunterschleicht oder auf den Moment lauert, wo man auf einer kurvenreichen Landstraße an einem Lastwagen mit Anhänger vorbeikommen kann.

Ansonsten ist die Unterhaltung mit dem Wagenführer nicht verboten. Beifahrer haben sogar eine Art Unterhaltungspflicht, einem aufs angenehmste, aber nicht aufregendste die Fahrzeit zu verkürzen. Nichts kann so verbittern wie ein Beifahrer, der, statt munter zu plaudern, liest oder schnarcht; es sei denn, man wechselt sich mit dem Fahren ab, so daß jeder einmal das Recht hat, sich seiner wohlverdienten Ruhe hinzugeben. Handelt es sich nicht um einen sehr netten Menschen, kann es einen unter Umständen auch verbittern, wenn der Betreffende nicht imstande ist, auf der Karte festzustellen, wo man sich gerade befindet, wie weit es etwa noch bis zur Abzweigung nach Neuenfels ist und ob man auch den richtigen Weg zu fassen hat, wenn „Genova" angezeigt ist und man aber als Endziel Como hat. Der perfekte Beifahrer kann das. Er wickelt auch Bonbons aus, teilt Obst in handliche Stücke, sammelt Abfälle in Tüten, die er nicht zu leeren vergißt, liest aus der Zeitung vor, sorgt für passende Radioprogramme, ohne dauernd an den Knöpfen herumzudrehen, merkt sich die Entfernung zur nächsten Tankstelle, streitet nicht über den besten Weg (vor allem erwähnt er nicht die Tatsache, daß er im Recht war, wenn sich dies später herausstellen sollte) und, was das Allerwichtigste ist: Er läßt den Fahrer ganz so fahren, wie der möchte. Deshalb ist es ja auch so nützlich, wenn er wenig vom Autofahren versteht, denn Kritik an seiner Fahrweise – sei sie noch so berechtigt – bringt nahezu jeden Autofahrer in Rage. Schon manches Auto blieb benzinlos stehen, weil der Beifahrer allzu energisch zum Tanken drängte, manch kühnes Manöver wurde ausgeführt, weil der Beifahrer davor warnte, und mancher Kilometer wurde im falschen Gang zurückgelegt, weil der Beifahrer dauernd an das Umschalten erinnerte. Sachkundige Bemerkungen wie „So wird der Motor zu stark strapaziert!" helfen dem Motor im allgemeinen wenig, und auch Hinweise darauf, daß man eben an einem Schild vorbeifuhr, das nicht mehr als 60 km in der Stunde erlaubt, bringen wenig Dankbarkeit ein, ganz zu schweigen von tiefem und schmerzlichem Stöhnen, wenn der Fahrer – was jedem einmal passieren kann – nicht ganz sauber schaltet.

Manche Leute, die doch eigentlich mitgenommen worden sind, um die Fahrt zu verkürzen und zu verschönen, zeichnen sich dadurch aus, daß sie allerlei Unheil kommen sehen: Die Autobahn wird verstopft sein; ein solcher Wolkenbruch wie der, den man vor drei Jahren am Straßenrand abwarten mußte, droht augenscheinlich am Horizont und wird in den nahen Bergen die Gestalt eines Schneegestöbers annehmen; das Auto macht ein so merkwürdiges Nebengeräusch, das auch die Panne einleitete, die einmal in Südgriechenland zu einem dreitägigen Stopp führte; in dieser Gegend betrügen alle Tankstelleninhaber – und ob man nicht spürt, wie der Höhenunterschied den Kreislauf belastet, und wenn man es nicht spürt, wird man es schon deutlicher erleben, als einem lieb ist! So etwas muntert auf.

Übrigens ist weder das Fahren noch das Beifahren mit allen Begleiterscheinungen eine geschlechtsspezifische Angelegenheit. Und das gute oder schlechte Fahren oder Beifahren schon gar nicht!

*Die kleine Schramme macht doch gar nichts!*

Sehr selten nur geschieht es, daß ein Mensch das erste Auto, das er fährt, ohne Schrammen über die Premierenrunden bringt. Man kann noch so vorsichtig sein, irgendwie passiert's. Ja, gerade weil man sich mit äußerster Vorsicht und großem fahrerischem Einsatz am Nachbarn rechts vorbeilaviert hat, ist man dem zunächst in behaglicher Entfernung stehenden linken Nachbarn zu nahe gekommen. Und wenn man beim Parken gar alle Mühe und Aufmerksamkeit auf links und rechts verwendet hat, kann es immer noch geschehen, daß man das Auto hinten gegen einen Begrenzungsstein manövriert, der tückischerweise so niedrig ist, daß man ihn durch das Rückfenster nicht wahrnehmen konnte. Natürlich verursacht der Stein neben der Schramme auch noch eine Beule, was noch weniger gern gesehen wird. Und wer am Anfang denkt, um durchzukommen sei mindestens die Breite eines Zwölftonners vonnöten, kann sich durch Hohn und Spott eventueller Beifahrer provoziert fühlen, die eigene Ausdehnung nunmehr unterschätzen und so in ungewollte Kontakte mit irgend etwas geraten. Tücken haben auch Garagentüren: Theoretisch sind sie natürlich weit genug, in der Praxis aber scheuern sie mal links und mal rechts, vor allem, wenn man beim Ein- und Ausfahren einen rechten Winkel vollführen muß. Kurzum, es gibt unübersehbare Gefahrenzonen.

Dies alles wäre zwar unangenehm, aber nicht tragisch zu nehmen, wenn nicht das erste Auto, das man ohne Fahrlehrer fährt, oft jemandem anders gehört, und sei es auch nur dem eigenen Ehemann, der versprochen hat, alles mit einem zu teilen, und mit dem man juristisch gesehen sogar in Gütergemeinschaft lebt. Leider muß konstatiert werden, daß sich hier die Geister ganz erheblich scheiden und daß bei vielen die Gütergemeinschaft noch immer beim Auto im allgemeinen und bei Schrammen im besonderen ganz radikal aufhört. Im Gegensatz zu früheren Zeiten haben es sich viele Väter zwar abgewöhnt, ihre Kinder zu verhauen, wenn die mit zerrissenen Hosen heimkehren, ihre Frauen aber trauen sich mit einer Schramme am Wagen kaum nach Hause. Nicht, daß sie wirklich Prügel bekämen – aber im moralischen Sinne bekommen sie sie allemal.

Das gilt natürlich auch für die Kinder, wenn die nicht mehr Hosen zerreißen, sondern in Vaters Auto fahren. Kein Wunder, daß in diesem Zusammenhang so viel gelogen wird! In den allermeisten Fällen hat der Fahrer nicht die geringste Ahnung, wie die Schramme ans Auto geraten ist. Das muß wohl auf dem Parkplatz passiert sein. 90 Prozent aller Schrammen kommen auf Parkplätzen, ohne daß jemand dabei ist, was insofern verwunderlich scheint, als die Verursacher dieser Schäden ja auch irgendwo existieren müssen.

Aber es geschehen in diesem Zusammenhang noch mehr Wunder: benutzen verschiedene Fahrer das gleiche Auto, so wird sich nie rekonstruieren lassen, seit wann der böse Lackschaden an der linken Seite besteht. Dabei geht so etwas doch nicht ganz geräuschlos vor sich. Indes: Entweder haben die Fahrer bisher nichts bemerkt, oder der Schaden war schon immer da. Beulen am Auto müssen übrigens nicht immer zu einem Gewitter mit Donner und Blitz führen: Sensible Naturen erreichen die gleiche Wirkung mit einem wortlosen Streicheln des verletzten Lackes, verbunden mit dem wehen Blick eines waidwund geschossenen Rehes.

Der allererste Kratzer im funkelnagelneuen Wagen ist eben etwas, was auch sonst großzügige Naturen schmerzlich berührt. Da ist es schon am besten, der Besitzer verursacht ihn selbst. Denn wenn er sich auch fest vorgenommen hat, sich mit seinem Auto nicht so anzustellen wie gewisse Leute, so kommt ihm doch das „Ach, die kleine Schramme macht doch gar nichts. Mal mußte es ja sein!" etwas gequält über die Lippen. Sich selbst dagegen kann er in schöner Offenheit mit allen zukommenden Bezeichnungen benennen, wenn er trotz jahrelanger Fahrpraxis wieder einmal die Betonsäule in der Parkgarage gestreift hat. Die nächste Schramme brennt dann sehr viel weniger – sofern man nicht zu jenen Autobesitzern zählt, bei denen Liebe, Freundschaft, Gelassenheit und alle anderen begrüßenswerten Regungen dahinschwinden, wenn es ums Auto geht.

Sollte Sie übrigens der Anlaß dieser Ausführungen interessieren: Mein Sohn fährt zur Zeit mit mehreren jungen Leuten in der Gegend herum. Die sind zwar behördlich abgestempelte, aber noch ungeübte Autofahrer. Na ja, die erste Schramme hatte der Wagen schon, auch die zweite und dritte ...

## Von Schlangen, die auf Straßen kriechen

Die bekannte schwarze Katze, die über den Weg läuft und Unheil verkündet, nimmt im Fernverkehr die Gestalt eines kreisenden Hubschraubers an. Sein Erscheinen löst sicher bei einem der Autoinsassen ein triumphierendes „Ich hab's ja gleich gesagt!" aus. Denn wenn es auch zeitraubend ist, in einen Stau zu geraten, so ist es doch immer schön, recht zu behalten. Hätten nur die leichtsinnigen Mitfahrer dem Vorschlag zugestimmt, um drei Uhr nachts loszufahren, so wäre man schon ein ganzes Stück weiter und der Hubschrauber zöge seine bedrohlichen Kreise weiter hinter uns. Nach seinem Erscheinen kann man jeden ungehindert zurückgelegten Kilometer als Reingewinn betrachten; aber meist dauert es gar nicht lange, bis die Autostraße voller und voller wird und „starkes Verkehrsaufkommen" sich zu einer unverkennbaren Schlange oder sogar zu zwei parallel kriechenden Schlangen auswächst. Diese Reptilien kriechen überwiegend in südlicher Richtung dahin zu Schnee und Sonne, und wenn die Leute, die erfolgreich dagegen protestiert hatten, um drei loszufahren, Glück haben, hören sie im Autoradio, daß dort, wo sie wären, wenn ... auch gerade gekrochen wird. Argumentationen über dies „wenn" können eine gewisse Kriechzeit verkürzen, die Stimmung aber nicht heben.

Man schleicht also langsam dahin, die Kilometer dehnen sich endlos, voller Spannung wartet man auf jene Punkte, die einem einen gewissen Ausblick gestatten. Denn nichts ist deprimierender als ein weiter Panoramablick, der einem noch in blauer Ferne am Horizont eben die gleiche Schlange – doch beileibe noch nicht ihren Kopf – zeigt. Blickt man hingegen in die Nähe, gewinnt man Einblicke in das Leben einer Familie mit Kindern und Oma auf den Hintersitzen, wo sich offensichtlich ein zäher Kampf um eine Limonadenflasche mit Strohhalm abspielt, den die Oma nicht zu schlichten vermag. Mehrere leere Flaschen gleicher Art kullern vor dem Heckfenster, und unsere daraus resultierenden Besorgnisse werden glänzend gerechtfertigt, als ein veritables Töpfchen zum Fenster hinaus geleert wird! Da man aber immer unter dem Eindruck steht, daß die Parallelschlange es schneller schafft, wechselt man hinüber und bekommt unter Umständen weniger interessante Vorderautos. Wie im Stummfilm sieht man die Menschen in den Autos zuweilen miteinander reden, und an Mienenspiel und Handbewegungen ist oft abzulesen, daß sie sich nicht gerade ihrer immerwährenden Liebe und Zuneigung versichern, obwohl auch das vorkommt. Übrigens muß man in den allermeisten Fällen die Erfahrung machen, daß nach gewissen Anfangserfolgen nach dem Spurwechsel alle wieder an einem vorbeiziehen, die man auf der anderen Fahrbahn glaubte, hinter sich gelassen zu haben: das Auto mit den Surfbrettern, der Lastwagen mit den höchst appetitanregenden Speiseeisdarstellungen, die Skifahrer, die Ente mit den verschiedenfarbenen Türen und das Supertraumauto, von dem man nicht ohne Schadenfreude feststellt, daß ihm hier seine vielen PS auch nichts nützen. Auch die Limonadenkinder überholen uns und strecken triumphierend die Zungen heraus. Nebenbeibemerkt sind sie sehr verblüfft, als wir etwa eine Viertelstunde später bei gleicher Gelegenheit das gleiche tun. Überhaupt spinnen sich zwischen beiden Schlangen zwischenmenschliche Beziehungen mancherlei Art an – man muß nur lange genug kriechen! Das reicht von einem Flirt von Auto zu Auto über feindliche Beziehungen zu einem rüden Menschen, der einfach auf der Standspur dahergebraust kommt und nun glaubt, sich rücksichtslos in die Schlange drängeln zu können, bis zur verschworenen Gemeinschaft derjenigen, die ihn nicht hineinlassen wollen.

Kommt die Schlange endgültig zum Stehen, dauert es immer eine Weile, bis sich zunächst die Schiebedächer öffnen und obenhinaus Ausblicke in die nächste Zukunft getan werden. Bis dann ein mehr oder weniger allgemeines Aussteigen beginnt. Pessimistische, aber nervenstarke Naturen rüsten auf ein Picknick im Freien und erfreuen die weniger Gelassenen, wenn sie plötzlich Hals über Kopf alles wieder einpakken müssen, weil das Reptil sich in Bewegung setzt. Aber ein wenig die Beine vertreten und die Chancen für die Weiterreise mit den anderen Reisenden diskutieren – das tut fast jeder.

Die schönsten Schlangen sind natürlich die, die entgegengesetzt der eigenen Fahrtrichtung kriechen. Man weiß exakt über ihre Länge Bescheid und denkt mit dem heiteren Gefühl des nicht Betroffenen angesichts der zuletzt anfahrenden Autoreisenden: Wenn die wüßten, was ihnen bevorsteht!

## *Mußt du denn so rasen?*

Vor allem wenn man auf den Autobahnen fährt, sieht man zuweilen Leute, die auf den Brücken stehen und von dort aus den Zug der Vorüberfahrenden gewissermaßen von überlegener Warte aus betrachten. Der Strom zieht in beiden Richtungen beängstigend rasch vorbei, so daß sie die Wageninsassen kaum ausmachen können und nichts von ihnen gewahr werden – schon gar nichts von dem, was im Inneren der Autos gesprochen wird. Sie können sich aber so gewiß, als ob sie es deutlich hörten, darauf verlassen, daß in vielen Autos ein Dialog gesprochen wird, der folgendermaßen beginnt: „Mußt du denn so rasen?"

Auch die Antwort könnten sie fast schon richtig wiedergeben. Es gibt nach Erfahrung und Forschung nämlich gar nicht so viele Möglichkeiten. Zunächst einmal wohl die häufigste: „Wieso, ich rase ja gar nicht!" Wenn man nun meint, man könnte mit präzisen Hinweisen auf den Tacho beweisen, daß die Geschwindigkeit doch recht erheblich sei, so muß man sich darauf gefaßt machen zu hören, daß man wohl nicht recht gucken könnte, daß der Tacho – schräg von der Seite gesehen – verzerrte Angaben liefere, daß die alte Mühle so viel überhaupt nicht mehr hergäbe und daß man soeben von einem Auto mit viel weniger PS überholt worden sei, was wohl als sicherer Gegenbeweis zu gelten habe. Die zweite

Möglichkeit einer Antwort geht mehr ins Persönliche, wobei noch als freundlichste Form der Vorwurf zu gelten hat, man selbst sei neulich noch schneller gefahren (allerdings, was nicht erwähnt wird, bei idealen Bedingungen). Es kann aber auch heißen, daß man, wie so oft, spinne, daß man schon beim Frühstück zu der Vermutung Anlaß gegeben hätte, man wäre schlecht gelaunt, und ob man denn gleich am Beginn der Reise Krach anfangen wolle. Möglicherweise werden auch ideale Reisegefährten (und -gefährtinnen!) aufgezählt, die dem Fahrer nicht hineinreden. Die dritte Antwortmöglichkeit besteht in der Aufforderung, doch umgehend selbst zu fahren, da man es ja um so vieles besser verstände, und die vierte Möglichkeit ist überhaupt keine Antwort, sondern ein stummes Einschnappen, das in besonderen Fällen noch durch Drosseln der Geschwindigkeit auf ein wahres Schnekkentempo perfide unterstrichen werden kann. Theoretisch wäre es natürlich auch möglich, sich mit ein paar freundlichen und verständnisvollen Worten bereitzuerklären, langsamer zu fahren – aber dies soll außerordentlich selten vorkommen.

Nun muß allerdings gerechterweise gesagt werden, daß auch in allen anderen Fällen trotz Gegenrede zumeist mit dem Tempo heruntergegangen wird, denn so ist man schließlich auch wieder nicht? Wie sich aus der obigen Schilderung unschwer entnehmen läßt, handelt es sich bei den angegebenen Beispielen um Leute, die sich nahestehen. Aber auch andere Leute fahren einem hin und wieder zu schnell. Manchmal übersteht man es etwas bleich um die Nase und krampfhaft an den Haltegriff geklammert wortlos, weil man aus Gefälligkeit mitgenommen wurde, weil es eine Respektperson ist, die fährt, oder – als junger Mensch – weil man einem eindrucksvollen jungen Mann nicht zeigen will, daß man sich in seinem imponierenden Sportauto fast zu Tode fürchtet. Befindet man sich aber in unabhängiger Position dem Fahrer gegenüber, so kann man durchaus erleben, daß er voller Höflichkeit und sogar freundlich bereit ist, das Tempo zu mäßigen. (Daß er es ziemlich bald wieder langsam, aber sicher in die Höhe schraubt, steht auf einem anderen Blatt.) So hat es sich vielfach unter befreundeten Paaren eingebürgert, daß jeweils der Partner oder die Partnerin des anderen den Fahrer zu fragen hat: „Sag mal; mußt du eigentlich so rasen?" Es ist – wie auch in anderen Lebenslagen – sehr erbaulich anzusehen, wie geduldig man doch sein kann zu Leuten, denen man nicht so nahesteht.

Übrigens wirken längst nicht alle Mitfahrer dämpfend. Da gibt es die kleinen Mädchen und Jungen, die den Fahrer anfeuern, doch den „doofen Angeber" wieder zu überholen, da ist die Tante, die vom Autofahren überhaupt keine Ahnung hat, aber trotz strömenden Regens und pfeifenden Sturms immer wieder darauf hinweist, wie sehr sich ihre alte Mutter ängstigt, wenn man nicht – wie fest versprochen – pünktlich um vier zum Kaffee in Stuttgart wäre ...

Aber um der Gerechtigkeit willen sollte bemerkt werden, daß sie wirklich schwer zu ertragen ist, die Frage: „Mußt du denn so rasen?" Vor allem dann, wenn man gerade selbst am Steuer sitzt.

## Gebrauchtes Auto – halb geschenkt

Nahezu jedem Manne traut man die Fähigkeit zu, sein Auto günstig zu verkaufen und für den Erlös (und eine mehr oder weniger große zusätzliche Summe) ein gebrauchtes anderes zu erstehen. Für Frauen gilt die gleiche Aktion als ein unerhörtes Risiko, so, als wollten sie in Tennisschuhen das Matterhorn besteigen oder im Heizungskeller eine kleine Portion Dynamit zum Eigenbedarf herstellen. Zugegeben: man versteht nicht allzuviel von gebrauchten Autos – aber, genaugenommen, versteht man von Pelzen und Brillanten auch nicht allzuviel, und doch würde einem jeder den Kauf eines Pelzmantels oder eines Brillantenarmbandes zutrauen, vorausgesetzt, man hätte die notwendige finanzielle Grundlage. Warum also kein Auto? Schließlich hat man seit etlichen Jahren den Führerschein in der Handtasche; und neulich konnte man sogar jemandem, der hilflos auf der Straße stand, theoretisch beibringen, wie man ein Rad auswechselt. Man muß sich nur vor allen schwierigen Aufgaben überlegen, ob einem nicht eine Reihe ziemlicher Trottel einfällt, die sie auch zufriedenstellend gelöst haben. Und gerade beim Autokauf fallen einem geradezu herdenweise erfolgreiche Käufer ein, die wahrlich keine Intelligenzbestien sind.

Das wichtigste beim Gebrauchtwagen-Handel ist die vergleichende Marktforschung. Man kann sie per Telefon be-

treiben. Das ist zwar sehr bequem, aber nicht ganz zuverlässig. Bei den zahlreichen Händlern sind immer viel mehr Exemplare da – natürlich wundervoll erhalten und geradezu
einmalige Gelegenheiten – als nachher wirklich da sind,
wenn man quer durch die Stadt dorthin geeilt ist. Und auch
die Zusage, daß man über den Verkauf des alten Autos, das
man in Zahlung geben will, schon entgegenkommend einig
werden wird, sieht Auge in Auge dann nicht mehr so freundlich aus. Ein wenig kommt man sich vor wie Hänsel und Gre-
tel, die zunächst einmal ins Pfefferkuchenhaus hineingelockt
werden sollen. Es ist also unumgänglich notwendig, nach dem Stadtplan
große Kreuzfahrten an Ort und Stelle zu betreiben. Sehr ver-
wirrende Tatsachen werden offenbar, die man sich vergeblich zu erklären versucht: Warum kostet bei einem Händler
ein Auto gleicher Kilometerzahl, gleichen Baujahres, gleicher Farbe und gleicher Wohlerhaltenheit soviel weniger als
beim andern? Will der eine uns übers Ohr hauen, oder ist der
andere ein Wohltäter der Menschheit? Hat das eine Auto
verborgene Laster und das andere etwa ein vorzügliches Radio? In diesem Falle fände man vielleicht Erklärungen. Aber
warum will der eine für unseren alten Wagen, der keine ge-
heimen, sondern nur sehr sichtlich in den Lack gekratzte
Mängel und einen unangenehm hohen Kilometerstand hat,
achthundert Mark geben und der andere zweitausend? Übrigens tut es uns weh, wenn ein autoverkaufender Jüngling in
verächtlichem Ton von unserem treuen Veteran spricht und
ihn geradezu boshaft in die Reifen tritt. Wir haben zwar inzwischen gelernt, von „unfallfrei" und „Erstbesitz", von
„scheckheftgepflegt" und „Garagenparker" zu sprechen,
aber der jugendliche Verkäufer betrachtet trotz allem unser
Auto mit schlecht verhehltem Ekel. Da sind die älteren Her-

ren zumeist viel netter. Sie sagen wenigstens, daß der Motor es noch lange macht, daß sie auch einmal so einen gefahren haben, daß man die Kratzer in der eigenen Werkstatt überpinseln kann – auch wenn sie schließlich zweihundert Mark weniger bieten.

Natürlich ist das neue alte Auto ein noch schwierigeres Problem. Aber man arbeitet sich auf die Dauer ein: man bückt sich nach den Reifen, lacht über den genannten Preis fröhlich, kratzt nachdenklich über eine winzige Spur von Rost, nicht ohne hinterher den Finger vorwurfsvoll abzupusten, und läßt die Motorhaube öffnen, ohne jedoch genau zu wissen, wonach man eigentlich gucken soll. Man schaut auch ganz gelangweilt drein, wenn einem Dinge angepriesen werden, von denen der Verkäufer annimmt, daß sie speziell das Damenherz entzücken: ein Schminkspiegel etwa, ein scheußliches Blumenväschen, die extravaganten Schonbezüge oder die Farbe, in der man (natürlich in Neu und in Luxusausführung) gerade eben ein Modell an die Filmschauspielerin XY verkauft hat. In Wirklichkeit liegt einem natürlich die Farbe sehr am Herzen, und man muß an sich halten, daß man nicht das Auto in entzückendem Himmelblau nimmt, auch wenn es mehr kostet und abgefahrene Reifen hat. Und die wirkliche einmalige Gelegenheit kann man einfach nicht kaufen, weil sie Polster hat, mit deren abscheulichem Rot man sich nie befreunden wird.

Spätestens, wenn offenbar wird, daß man nicht weiß, ob Gürtelreifen etwas Gutes sind, hilft Verstellung nichts mehr. Hat man Glück, so werden nunmehr im Händler wahrhaft väterliche Gefühle wach. Und wenn man dann alle erreichten Emanzipationen verleugnend auch noch einen gestrengen Ehemann oder Vater zitiert, der nicht erlaubt, daß man mehr als soundsoviel ausgibt und dafür aber mindestens das und das nach Hause fahren muß, so regen sich unter Umständen edle Gefühle der Hilfsbereitschaft für die arme Frau, der zu einem vernünftigen Auto verholfen werden muß. Übrigens stellt man dann vielleicht nach sechs Wochen fest, daß die Hälfte des Werkzeugs fehlt, meist gerade zum gleichen Zeitpunkt, wenn der vorsichtig über verdächtige Stellen gepinselte Lack abzublättern beginnt. Aber das könnte schließlich dem stärksten Manne auch passieren!

## Hörst du auch dieses komische Geräusch?

Maschinen geben es einem in den allermeisten Fällen akustisch zu verstehen, wenn sie sich nicht ganz wohl fühlen. Ihre Besitzer und Gebraucher dagegen reagieren auf diese Alarmzeichen grundverschieden: Die einen hoffen, daß sie sich verhört haben oder daß so ein geringfügiger falscher Ton schon kaum etwas ausmachen wird. Die anderen horchen beständig in ihre Motoren hinein und werden in die höchste Alarmstufe versetzt, wenn auch nur das geringste ungewöhnliche Geräusch an ihr superscharfes Ohr dringt. Ich gehöre zu der ersten Gruppe und bin im allgemeinen damit ganz gut gefahren. Das liegt wohl daran, daß mancher falsche Ton wirklich von selber wieder abklingt, daß ich auf Grund völliger Unkenntnis des Innenlebens von Motoren eh nichts unternehmen könnte und daß die wirklich zu behebenden und selbst verursachten Fehlerquellen wie Benzin- oder Ölmangel zunächst völlig geräuschlos bleiben. Das Endgeräusch einer ohne Ölung arbeitenden Maschine ist allerdings höllisch und nicht mehr zu überhören. Da aber in diesem Stadium der Motor konsequent zu arbeiten aufhört, kommt die Warnung viel zu spät.

Die Leute, die jedem ungewohnten Geräusch auf den Grund gehen wollen, haben es oft schwer. Zunächst einmal stoßen sie nicht allzu selten auf die völlige Verständnislosigkeit der Mitwelt, die oft schon der Aufforderung, einmal genau hinzuhören, ob nicht etwas klirrt, brummt, scheppert, stößt, schnurrt oder ungleichmäßig summt, nur unwillig und unsorgfältig nachkommt. Dazu hat sie übrigens oft allen Grund, da sie weiß, daß sich ab nun die Unterhaltung um eben dieses Geräusch drehen wird. Da es sich meist um den Motor eines Autos handelt, wird die so hoffnungsvoll angetretene Fahrt nach angestrengtem Lauschen, ernsten Ermahnungen, doch wenigstens einmal genau hinzuhören, und verschiedenen Versuchen, durch Bremsen, Schalten, Gasgeben und Anhalten die Sachen in den Griff zu bekommen, in einer Werkstatt enden. Übrigens haben solche undefinierbaren Geräusche oft die tückische Eigenart, zeitweise zu verstummen. Dies tun sie ganz besonders gern in Reparaturwerkstätten, so daß sich der besorgte Fahrer, der vorführen will, was ihn hundert Kilometer lang beunruhigt hat, reichlich töricht wie eine Art Motor-Hypochonder vorkommt. Es ist auch nicht besonders tröstlich, daß sich der falsche Ton in nahezu allen Fällen wieder einstellt, sowie man die Werkstatt einige Meilen hinter sich hat.

Schon manches auf- und abtauchende Nebengeräusch entwickelt sich zu einem wahren Sargnagel für den Autobesitzer, der sich nun einmal nicht damit abfinden will, daß sein Wagen zuweilen einen merkwürdigen heiseren Nebenton von sich gibt. So wird er zum Stammgast der umliegenden Werkstätten, mit denen er sich nach und nach verfeindet. Ganz zu schweigen von einem immer schärfer werdenden Briefwechsel mit der Herstellerfirma.

Da sind wirklich die Leute glücklicher daran, die optimistisch annehmen, daß es an irgend etwas im Kofferraum liegt, daß die Autoschlüssel aneinanderklirren oder daß sich etwas Belangloses bei Hitze oder Kälte ausdehnt oder zusammenzieht, was gleich ein Ende haben wird. Es darf allerdings nicht verschwiegen werden, daß diese glücklichen Naturen hin und wieder den Ruin ihrer Maschine in Kauf nehmen müssen, weil es eben doch ein Alarmzeichen war, was sie so konsequent überhörten. Da ist es natürlich nur gut, wenn kein Mensch in der Nähe war, der einen mit wiederholten „Hörst du nichts?" oder „Hör doch mal genau hin!" rechtzeitig problembewußt machen wollte, dessen gutgemeinte Warnungen man aber leichtsinnig in den Wind schlug.

Die Möglichkeiten, allerlei Töne von sich zu geben, vermehren sich naturgemäß mit dem Alter der jeweiligen Maschine. Es ist faszinierend, was ein betagtes Mofa, ein alter Rasenmäher oder ein VW von vor achtzehn Jahren auf diesem Gebiet alles fertigbringen, ohne daß es ihre Besitzer auch nur im geringsten beunruhigt. Da klappert, spuckt, faucht und quietscht es aufs Ausdrucksvollste, und wollte man auch nur einem Bruchteil der Geräusche in exakter Forschung nachgehen lassen, hätte man sehr schnell den mehrfachen Wert des Forschungsgegenstandes an Arbeitslohn erreicht, was sicherlich kein Mensch im Sinn hat.

Übrigens erinnere ich mich daran, daß wir früher einmal einem Onkel, der ständig in sein geliebtes Auto hineinhorchte, eine Erbse unter die Radkappe praktizierten. Es dauerte ziemlich lange, bis man sie gefunden hatte.

## Das große Packen

Bevor es ans eigentliche Werk geht, leiten Vorverhandlungen mannigfaltiger Art die Aktion ein. Es geht beispielsweise darum, ob Karlchen mitreisen darf. Karlchen ist ein ausgewachsener Hase von ansprechendem Charakter. Als Präzedenzfall für seine Begleitung spricht die Tatsache, daß auch der inzwischen dahingeschiedene Goldhamster Poldi schon einmal mit von der Partie war. Dagegen ist allerdings einzuwenden, daß Karlchens Behausung mehr als dreimal so groß ist wie die des Verstorbenen. Also bleibt er daheim, was nicht ohne eine gewisse Verdüsterung hingenommen wird. Auch die Mitnahme des Schlauchbootes („... im letzten Jahr haben wir es nur ein einziges Mal über die Dünen geschleppt ..."), eines Klappfahrrades und der Bocciakugeln wird am besten vorher ausdiskutiert, denn nichts kann die durch die große Familieneinpackerei bereits strapazierten Nerven noch mehr belasten, als wenn plötzlich jemand mit einem dieser Gegenstände neben dem geöffneten Kofferraum auftaucht. Auch sollte man sich vorher darüber einigen, ob selbstgemachte Marmelade, einige Bestände aus dem Weinkeller, der Haartrockner, die Kaffeemaschine und die Hundefutterschüssel mitreisen müssen. Dies ist natürlich nur eine Überlegung für Familien, auf die am Reiseziel ein Ferienhaus wartet – womöglich noch ein wildfremdes.

Das eigentliche Kofferpacken aber dreht sich meist um Schuhe, Textilien und Kosmetika. Hier scheiden sich dann sofort die Geister in solche, deren Ideal es ist, mit einem Minimum an Sachen auszukommen, und solche, die für alle Fälle gerüstet sein wollen – und Fälle gibt es sehr viele! Kann man etwa vorher wissen, ob man auch ein elegantes Kleid braucht und ob dieses Kleid dann lang oder kurz sein muß? Man hofft zwar, daß es warm wird, kann das aber nicht sicher vorhersagen, was wiederum wärmere Hosen, Pullover, dazu passende Hemden und Schuhe bedeutet. Und zu dem allerschönsten Pullover paßt nur die einzige Hose, die erfahrungsgemäß jeden dritten Tag in die Reinigung muß. Also wäre es sicher leichtfertig, nicht noch weitere Möglichkeiten gegen etwaige Kälte zu schaffen. Gürtel, Tücher und Jacken müssen auch bedacht werden, damit man nicht wieder ein Kleid ganz umsonst mitnimmt, weil man nicht an den Gürtel gedacht hat (oder an die Schuhe ...).

Leute von der anderen Geisteshaltung, deren Ideal etwa darin besteht, den gesamten Urlaub in einer mehr bequemen als eleganten Hose und einem Pullover undefinierbarer und deshalb nicht schmutzender Färbung zu verbringen, weisen alle Eventualitäten – vor allem die des Gegenstücks zum eleganten Kleid – weit von sich, und man tut gut daran, sich mit ihnen nicht in Diskussionen festzubeißen, sondern stillschweigend das eine oder andere repräsentative Stück ihrer Garderobe in den eigenen Koffer zu packen. Dank soll man dafür allerdings nicht erwarten. Für den bedauerlichen Fall, daß die Sachen wirklich nicht gebraucht werden, muß man sich auf Spott und Hohn gefaßt machen, den man übrigens auch auf jeden Fall zu spüren bekommt, wenn unsere eigenen, schwer wiegenden Koffer ins Auto oder ins Taxi gehoben werden und festgestellt wird, daß es noch eine weitere

Tasche mit Schuhen oder einen Sack mit Pullovern, Badezeug und Kosmetik gibt. Die spitze Frage: „Wie lange wollen wir denn eigentlich bleiben?" überhört man unter diesen Umständen am besten.

Bei der nachfolgenden Generation ist man hin- und hergerissen, ob man es schon aus Bequemlichkeit begrüßen soll, wenn sie darauf bestehen, von einem gewissen Alter an ihre Sachen selbst zu packen, oder ob man besser ein waches Auge auf diese Aktivität richtet. Denn auch hier scheiden sich genau wie bei den Großen die Geister. Zwar ist der Typ, der sich am liebsten auf die gemütlichsten Jeans und den dikken Seemannspullover beschränken würde, weitaus in der Überzahl. Aber es gibt auch junge Menschen von der Sorte, die am liebsten alles mitnähmen, selbst die Skihosen und den Gymnastikanzug.

Und so ist es nicht zu verwundern, daß einer der Höhepunkte jeder Reise schon in der Feststellung besteht, daß man eigentlich alles glücklich verstaut hat. Aufatmend läßt man sich in die Polster des Wagens oder des Abteils fallen: Die Fahrt kann beginnen!

## Keine Strandburg wird instandbesetzt

Zu den Pflichten des ersten Sommerurlaubstages an der See gehört – sofern der Urlaub an der deutschen Meeresküste stattfindet – das Sich-Installieren hinter einem mehr oder weniger hohen Wall aus Sand – kurz „Burg" geheißen. Diese Installierung kann auf die verschiedenste Weise vor sich gehen: Wenn das Schicksal besonders gnädig ist, kann man ein intaktes Anwesen übernehmen, weniger Begünstigte haben größere Instandsetzungsarbeiten zu leisten, und die Pechvögel sind gezwungen, auf dem platten Sand neu zu siedeln. Was aber überhaupt nicht möglich ist, ist dies: in eine noch bewohnte, aber zur Zeit leere Burg einzuziehen, selbst, wenn es sich um eine Instandbesetzung handeln sollte. Denn das Recht auf die eigene Burg ist ein uraltes heiliges Strandrecht, das auch gilt, wenn kein teuer bezahlter Strandkorb in ihrer Mitte prangt und kein Stadtwappenwimpel aus dem Ruhrgebiet oder die kaiserliche Marineflagge ihren Rand ziert. Wer dies übrigens absurd findet, hat sicher noch nie höchst eigenhändig, von den allerersten entmutigenden Schaufelstichen an, eine Burg geschaufelt.

Da muß dann also zuerst der Grundriß ausdiskutiert werden, wobei es sich zeigt, daß Neulinge auf diesem Gebiet und solche, die auf Grund von Alter, Würde, Schlüsselbein oder Bandscheibe nicht mitschaufeln müssen, für weitläufige

Anlagen plädieren, während die erfahrenen Arbeitssklaven eher bescheiden planen. Dann müssen Schaufeln geliehen und verteilt werden (wobei es immer Exemplare gibt, die jeder will, und welche, die keiner will), der Eingang muß festgelegt werden (günstig zur befreundeten Nachbarburg, zum Strandweg und nicht genau im Westwind). Wenn es ans Schaufeln geht, gilt es außerhalb dieser mühseligen Tätigkeit aufkommende Streitigkeiten zu schlichten, ständig die nachlassende Arbeitsmoral zu heben, die Gleichmäßigkeit des Baues zu überwachen, Erfrischungen zu beschaffen und darzureichen und darauf zu achten, daß potentielle befreundete Hilfskräfte sich nicht grußlos vorbeidrücken. Und dann stelle man sich vor, daß sich am nächsten Morgen wildfremde Schmarotzer in dem Werk unserer Hände breitmachen!

Die Perfektion der Burgen ist sehr unterschiedlich. Während wir auch nach aller Anstrengung eigentlich immer nur über einen mehr oder weniger später niedergetretenen Wall verfügen, gibt es herrliche Bauwerke mit Vorburgen, Treppeneingängen, aus Strandgut gebastelten Tischen, Bänken und sogar Schuhregalen. Damit man Näheres über die Bewohner dieser eindrucksvollen Bauwerke erfährt, steht in erlesener Muschelschrift „Villa Monika" oder „Gruß aus Bergheim/Erft" oder „1. F. C. Köln" auf der sorgsam geglätteten Außenfassade. Früher noch mehr als heute waren auch richtige Künstler am Werk: Durch Burgenwettbewerbe der Kurverwaltung motiviert, ringelten sich in kühnen Reliefs Nixen, Drachen und Tintenfische um die Burgen, oder die Bauten nahmen die Form von Autos, Seesternen und Schiffen an. Ich erinnere mich da an eine fischschwänzige Jungfrau, die einen Strandkorb umkringelte mit einem Schuppenschwanz, der vermittels Waschblau farbige Schup-

201

pen hatte. Unsere Kinder haben uns damals sehr verachtet, weil wir auch nicht annähernd etwas so Herrliches zustande brachten. Daß es geradezu ein Frevel ist, quer über solche Kunstwerke hinwegzuschreiten, versteht sich von selbst – aber man hat es auch gar nicht gern, wenn über den schlichten, schon in Verfall begriffenen Burgwall fremde Leute ungeniert hinwegspazieren.

Unkundige halten jede Art von Sandburg für baren Unsinn oder gar für ein letztes Aufflackern teutonischer Eroberungslust. Denen kann man viele Begründungen für die Existenz dieser Ferienbauten entgegenhalten: Man ist – wenn auch nur notdürftig – windgeschützt; man hat einen festen Platz, wo man drei Wochen lang wohnt, speist, Gäste empfängt, Getränke und Sandspielsachen eingräbt und Handtücher ausbreitet; man kann sich innen und außen in der jeweils richtigen Schräglage sonnen; die Kinder haben einen Treffpunkt mit ihren Freunden; und wenn etwas im Sand verlorengeht, hat man einen abgegrenzten Raum, wo man es aller Wahrscheinlichkeit nach wiederfindet, wie jedermann weiß, der schon einmal angesichts des unendlichen Meeres nach Bademantelgürteln, Autoschlüsseln, Sandaletten oder Zahnklammern suchen mußte.

Abgesehen davon, daß die echten Teutonen nie Burgen gebaut haben, hatten sie auch bei ihren Eroberungszügen ganz sicher andere Sachen als die genannten Gründe im Kopf.

## Eine Wohnung für die Ferien

Es gibt die verschiedensten Gründe, in den Ferien eine Wohnung oder ein Haus zu mieten. Um nur einige davon zu nennen: Der Pensionspreis selbst eines nicht zur Luxusklasse zählenden Hotels multipliziert mit vier oder fünf; die Tatsache, daß einen im letzten Urlaub das Trommeln des Regens auf das Zeltdach allzu trübe gestimmt hat; das strikte Verbot, im mitgeführten Kocher auf dem Zimmer die Baby-Mahlzeit zu wärmen; die einem freien Mann unzumutbare Forderung, sich zum Abendessen fein zu machen; die für die Figur verhängnisvolle Pflicht, täglich zweimal ausführlich zu speisen (da man es ja nun einmal bezahlen muß!), und die Erinnerung an all die mißbilligenden Blicke auf die in der Tat im Urlaub besonders unternehmungslustigen lieben Kleinen. Um also sein ganz und gar eigener Herr zu sein, mietet man sich ein.

Leider muß hier gleich gesagt werden, daß dieser Wunsch nicht immer in Erfüllung geht. Da taucht beispielsweise in meiner Erinnerung das leicht hexenartige Bild einer hochbetagten holländischen Vermieterin auf, die streng darüber wachte, daß kein Besuch Tee aus Wassergläsern trank (die Tassen waren abgezählt), daß das Babybett im Elternschlafzimmer blieb, daß die Badeanzüge nicht auf die Heizung kamen und der Strohsessel nicht auf die Terrasse. Und einen

Holzbock, über dem wir die Teppiche klopfen sollten, stellte sie uns nebst Teppichklopfer auch zweimal wöchentlich als Verpflichtung vor die Tür. Dafür war dies Quartier auch das billigste, das wir je hatten.

Glücklich ist der zu schätzen, der weiß, was er mietet. Da ist man selbst mit den Fehlern vertraut. Man weiß, daß nur für eine Person zur Zeit ein wirklich heißes Bad da ist, daß es auf der Terrasse abscheulich zieht, daß es zuwenig Schrankraum gibt und daß man immer auf dem Sprung sein muß, einen der beiden wirklich bequemen Sessel zu ergattern. Ja, den Salzstreuer mit dem kaputten Deckel betrachtet man nach einem oder gar zwei Jahren mit gerührter Wiedersehensfreude.

Ein neues Urlaubsquartier hingegen steckt voller Überraschungen. Die wohl peinlichste ist die, wenn man in fernen Landen mit müden Reisegenossen, knatschigen Kindern und seekrankem Hund ankommt, und aus irgendwelchen mysteriösen und in fremder Sprache manchmal gar nicht auszumachenden Gründen wohnen dort schon andere Leute. Oder man steht vor verschlossenen Türen oder gar vor einem Rohbau, der noch gar keine Türen hat. Wenn man dies nach Jahren erzählt, klingt es sehr komisch – im betreffenden Augenblick sieht man das Witzige an der Sache nicht so recht. Auch die Anzahl der Betten ist nicht immer ganz zuverlässig – es sei denn, die Bank in der Küche und die verdächtig aussehende Matratze im Kriechkeller zählen mit, so daß man gleich nach der Ankunft die schwierigste Verteilungsdiplomatie führen muß. Außerdem gilt es, dies und jenes zu erkunden: Wo können die Bettwäsche, wo die Eierlöffel, wo der Korkenzieher und der Besen sein? Gibt es eine Kaffeemaschine oder gar eine Saftpresse?

Nach dem Preis, den man zu zahlen hat, richtet sich zumeist auch die Ausstattung. In die ganz sparsamen Bleiben begibt man sich mit vollem Bettzeug, so daß das Urlaubsauto einem Auswandererschiff gleicht, während man für sehr viel Geld – wie ich neulich in einem Prospekt las – sogar einen Butler mitmieten kann. Nur genügend Kleiderbügel findet man nie vor, und die Ferienwohnung, in der alles funktioniert, wurde auch noch nicht angetroffen: Mal regnet's ein wenig herein, mal darf irgend etwas nicht benutzt werden, mal funktioniert die Nachttischlampe oder der Staubsauger nicht, und das Propangas haucht seinen letzten Geist aus.

Aber selbst wenn alles wunderschön war – einen Moment gibt es doch, an dem man sich wünscht, im Hotel zu sein: Wenn bei der Abreise die Forderung akut wird, daß alles – wie es so schön heißt – in dem Zustand verlassen werden soll, in dem man es anzutreffen wünscht. Putzen, packen und aufpassen, daß keiner etwas schon Geputztes wieder benutzt oder betritt – das kann selbst sonst gelassene Gemüter in Wallung versetzen.

Aber im nächsten Jahr kommen wir ganz bestimmt wieder hierher!

# Gefährten für 14 Tage!

Manchmal können sie einem auf die Nerven fallen, und manchmal sind sie ja auch wirklich nett – auf jeden Fall trifft eines auf sie zu: Man kann sie sich nicht aussuchen und muß sie nehmen, wie es einem ein freundliches oder unfreundliches Schicksal beschieden hat. Ich spreche hier von den lieben oder weniger lieben Mitmenschen auf Gruppenreisen. Man trifft auf sie, wenn bereits alle Reiseplanungen getätigt und alle Entscheidungen getroffen sind – im Bus, im Flugzeug, auf dem Schiff. Wenn man mit hohen Erwartungen gekommen ist, so kann der erste Eindruck niederschmetternd sein. Das also sind die Leute, mit denen man jetzt für zehn oder vierzehn Tage mehr oder weniger aneinandergeschmiedet ist! Da fällt eine Gruppe mittelalterlicher Damen in offenbar stramm sitzenden Korsetts auf, die auf eine etwas lautstarke Weise Fröhlichkeit verbreitet, dann ein Ehepaar im Partnerlook, der weder dem einen noch dem anderen Partner steht, da ist der mürrisch aussehende Herr, der schon den ersten Krach um die Versorgung seines Gepäcks beginnt, ein Elternpaar mit zwei halbwüchsigen Söhnen, die offenbar dem Schicksal grollen, das sie auf eine Bildungsreise zwingt, und schließlich eine flotte Clique beiderlei Geschlechts, die sich gegenseitig hörbar versichern – so, daß jeder gezwungen ist, davon Kenntnis zu nehmen –, daß sie die Sache schon voll in die Hand nehmen werden. Mit der Sache meinen sie offensichtlich die Reise menschlich gesehen.

Natürlich guckt man sich auch nach netten Leuten um, und, obwohl es auf die inneren Werte ankommt, wie jedermann weiß, schaut man zunächst nur nach den äußerlichen. Da ist jemand betont lässig, aber schick gekleidet, ein anderer oder eine andere hat ein nicht alltägliches Gesicht oder besitzt eine Art abgenutzter, aber edler Reisetasche, wie sie spießige Leute eben nicht haben, andere erinnern einen an irgend jemanden, den man mag, und dann ist da noch ein Paar, das zärtlichen Abschied von ebensolchem Hund nimmt, wie auch wir ihn zu Hause lassen mußten. Die allermeisten Leute übrigens fallen weder nach der einen noch nach der anderen Richtung auf, und man hat zunächst Mühe, sie auseinanderzuhalten.

Langsam, aber sicher lernt man sich kennen, wenn auch nicht immer gleich mit Namen. Der hünenhafte ältere Herr allerdings, der ständig mit einer ganz jungen, zierlichen Vietnamesin oder Thailänderin herumturtelt, hält sich völlig abseits, so daß die allseits interessierende Frage, ob es sich wohl um seine Frau handelt und ob er sie etwa über eine Annonce gefunden hat, nie geklärt wird. Von dem mürrischen Reisegefährten, der schon beim Start Streit anfing, hält sich die übrige Gruppe fern, weil er seitdem in nicht abreißende Auseinandersetzungen um Essen und Trinken, Hotelzimmer, Fremdenführer, Händler und Busfahrer verwickelt ist, und weil er der immer schwierigen Frage nach Lüftung oder Nicht-Lüftung im Bus ständig neue Nahrung für weitere Kampfhandlungen abzuzwingen versteht. Dagegen sind interfamiliäre Streitigkeiten, bei denen man aus räumlichen Gründen gar nicht weghören kann, aber selbst unbeteiligt ist, von menschlichem Interesse. Die beiden Knaben, von denen man inzwischen weiß, daß sie eigentlich mit ihren Freunden per Interrail durch die Welt fahren wollten („Es kostet so gut wie nichts, weil man ja immer im Zug schlafen kann …"), schauen betont bei allen Sehenswürdigkeiten in ihre zerfledderten Comic-Heftchen und bringen damit den Vater zur Weißglut, der seinerseits wieder die Mutter für diese Fehlentwicklung verantwortlich macht. Die Ehefrau eines eher unscheinbaren Herrn sieht in ihm anscheinend ein begehrtes Lustobjekt aller Damen und hat vollauf mit seiner Bewachung zu tun.

Ein ständig fotografierendes Paar macht sich die ganze Reise lang gegenseitig Vorwürfe, daß der falsche Apparat, das falsche Objektiv, die falsche Blende oder der falsche Film auf Grund der Schuld des jeweils anderen verwendet wird. Der allseits erwartete Höhepunkt, daß einer der zahllosen Apparate einmal in unwirtlicher Gegend liegenbleibt, findet allerdings nicht statt.

Sehr traurig ist der Reisegruppenreisende dran, der niemanden hat, mit dem er solche Beobachtungen besprechen kann. Sofern er allein reist, redet er zunächst über Wetter, Essen und Kultur. Das andere gibt sich erst später; wenn er Glück hat, früh genug, um die gemeinsame Anschaffung von gleichen Pudelmützen und Islandpullovern seitens der fröhlichen Damenriege zu würdigen.

*Schließlich haben wir alles bezahlt!*

Zur altmodischen Erziehung gehörte es früher, daß das brave Kind seinen Teller leer aß. Das war nicht immer ganz einfach zu bewerkstelligen. Bei den Kleinen half man der Sache mit aufmunternden Reden nach: „Einen Löffel für den lieben Opa ... einen Löffel für die gute Muhkuh." Für die Größeren gab es strenge Worte und mehrfaches Servieren der gleichen verhaßten Mahlzeit. Ich erinnere mich an ein Kinderheim, wo ich die Mittagsmöhren noch zum nächsten Frühstück gereicht bekam, woraufhin mir der fromme Morgengesang „Lobt froho den Herren ..." im Halse stekken blieb. Zum Erwachsensein gehört dann die erfreuliche Tatsache, daß man essen kann, was man will, wenn man nicht gezwungen ist, „aus Anstand" von diesem oder jenem wenigstens einen Happen zu kosten. Es gibt da allerdings eine gravierende Ausnahme, von der sich nur sehr souveräne Menschen ganz frei machen können: Wenn man fürs Essen bezahlen muß. Nun meine ich nicht die ganz krassen Fälle – die es natürlich auch gibt –, wo jemand in sich hineinstopft, was nur hineingeht, nur um dem Wirt nichts zu schenken, wie es im schönen Spruch heißt. Oder man ißt etwas, was man eigentlich nicht mag, nur, weil es viel kostet. Aber ist es nicht so, daß man sich die Suppe, die man eigentlich gar nicht will, kommen läßt und zum mindesten ein paar Löffel probiert, weil sie nun einmal zum Menü gehört? Daß man aus dem gleichen Grund Dessert und Käse nimmt, was man besser bleiben ließe, und daß man dazu neigt, noch eine Scheibe Fleisch zu nehmen, obwohl man gar nicht damit gerechnet hatte, eine zweite Portion geboten zu bekommen, und auch mit der ersten schon zufrieden war? Manche Leute nehmen auch etwas Obst vom Frühstücksbüfett mit aufs Zimmer, wo die Früchte dann langsam immer unansehnlicher werden, weil sie zwischen Frühstück und Mittagessen und zwischen Mittagessen und Abendmahlzeit dann doch nicht gegessen werden.

Hat man nämlich von daheim aus „Vollpension" gebucht, was nur um ein geringes teurer als „Halbpension" war, fühlt man die Verpflichtung, zweimal täglich einem mehr oder weniger vorzüglichen Menü Aufmerksamkeit zu schenken, damit nicht von herausgeworfenem Geld die Rede sein kann. Ich keine eine ganze Menge Leute, die sich schon aus Gründen ebenmäßiger Wohlgestalt vornehmen, sich zwar zu Tisch zu begeben (... es ist ja schließlich bezahlt ...), aber nur einen kleinen Salat essen und alles andere tapfer an sich vorbeiziehen lassen wollen. Nur wenige verfügen dann an Ort und Stelle über die ausreichende Tapferkeit. Auch der Wein, den man eigentlich mittags gar nicht so sehr schätzt, weil er einen erfahrungsgemäß schläfrig macht, wird – da inklusive – gewissenhaft getrunken.

Was der Mensch bezahlt hat, das will er auch haben. Da steht zum Beispiel auf dem Busreiseprogramm die Tour zu irgendwelchen historisch sehr bedeutsamen, aber eher erinnerungsträchtigen als eindrucksvollen Trümmern. Auf der Fahrt dorthin und im Ort selbst ist es heiß und trocken, und das Menü auf halber Strecke – so sickert von früheren Reisegruppen durch – besteht hauptsächlich aus den Knorpeln und dem Fett von Hammelurgroßvätern. Stöhnend unter der harten Bürde dieser Ausflugspflicht tritt dennoch die ganze Reisegruppe pünktlich an – auch jene, die sich keinen Deut um die ganze ehrwürdige Historie scheren. Auch das Museum wird, weil „inklusive", sogar von denen durchgestanden, die daheim freiwillig nie einen Schritt in eine Institution dieser Art setzen. Sie halten genauso tapfer durch wie andere etwa am Folklore-Abend. Auf den Empfangscocktail in der Hotelhalle, den Willkommensschluck des Kapitäns oder den Frühschoppen des Stadtvaters wird nur selten verzichtet, selbst wenn es zeitlich gerade nicht so gut in den Kram paßt.

Ganz überraschende Charakterzüge aber entwickelt der Mensch leider, wenn es etwas geschenkt gibt (was er auch längst irgendwie bezahlt hat); eine kleine Muschelkette etwa, einen Papierfächer, ein winziges Fläschchen mit geradezu betäubend duftendem Parfüm, eine Stange Vanille oder einen Korallenzweig. Selbst Leute, die bequem den Gewürzgarten oder die Parfümfabrik aufkaufen könnten, drängeln sich vor oder ärgern sich gar, weil ihre Muschelkette etwas weniger hübsch ist. Und jene Dame, der es gelang, zwei billige Papierfächer zu ergattern (für ihre zwei kleinen Töchter daheim), war von echtem Eroberungsstolz erfüllt. Was übrigens nicht verhinderte, daß die Fächer nachher im Bus liegenblieben ...

## *„Am dritten Tag gibt es garantiert Krach!"*

Zu den Freuden, die einem das Leben zu bieten hat, gehört ganz sicher auch die: an einem Urlaubsort, wo man mindestens drei Tage bleiben wird, angekommen zu sein und ausgepackt und eingeräumt zu haben. Die Kosmetika stehen im Bad oder über dem Waschbecken, die Kleider und Hosen hängen mehr oder weniger verknautscht im Schrank, das Badezeug ist wieder nach uraltem Gewohnheitsrecht im Nachttischchen gelandet, und alles andere ist auch versorgt. Sogar der Gürtel zum rosa Kleid, den man unterwegs schon verloren gegeben hatte, hat sich doch noch in einem Schuh, fein säuberlich zusammengerollt, angefunden, während man vom Kopftuch nun endgültig annehmen muß, daß es friedlich daheim an der Garderobe hängt. Die Entscheidung, wer welche Fächer wo bekommt, ist getroffen, und die Kleiderbügel, von denen es immer zu wenige – vor allem Hosenbügel – gibt, sind gerecht verteilt. (Hierbei muß allerdings immer wieder festgestellt werden, daß auch der selbstloseste Mensch, wenn es sich um eine echte Knappheit an Kleiderbügeln handelt, dazu neigt, eher die Sachen seiner Mitmenschen als die eigenen doppelt und dreifach übereinander zu hängen.)

Kurzum – man fühlt sich zunächst einmal installiert und beschließt, die jetzt herrschende Ordnung während der nächsten Tage oder Wochen, je nachdem wie lange man bleiben wird, eisern einzuhalten. Manchen Leuten soll dies übrigens auch gelingen!

Aber mit dem Einräumen allein ist es am neuen Ort natürlich nicht getan. Die allerersten Ferientage stellen einen vor weitere Aufgaben. Die Ernährungslage mit all ihren Problemen muß erforscht werden: Wo etwa gibt es morgens frische Brötchen zu kaufen? Stammt der Orangensaft des Hotels aus der Büchse? Was muß man sagen, um ein richtiges weiches Ei zu bekommen und keinen Glibber? In welchem Restaurant fällt man unter die Räuber, und wo gibt es den richtigen, ganz frischen Fisch? Soll man Halbpension nehmen, oder sich auf eigene Faust verköstigen? Wo gibt es das Propangas für den prompt bei der Bereitung der ersten Mahlzeit seinen Geist aushauchenden Herd, und wo ist der Schalter für den Kühlschrank? Der nächste Lebensmittelladen muß auch gefunden werden, und die Stelle, wo die Küchenabfälle hinkommen. Oder aber man muß den richtigen Tischwein ausfindig machen, an den man sich halten wird, und Beziehungen zu einem Kellner anknüpfen, auf dessen Empfehlungen man sich verlassen kann.

Auch die Baderei muß geordnet werden. Ich kenne eigentlich keinen Menschen, der während eines Urlaubs ständig mal hier, mal da badet. Alle haben sie einen bestimmten Platz, auf den sie zumeist schwören. Manchmal allerdings haben sie auch einen Platz, den sie eigentlich nicht mögen, sei es, weil sie voreilig sofort hier einen Strandkorb für vierzehn Tage gemietet und bezahlt haben, sei es, weil sich gräßliche Leute in der Nähe niedergelassen haben, sei es, weil sie den eigentlich richtig schönen Platz erst später entdeckt hatten, oder sei es, weil andere Leute in ihrer Gesellschaft unbedingt auf dieser Stelle bestanden haben. Nicht alle Leute suchen ihren Spezialstrand nur nach der Schönheit aus, manche werden auch durch die Zeitungsbude in der Nähe, durch den Parkplatz im Schatten, durch den nahen Weg oder irgendeine zwischenmenschliche Anziehungskraft dirigiert. Unter allen Umständen ist der erste Badegang immer ein bißchen ungemütlich. Mit allen möglichen Sachen unter dem Arm steigt man ans Wasser, und ehe man so richtig installiert ist und ausgezogen in der Sonne liegt, vergeht einige Zeit. Manchmal muß man Liegestühle, Badezellen, Strandkörbe, Sonnenschirme, und was es noch alles gibt, ganz woanders mieten und wird zurück zum Hotel oder in die Kurverwaltung geschickt, und manchmal ist einem auch nur deshalb so ungemütlich zumute, weil an einer traumhaft schönen Stelle überhaupt keiner ist – kann das mit rechten Dingen zugehen?

Irgendwo habe ich einmal gelesen, daß es zwangsläufig aus physiologischen und psychologischen Gründen am dritten Urlaubstag Streit gibt. Hierauf kann man sich, wie ich aus langjähriger eigener Erfahrung mitteilen kann, heilig verlassen. Man darf nur nicht kleinlich sein in der Feststellung des dritten Tages; ob man beispielsweise die Reise mitrechnet oder den ersten Tag, der eigentlich erst nachmittags um drei begann. Aber Krach gibt es, denn wer wäre ein solcher Engel, daß er alle die Schwierigkeiten, Entscheidungen, Fehlentscheidungen und Eingewöhnungsstrapazen in der eigenen Brust abmachen könnte und wollte? Wenn also das nächste Mal Ihre Mitmenschen Sie dafür verantwortlich machen wollen, daß es in der von Ihnen heiß erkämpften Badebucht von Seeigeln nur so wimmelt oder daß es in der Pinte nach schlechtem Öl riecht oder daß es hier vor neun Uhr nichts zu essen gibt (was Sie ja übrigens gleich gesagt hatten!) – wenn also irgend etwas so richtig schief läuft und in scharfer Form ausdiskutiert werden muß, dann rechnen Sie mal nach: ganz sicher kommen Sie darauf, daß es der dritte Tag ist. Und so zanken Sie sich gar nicht, weil Sie oder die Mitmenschen eklig sind, sondern weil Sie heute gewissermaßen nicht anders können. Das tröstet ungemein!

Manche Leute nehmen sich übrigens für den Urlaub eine große Aussprache über irgend etwas vor, was schon länger in der Luft liegt. Unseligerweise fallen auch diese Aussprachen allzuleicht auf den dritten Ferientag. Ich hoffe, in Zukunft hüten Sie sich davor. Und dann können die Ferien so richtig beginnen.

## Schöne Grüße aus Klein-Wiesenau ...

Ansichtspostkartenfeinde und -verächter behaupten immer, der in der Ferne weilende Mensch schriebe nur deswegen Ansichtspostkarten, weil er den Daheimgebliebenen unbedingt klarmachen wolle, daß er ein weitgereister Mensch sei, also aus schlichter Angabe. Dies ist sicher längst nicht in allen Fällen zutreffend. Ein viel wesentlicherer Grund ist beispielsweise der, daß man Leuten Ansichtspostkarten schickt, weil sie einem auch immer welche schicken. Es gibt da sogar alte Freunde, mit denen man über Jahre hinaus eine reine Ansichtspostkartenbeziehung unterhält, so daß man außer den Urlaubsorten und der Tatsache, daß Sigrid einen tollen Sonnenbrand und Peter mal wieder Krach mit dem Oberkellner hat und daß sie irgendwo weilen, wo wir unbedingt auch mal hinmüßten, bis zum nächsten Wiederschreiben rein gar nichts weiß.

Andere Ansichtskarten sind Pflichtübungen: „Hast du der Oma schon geschrieben?" ist eine oft gestellte Urlaubsfrage, die zumeist mit einem schlichten „Du vielleicht?" zunächst abgeblockt werden kann. Nebenbei bemerkt sind bekanntlich die Omas und die Tanten diejenigen, die die Karten dann auch am sorgfältigsten betrachten, so richtig unter Hinzuziehung der Lesebrille und mit Entzifferung auch der undeutlichsten Schriftzeichen. Man muß natürlich auch der fleißigen Raumpflegerin schreiben, den Nachbarn, die nach dem Rechten sehen, und den daheim gebliebenen Arbeitskollegen, und manche Eltern halten es für höflich und nützlich, wenn ihre Sprößlinge dem jeweiligen Lehrkörper einen freundlichen Urlaubsgruß aus dem schönen Allgäu schicken (natürlich auf vorgezogenen und wieder ausradierten Bleistiftlinien).

Die Auswahl der Ansichtskarten geht nach verschiedenen Gesichtspunkten vor sich. Da gibt es zunächst einmal die, die einen überwältigenden Eindruck von der betreffenden Landschaft verleihen, selbst wenn die Landschaft in Wirklichkeit etwas weniger überwältigend sein sollte. Es gibt da wahre Künstler unter den Fotografen, die mit Hilfe einer Palme oder Agave im Vordergrund, einer einsamen Säule, drei Fachwerkhäusern und einem Springbrunnen so schöne Ansichten herstellen, daß die Empfänger der Postkarten einen tieferen Eindruck erhalten als die Leute am Platz. (Was übrigens zuweilen auch beabsichtigt ist.)

Manchmal will man auch Karten versenden, auf denen etwas Bestimmtes zu sehen ist: das eigene Hotel, der Berg, den man „gemacht" hat, die Gastwirtschaft am Meer, wo es die billigen Langusten gibt, oder den toten Landesfürsten im Dom, der auf seinem steinernen Sarg genauso guckt wie Onkel Walther. Oft hat man auch Leute, mit denen man mit Hochgenuß nur besonders scheußliche Ansichtskarten wechselt: Es gilt also nicht nur den nackten Loreleyfelsen zu erstehen, sondern einen zu finden mit vollbusiger Jungfrau, die singend ihr wohlonduliertes Haar pflegt, aus dem Süden Spaniens muß eine feurige Andalusierin mit richtigem, echtem Seidenrock kommen.

Langweilige Karten kann man durch eigene Beiträge interessanter und persönlicher gestalten. Allein schon der Pfeil mit dem Hinweis auf ein nur undeutlich auszumachendes Fenster „Hier wohnen wir" belebt die Ansicht des idyllischen Klein-Wiesenau. Erst recht erhöht Klaus im blauen Mittelmeer, der – wie einer selbstgekritzelten Sprechblase zu entnehmen ist – gerade „Warum ist es am Rhein so schön ..." singt, ungeachtet der Tatsache, daß ein als „Der weiße Hai" bezeichnetes Etwas auf ihn losschwimmt und Ruth am Ufer die Hände ringt, den Reiz der schlichten Ansicht. Und wenn gar eine ganze Reisegesellschaft beim Besteigen der großen Pyramide dargestellt wird („Helga hat Seitenstechen, Günther trinkt auf halber Höhe ein Bierchen, Peter wie immer obenauf ..."), ist dies für den Beschauer – aber mehr noch für den Gestalter – ein besonderer Spaß. „Unbekannterweise" und offensichtlich fröhlich gestimmt unterschreiben auch häufig Leute, die der Empfänger nie erblickt hat und auch nie erblicken wird.

Bekanntlich gehen Ansichtspostkarten manchmal verloren, und dann glaubt einem das niemand. Dies trifft einen besonders hart, wenn man am allerletzten Tag wirklich noch geschrieben hat. Es geht nichts über den Triumph, wenn so eine Karte – etwa aus Italien, wo sie einen Streik abgewartet hat – nach Wochen oder gar Monaten noch ankommt!

*Und hier stand das Bett*
*der Marie-Antoinette …*

Vor zweierlei Reisegenossen kann gar nicht dringend genug gewarnt werden: vor denen, die sich jede, aber auch
jede Sehenswürdigkeit ansehen müssen (einschließlich der
historischen Stelle, wo noch im vorigen Jahrhundert das historische Haus gestanden hat, in dem das historische Ereignis stattgefunden haben soll) – und vor denen, die sich
grundsätzlich überhaupt nichts ansehen wollen. Die einen
sind sehr ermüdend und sehr langweilig, und die andern sind
entweder schreckliche Banausen oder schreckliche Snobs,
was beides auch auf die Dauer wenig amüsant ist. Man tut
also gut, hier einmal nach dem sonst so verpönten Durchschnitt Ausschau zu halten, der in Rom das Forum besichtigt, in Londen den Tower, in Paris den Louvre und in
Heidelberg das Schloß. Das ist alles nicht so furchtbar origi-
nell, aber spätestens am Ende der Besichtigung wird man verstehen, warum diese Plätze Millionen von Menschen ange-
zogen haben und immer noch anziehen. Natürlich kommt
man sich als empfindsamer Mensch ein wenig ordinär vor,
wenn man bei strahlendem Sonnenschein nur einer von Tau-
senden ist, die sich, von Bussen und Autos unermüdlich her-
angekarrt, in Schloß und Park von Versailles ergießen; aber
es läßt sich nicht leugnen, daß der Eindruck von Versailles
schließlich und letzten Endes denn doch ein stärkerer ist, als

der des verwunschenen kleinen Landschlößchens, das keiner kennt außer dem Kenner, der einem diesen Tip gab. Derartige Reisetips sind stets mit Vorsicht zu genießen.

Es gibt Besichtigungen ganz verschiedener Art: bei manchen stapft man auf verlassenen Trümmern herum und braucht noch nicht einmal Eintritt zu zahlen; bei manchen zahlt man zwar Eintritt und wird als möglicher Dieb streng bewacht, darf aber seine Schritte beliebig lenken; manchmal gesellt sich der Besitzer und Erbe der Sehenswürdigkeiten persönlich zu einem, wobei es durchaus passieren kann, daß die Klagen über die steigenden Kosten so dringend werden, daß man überlegen muß, von wieviel an aufwärts man wohl etwas in eine der bereitstehenden antiken Schalen legen darf; und manchmal gehört man zu einer Gruppe mit Führer und erlebt das Schloß von Fontainebleau, das Straßburger Münster oder die Pyramiden als Mitglied einer pflichtbewußten, mehr und mehr ermüdenden Herde.

Individuelle Besichtigungen können sehr verschieden ausfallen. Es gibt Leute, die Tage und Wochen in den Uffizien von Florenz zubringen. Wir „machten" die Uffizien in genau zweiundzwanzig Minuten, was aber nur die eigene Schuld dieses ehrwürdigen Museums war, das darauf bestand, seine Pforten zu schließen. Wir taten wirklich, was wir konnten, indem wir im Laufschritt durch die Flure jagten. Alle Museen der Welt haben unendliche Kilometer glatter Böden und pflegen ihre sehenswürdigsten Sehenswürdigkeiten wohl aus pädagogischen Gründen weit auseinanderzuhängen. Die Führer, die man in Museen für teures Geld mieten kann, sind häufig mehr darauf gedrillt, den kürzesten Weg von der Mona Lisa zur Venus von Milo zu weisen, als subtile Kunsterklärungen abzugeben. Trotzdem können sie zuweilen sehr streng mit ihren Schäflein umgehen, und ehe man nicht ihren Ausführungen (oft in zwei Sprachen) andachtsvoll gelauscht hat, wird man nicht weitergeführt. Schlösser, die man besichtigt, befinden sich immer gerade im Umbau. Seit Jahrzehnten wird beständig der ehrwürdige Originalzustand wiederhergestellt, weswegen man gerade das Bett Marie-Antoinettes oder den Schreibtisch des Prinzen Eugen nicht sehen kann. Dafür werden aber im übernächsten Jahr wieder die Originaltapeten Marie-Antoinettes an den Wänden sein, die die Kaiserin Eugenie frevelhafterweise nach hundert Jahren erneuern ließ. So der Führer, der mit der Schilderung solcher und ähnlicher Details seine Herde durch prunkvolle Gemächer treibt. Man hört, wieviel Millionen alles gekostet hat und wie die Mätressen hießen. Offenbar setzt man ein brennendes Interesse für Mätressen voraus, deren Treiben scheinbar zu den wichtigsten historischen Begebenheiten der Schlösser gehört. Auch heute waltet zumeist an diesen ehrfurchtgebietenden Plätzen strenge Etikette: das wäre ja noch schöner, wenn jeder durch die Räume laufen könnte, wie es ihm paßt! Schön der Reihe nach von Raum zu Raum unter der Leitung eines Herrn mit Konzession, und die Besichtigung der Deckengemälde, die die Erdteile symbolisieren und den Herzog als Jupiter darstellen, darf nur abgekürzt werden, wenn mindestens zwei weitere Gruppen aus der Galerie, wo die Mätresse als „Demut" in Marmor von unten herauf gen Himmel blickt, nachdrängen.

Am schönsten ist es, Trümmer zu besichtigen. Was dort gestohlen werden kann, ist längst gestohlen, so daß man mutterseelenallein umhergehen und inmitten blühender Gräser auf historischen Steinen sitzen kann. Man bewundert nach Anleitung des klugen Buches getreulich die wenigen Säulenstümpfe, die noch den Adel und die Harmonie der Anlage des Tempels erahnen lassen, und fühlt den Geist der Antike. Übrigens kann es sehr leicht passieren, daß man später darauf kommt, die falschen Säulenstümpfe bewundert zu haben. Die richtigen waren mehr links. Und weil Trümmer so schrecklich durstig machen, kommt man manchmal nicht mehr überall hin. Aber auch mit Führer kommt man nicht überall hin, wie alle die wissen, die schon an etwas vorübergefahren mußten, was sie seit Jahren zu sehen erträumten, weil auf Grund unvorhergesehener Ereignisse sonst der Bus nicht rechtzeitig zum vorbestellten Mittagessen gekommen wäre. Und das wäre einfach nicht auszudenken!

*Was hast du mir denn mitgebracht?*

Der Mensch, der in der Fremde umherreist – sei es die Fremde anderer Erdteile oder die des Sauerlandes –, denkt natürlich oft an die Lieben daheim. Dieses Denken kann sehr verschiedenartig ausfallen: Man sieht einen wundervollen Sternenhimmel und denkt dabei an einen ganz speziellen Lieben, man brütet in der Sonne und erinnert sich fröhlich, daß die Daheimgebliebenen kalte Regengüsse meldeten, man hört ein Kind brüllen und wünscht sich sein eigenes her – allerdings nicht immer, manchmal denkt man auch ganz heiter: Wie schön, daß mich jetzt Kindergebrüll nichts angeht! Und mitten in einer Art subtropischen Urwalds fällt einem das Problem ein, wer von all den Lieben daheim, die dies so fest versprochen haben, wohl wirklich Unkraut zupfen wird. Angesichts eines kleinen Mädchens mit Zahnklammer oder eines Mannes, dessen Regenmantelgürtel fast den Erdboden streift, bekommt man intensive Anfälle von Heimweh, und Raffaels Madonna führt unsere Gedanken direkt zur lieben Großmama, bei der sie im Schlafzimmer über den Betten hängt. Aber abgesehen von all diesem mehr ziellosen Gedenken, überfällt einen doch immer wieder das Problem: Was, um Himmels willen, bringe ich all den Lieben nun von der Reise mit?

Manchmal erledigt sich ein Teil dieser großen Frage von selbst: Man sieht ein wunderschönes, uraltes, geblümtes Nilpferd und weiß sofort: Das muß der und der haben! Oder die weitgereiste Tante hat gebeten, ihr aus dem Laden links am Marktplatz von Dubrovnik ein geklöppeltes Tablettdeckchen für ihr kleines silbernes Tablett zu kaufen, oder aber man besorgt dem leidenschaftlich Käse liebenden, einhütenden Onkel den allerfeinsten Käse, den man auftreiben kann, weil das einer ehrwürdigen Tradition entspricht. Im allgemeinen aber muß man schrecklich nachdenken. Zuerst muß natürlich die Frage geklärt werden, wer denn überhaupt bedacht werden muß. Meist erschreckt einen eine ernsthafte Überlegung dieses Punktes so sehr, daß man die ganze Aktion erst einmal wieder fallenläßt. Es ist, als habe man im Wasser unversehens das Ende eines sehr weitverzweigten Schlinggewächses zu fassen bekommen. Da ist also zunächst die allerengste Familie. Dann kommt die liebe Oma, die auch immer etwas mitbringt. Aber wenn die eine Oma etwas bekommt, muß die andere auch etwas haben, sonst gibt es gewisse Verstimmungen. Die Tante, die die Kinder hütet, und der gute Geist, der das Haus sauberhält, bekommen natürlich auch ein Angebinde aus Italien oder Mallorca, und die Cousine muß bedacht werden, weil sie ihre nagelneue Luftmatratze hergeliehen hat. Desgleichen darf der Onkel, der den Hund in Pflege nahm, ebensowenig vergessen werden wie der kleine Neffe, der auf seiner gerade beendeten Reise einen Eimer voll Muscheln für uns sammelte. Der Kreis wächst und wächst, und ehe man es sich versieht, ist man plötzlich in gereizte Debatten mit dem Begleiter verwickelt, der gegen die Vorstellung so vieler Lieben daheim, für die etwas besorgt werden muß, mit so unsachlichen Argumenten ankämpft wie: Schließlich wäre er doch nicht irre, oder: Er erwarte ja auch von niemandem, daß der von Wer-weiß-woher etwas für ihn anschleppe.

Wenn jemandem auf der Reise das große Glück widerfährt, daß er irgendwo etwas sieht, bei dem ihm blitzartig einfällt: Das wäre ein Mitbringsel für Tante Anni!, so soll er sofort und ohne zu zögern hingehen und es kaufen. Erfahrungsgemäß vergißt er es später oder findet es nicht wieder, oder er kommt entgegen allen Planungen nie wieder an diesen Ort. Vierzehn Tage später aber rennt er verzweifelt die Hauptstraße der allerletzten fremden Stadt auf und ab, von dem Gedanken gejagt, daß nun auf der Stelle noch ganz schnell etwas für Tante Anni besorgt werden müsse – und meist nicht nur für Tante Anni.

Manchmal kauft man wahllos hübsche kleine Mitbringsel im Verlauf einer Reise, die man dann zum Schluß alle mit großem Vergnügen auf dem Hotelbett ausbreitet und verteilt. Das ist für den, und das ist für die. Hiervon haben wir zwei, davon kann der und der eins kriegen. Und wenn die das kriegt und die das, dann muß die aber noch eine Kleinigkeit dazuhaben, sonst kriegen wir wieder Ärger. Zuweilen ranken sich dann zwei Lieben aneinander hoch, weil man im Streben nach Gerechtigkeit immer erst dem einen und dann dem andern noch ein bißchen dazu zuteilt. Zum Schluß fehlt dann doch etwas, und der Abschiedsabend von einer wunderschönen Stadt wird durch das Problem belastet, ob man wohl auf dem Flughafen etwas findet, das passend ist und dem man den Flughafen nicht ansieht.

Es gibt herrliche Mitbringsel, von denen man sich nur sehr schwer trennt, vor allem aus Ländern, in denen die Leute noch selbst schnitzen, sticken, malen, schmieden und leidenschaftlich mit ihren Produkten handeln. Es gibt auch ganz andere Geschenke, gewissermaßen mondäne, aus den Me-

tropolen dieser Welt, und es gibt die richtigen Reiseanden-
ken, ein Sammelsurium von zum Teil atemberaubenden
Scheußlichkeiten und eine Quelle schönsten Amüsements
für alle die, die Sinn für die kitschigsten Salzfässer der Welt
und ähnliche Kostbarkeiten haben.

Übrigens stößt man zuweilen bei einem Gang durch die
heimischen Warenhäuser auf die gleichen Gegenstände, die
man ehrlich und unter den größten Schwierigkeiten auf dem
Markusplatz in Venedig erstanden hat. Dies sei als Hinweis
gedacht für alle die, die unverzeihlicherweise doch nicht
mehr alles geschafft haben. Nur vergesse man dabei nicht,
daß rechtzeitig das Einwickelpapier gewechselt werden muß!

## Wo finde ich die Malediven?

Für die Wahrheit folgender Geschichte kann ich mich verbürgen: Ort der Handlung ist ein Kölner Auto, das in südlicher Richtung fährt. Im Fond zwei fröhliche weibliche Teenager. Angesichts eines Straßenschildes meint der eine überrascht: „Nur zwanzig Kilometer nach Bremen. Ich hab' gedacht, das wäre noch weiter!?" Der andere, aus Norddeutschland stammend: „Dann habe ich es ja gar nicht mehr weit bis nach Hause!" Nun beruhte zwar alles auf einem durch Dämmerung und Schneetreiben erklärbaren Lesefehler – auf besagtem Schild stand nicht „Bremen", sondern „Brenner" –, aber keine der beiden jungen Damen kam auf die Idee, daß Bremen hier, südlich von München und dazu noch in den Bergen, auf keinen Fall liegen könnte. Auf die Frage, was die beiden denn so in Erdkunde betrieben, kam die Antwort, sie beschäftigten sich zur Zeit mit den sozialen Verhältnissen in Bolivien, und auf die weitere Frage, wo genau denn eigentlich Bolivien läge, wurde einem streng bedeutet, man möge doch nicht vergessen, daß zur Zeit Ferien wären. Leider muß gesagt werden, daß auch der Frager darüber ganz froh war, denn wenn er auch Bolivien sehr vage orten konnte, so war er doch auf eine genaue Festlegung auch nicht versessen. Übrigens kann man sich mit dem Gedanken trösten, daß mit dem Erwerb des Führerscheins meist auch eine große Bereicherung der geographischen Kenntnisse der Jugendlichen verbunden ist: einmal selbst gesteuert oder als Beifahrer nach Spanien und zurück – dann merkt man schon, wo Bremen nicht liegt.

In Europa kennen wir, die wir den Führerschein schon einige Zeit haben, uns inzwischen recht gut aus. Wir wissen, daß Salzburg und Innsbruck nicht so nahe beieinander liegen, wie man einmal gedacht hat, daß Paris keinesfalls mitten in Frankreich liegt, daß die Borromäischen Inseln, die man im Mittelmeer vermutet hatte, im Lago Maggiore schwimmen und daß das vielbesungene Sa-hanta Lucia eigentlich ein Stück Neapel ist. So weit, so gut. Aber inzwischen gibt es ganz andere Reiseziele, die so weit weg sind oder so abgelegen, daß man sie nur noch mit dem Flugzeug erreichen kann. Man muß sich also den Weg dorthin gar nicht mehr merken. Und so fällt es manchmal selbst den Leuten, die dort waren, schwer, auf Anhieb ihren Ferienort auf der Karte zu finden. Für die, die nicht dort waren, sind die Malediven etwa der Ort, wo der Chef alljährlich zu schnorcheln pflegt, die Galapagos sind durch die Nachbarn bekannt, die einen so aufregenden Film darüber im Fernsehen gesehen haben, und von den Azoren kommt bekanntlich das Hoch, das immer das schöne Wetter bringen würde, wenn es wirklich käme. Aber wo zum Kuckuck, befinden sich eigentlich alle diese Inseln ganz genau? Haben Sie etwa gewußt, daß die Bermudas viel, viel nördlicher liegen als die Bahamas, daß die Seychellen im Indischen Ozean schwimmen und daß das kürzlich in Mode gekommene Tonga aus den Freundschaftsinseln besteht, die man mitten im Pazifik mehrere tausend Kilometer südlich von Hawaii aufstöbert? (Ich weiß es, denn ich habe hier einen Atlas vor mir liegen!) Irgendwie ist es richtig verwirrend, daß alle diese Inseln über die ganze Welt verstreut sind, sehen sie doch auf den Reiseprospekten und Ansichtskarten zum Verwechseln ähnlich aus: Palmen, ein schneeweißer Strand, der sich endlos dehnt, ein Meer von unwahrscheinlicher Bläue und ein wunderschönes Mädchen mit oder ohne Begleitung eines gleichfalls wunderschönen jungen Mannes. Nur Hawaii (wegen der Vulkane im Hintergrund) und die Galapagos-Inseln (wegen der kleinen Drachen im Vordergrund und der fehlenden Palmen) muß man ausnehmen, aber sonst ist eben sehr leicht zu verwechseln, ob das herrliche Hotel, von dem unsere Freunde immer so schwärmen, eigentlich in der Südsee oder in der Karibik oder südlich von Indien steht, wo, wie eben jedermann nicht weiß, die Malediven liegen.

Übrigens kann man sich auch in den Entfernungen sehr verschätzen. Das fängt für Norddeutsche schon damit an, daß sie München und Zürich nah beieinander vermuten und sich so recht nie klarmachen, wie endlos lang Italien ist. Auch glauben hierzulande viele, daß sich die Straßen von San Francisco nicht allzuweit von Manhattan erstrecken.

Aber auch anderswo sind die Geographiekenntnisse nicht überwältigend, wie der Bankbeamte in Südfrankreich bewies, der sich neulich erkundigte, ob Bonn in der DDR läge.

Von Zahnschmerzen, Schwitzkuren

und andern Übeln

## „Hast Du auch
## Deine Medizin genommen?"

Schon im zartesten Alter scheiden sich die Geister: Die einen schlucken brav und willig aufbauende abwehrstärkende und vitaminhaltige Emulsionen, die dazu noch den Appetit anregen und die Leistungsfähigkeit steigern sollen, sie nehmen begeistert Hustensaft und lutschen ausdauernd bronchienfreundliche Bonbons, während die andern – zumeist leider die, die es besonders nötig hätten – sich all diesen Heil- und Kräftigungsmitteln gegenüber anstellen, als sollten sie vergiftet werden. Selbst bisher geschätzte Malzbonbons etwa werden als Zumutung empfunden, wenn nur der Verdacht aufkommt, sie wären für oder gegen irgend etwas nützlich. Lange Verhandlungen – die mit kranken Kindern besonders milde geführt werden müssen – sind nötig. Suchaktionen nach kleinen Personen, die auf das Stichwort „Bring einen Löffel mit!" hin spurlos verschwanden, müssen angestellt werden, und Belohnungen oder schon mehr Bestechungen sind ständig fällig. Trotzdem landet ein großer Teil der appetitanregenden Flüssigkeit auf dem Pullover. Die in der Tat scheußlich schmeckenden Tropfen werden hinterlistig in die schöne Limonade, die eigentlich zum Hinterhertrinken gedacht war, gespuckt. Der Hustensaft löst eine beängstigende Würgerei aus, die das mühsam eingetrichterte Frühstück aufs äußerste gefährdet. Kurzum, die Abneigung gegen alles Gesundheitsfördernde ist unüberwindlich, und auch die Erzählungen von armen kleinen Kindern in den ersten Nachkriegsjahren, die sich bei der Schulspeisung noch einmal hinten anstellten, um noch einen Löffel Lebertran zu ergattern, bleiben ganz ohne Eindruck. Ja, es ist sogar schon vorgekommen, daß die kräftigenden und appetitanregenden Mittel in Geheimabkommen an Freunde und Geschwister abgetreten wurden, denen es an Kraft und Appetit wahrhaftig nicht mangelte.

Dies pflegen Erwachsene, weil es ihnen zumeist an einem autoritären Kontrollorgan in Sachen Medizinschlucken mangelt, zwar nicht gerade zu tun, aber sonst scheiden sie sich ganz genau wie die nachfolgende Generation in die beschriebenen beiden Gruppen. Es gibt geradezu musterhafte Arzneinehmer: Peinlich genau halten sie vorgeschriebene Abstände ein und sind sich ständig dessen bewußt, was vor dem Aufstehen und Essen oder danach genommen werden muß, was mit etwas Flüssigkeit auf nüchternen Magen genossen werden oder was langsam im Munde zergehen muß. Morgens beim Frühstück etwa wird um den Teller eine kleine Hausapotheke aufgebaut, und der Anblick von roten, grünen, braunen, weißen und marmorierten Pillen erinnert etwas an winzige Ostereiernester. Dazu noch Flüssigkeiten auf Löffeln oder in Gläschen, und es müßte wirklich mit dem Teufel zugehen, wenn das alles nicht hilft! Auf jeden Fall aber kann der Doktor sicher sein, daß das von ihm Verschriebene auch genommen wird.

Das kann er leider nicht bei allen Erwachsenen sein, obwohl doch eigentlich eine gewisse Einsicht mit den Jahren gekommen sein sollte. Und weil man das, was man in der Tiefe seiner Seele nicht will, besonders gern vergißt, geschieht es immer wieder, daß von Tabletten oder Tropfen, die nach Adam Riese innerhalb von acht Tagen hätten zu Ende gegangen sein müssen, nach zwei Wochen immer noch welche vorhanden sind. Dies geschieht nicht einmal absichtlich, und manch guter Geist, der stillschweigend die Fläschchen und Röhrchen im geeigneten Moment darreicht, hat schon viel Gutes getan. Leider aber ernten diese guten Geister nicht nur Dank, denn auch gestandene Frauen und Männer pflegen noch zuweilen einen wahrhaft kindlichen Abscheu vor jeder Medizin. Teils finden sie es überhaupt blamabel und eher peinlich, daß sie Tropfen und Tabletten brauchen, teils sind sie immer noch ganz schlicht gegen alles, was nicht gut schmeckt oder sonstwie lästig ist. Tapfere Männer leiden lieber ausdrucksvoll an verstopfter Nase (und ihre gesamte Umwelt mit ihnen), ehe sie sich Nasentropfen einträufeln lassen. Und mit der Hustensaftbehandlung, die in der Tat nicht gerade unter die kulinarischen Genüsse zu rechnen ist, fangen sie immer lieber „morgen, wenn es dann noch nicht besser ist", an. Zudem hilft natürlich alles sowieso nicht, zum mindesten bei ihnen persönlich. Ein ganz besonderes Kapitel sind hier übrigens jene älteren Herrschaften, die von fürsorglichen Söhnen und Töchtern zum Einnehmen ihrer herzstärkenden, verkalkungshemmenden und vitaminhaltigen Mittel angehalten werden müssen. Zunächst einmal sind sie ihr ganzes Leben lang ohne Pillen ausgekommen und sehen nicht ein, warum sie jetzt noch die Apotheker reich machen sollen. Außerdem ist ihr Vater auch ohne dies neunundachtzig geworden und hat bis zum Schluß noch Zähne gehabt. Und im übrigen sind sie auch noch keineswegs vertrottelt und wissen selbst genau, was gut für sie ist.

Aus grauer Vorzeit existiert in unserer Familie die Sage von einem eher unangenehmen Großonkel, der seinen Kindern einen Pfennig schenkte, wenn sie brav ihren Lebertran nahmen. Und wenn sie genug Pfennige beisammen hatten, durften sie davon ganz allein neuen Lebertran kaufen! Dies scheint mir eine geniale, allerdings auch verabscheuungswürdige Lösung aller Arznei-Einnahmeprobleme zu sein.

## Über die verschiedenen Arten
## von Grippe

Es gibt ganz verschiedene Arten von Grippe. Die harmloseste ist wohl die, die man im Anzug spürt oder die in den Knochen steckt. Ein Mensch fröstelt, niest, ist schlecht gelaunt und hat Kopfschmerzen, Muskelkater, Kratzen im Hals oder sonst etwas und konstatiert im Grabeston: „Ich spüre eine Grippe in den Knochen!" Von gütigen Menschen wird er nun sicher die schönsten Ratschläge bekommen, wie das Übel vor seinem Ausbruch zu bekämpfen sei: Über todsichere Tabletten, Bettruhe, Kräutertee bis zu kaltem Bad, heißem Grog und Dampf in die Nase wird ihm alles empfohlen, wobei alles von den meisten, die die Grippe im Anzug verspüren, nur mit müdem Lächeln und „Mir kann keiner helfen" – Tapferkeit abgewehrt wird. Die weniger guten Menschen allerdings denken ziemlich gelassen an all die Grippen in den Knochen, die sie schon miterlebt haben, die aber nie aus den Knochen herauskamen und, dort steckenbleibend, am folgenden Tag total vergessen wurden.

Die nächste Art in der Stufenleiter der Grippen ist wohl die, die man schlichter auch mit Schnupfen, Husten oder Erkältung bezeichnen könnte, wenn es nicht viele Menschen gäbe, die so subtil gebaut sind, daß es bei ihnen einfach keine schlichte Erkältung sein kann, wenn die Nase läuft, die Augen tränen und unmelodisches Gekrächze und Gebell aus ihrem Munde ertönt. Dies ist in der Tat auch ohne Fieber und

Komplikationen eine schlimme Krankheit – um so schlimmer, als keiner (außer ängstlichen Müttern bei ihren zarten Kleinkindern) sie so recht ernst nimmt und die Leidenden, denn sie leiden wirklich, in ihren schweren Tagen angemessen bemitleidet. Ja, es soll schon vorgekommen sein, daß jemand angesichts verschwollener Schweinsäuglein, einer glühenden Nase und einer Bierbaßstimme in fröhliches Gelächter ausgebrochen ist. Und das, wo doch jeder weiß, daß mit einer Grippe nicht zu spaßen ist! Angesichts solcher Roheit ist es nur gerecht, wenn die von dieser Krankheit Befallenen – kaum genesen – ihrerseits bei anderen die Schwere dieses Leidens nicht mehr recht ermessen und die Krankheit abschätzig mit „Schnupfen" bezeichnen, wo doch der Betroffene ausdrücklich von einer Grippe gesprochen hat. Es gibt übrigens auch den umgekehrten Fall, daß nahestehende Persönlichkeiten von ängstlicher Gemütsart überall verbreiten, man habe die Grippe, wenn man ausdrücklich darauf besteht, nur eine schlichte, harmlose Allerwelts-Erkältung zu haben. Es ist eben doch sehr schwer, es den Befallenen recht zu machen! Manchmal aber entwickelt sich die in den Knochen steckende Grippe auch zu einer wirklichen Grippe, und das ist dann die häßlichste Art dieser Krankheit. Es geht einem rundherum richtig scheußlich, und selbst mannhafte Naturen sind heilfroh, wenn sie auf eine noch mannhaftere Natur stoßen, die sie mit Gewalt ins Bett beordert. Andernfalls laufen sie, kaum noch in den Gräten hängend, tagelang fiebernd, Bazillen verstreuend und sich unentbehrlich fühlend, herum, und wenn sie nicht doch noch für ihren Leichtsinn hart bestraft werden, so dauert es zumindest monatelang, bis sie sich wieder richtig gut fühlen. In den Mitmenschen dieser Unentwegten speichert sich in solchen Tagen und Wochen eine riesige Menge ohnmächtiger Verbitterungen angesichts der Nutzlosigkeit aller vernünftigen Warnungen. Glücklicherweise sind die meisten Menschen nicht so eisern und fühlen sich auch ganz und gar nicht so unentbehrlich. Im Gegenteil – manche fühlen sich zuweilen so entbehrlich, daß sie sich angeblich alljährlich in der schlechten Jahreszeit eine Grippe zulegen, um dann (nur ganz wenig oder gar nicht unpäßlich) ihrer Arbeitsstätte fernzubleiben. Das wäre dann die vierte und am wenigsten unangenehme Art von Grippe.

Um aber auf die dritte, böse, zurückzukommen: Man liegt also im Bett, spürt den ganzen Jammer der Menschheit und lauscht gläubig den Tröstungen des Arztes, die meist darauf hinauslaufen, wie viele Menschen sonst noch von dieser Krankheit befallen sind, und daß er darum Tag und Nacht nicht aus den Kleidern kommt, weswegen ein höflicher Patient dann wiederum ihn trösten muß. Nach den Berichten Grippekranker gibt es offensichtlich zwei Gruppen von Ärzten, die Behandlung der Krankheit betreffend: Die einen bringen angeblich mit superstarken Wundermedizinen den Patienten sofort auf die Beine, während die anderen mit milden Mitteln und langer Bettruhe arbeiten. Beide haben ihre leidenschaftlichen Anhänger, wie jedermann weiß, dem schon bei der Grippe im Anzuge lauter verschiedene Ärzte mit der einzig wahren Methode empfohlen wurden.

Nun, wie auch immer die Krankheit geheilt wurde, man erhebt sich mit ausgesprochen weichen Knien und anfälliger Seelenstimmung wieder von seinem Krankenlager und braucht eine ausgesprochene Schonzeit, vor allen Dingen vor den Leuten, die annehmen, man hätte nur eine Grippe von der Sorte eins und zwei oder gar vier gehabt. Und das, wo doch der Doktor nicht nur dreimal ans Krankenbett gekommen ist, sondern auch noch den Kopf geschüttelt hat wegen der Hartnäckigkeit dieses speziellen Falles!

*Stell dich doch nicht so an!*

Jeder Mensch – von wenigen glücklichen Ausnahmen abgesehen – weiß, welch höllische Qualen ein böser Zahn verursachen kann. Er kann einen so peinigen, daß man gegen einen augenblicklichen sanften Tod nicht mehr allzuviel einzuwenden hätte. Dies traf sicherlich bei einem besonders sensiblen Menschen zu, bei dem ich Zeuge wurde, wie er mit einem gegen die geschwollene Wange gepreßten Kissen versuchte, unter einen Sessel zu kriechen. Dort wollte er dem bohrenden Schmerz entrinnen. In der Familie wurde dieser Begebenheit wiederholt unter frohem Gelächter gedacht, wobei man zugeben muß, daß Familien unter sich oft nicht sehr zartsinnig reagieren. Aber auch sonst, außer bei sehr lieben und mitfühlenden Menschen, findet man für einen kranken Zahn, dazu noch mit dicker Backe, immer nur die Art von Anteilnahme, hinter der sich ein Lächeln versteckt. Ähnlich geht es einem bei einem fürchterlichen Leiden, das nahezu alle schreckerregenden Symptome aufweist, außer dem einen, daß der Befallene in Lebensgefahr schwebt: der Seekrankheit! Während der Erkrankte, wie schon gesagt, nicht sterben kann, aber auch nicht leben, sind seine Mitreisenden nur mäßig besorgt. Sie erfreuen ihn mit Schilderungen stürmischer Seereisen, bei denen außer dem Kapitän nur ein einziger Mensch nicht seekrank war (dreimal darf man raten,

wer das wohl war!), und sie verschlimmern den elenden Zustand durch Aufzählung all der eßbaren Köstlichkeiten, die
vom See-Erkrankten zwar bezahlt, aber nicht genossen werden können. Eine Fülle von guten Ratschlägen, die ihm
wahre Schauer über den Rücken jagen und in keiner Weise
dem sterbenskranken Zustand Rechnung tragen, überzeugen ihn von der Verständnislosigkeit der Mitmenschen. Das
beginnt beim „Sich-Zusammenreißen", führt über den kräfti-
gen Teller Linsensuppe, den Spaziergang an Deck zu einem
ordentlichen Schluck Aquavit und endet beim „Einfach-
nicht-daran-Denken".

Jener quälende Krankheitszustand, der sich in tränenden
Augen, laufender Nase, kratzendem Hals, tiefen Depressio-
nen und einem doppelt so dicken Kopf wie normalerweise
manifestiert, wird von den Leuten, die gerade nicht unter
ihm leiden, mit „nur einem Schnupfen" abgetan. Dabei erlebt
jeder, der sich damit quält, das gleiche: die Schnupfen, mit
denen sich andere Leute so anzustellen pflegen, als ob sie
wirklich krank wären und das Recht hätten, mißgelaunt und
schonungsbedürftig zu sein, die sind rein gar nichts, gemessen an dem mißlichen Zustand, in dem man sich selbst befindet. Anstatt auf Anteilnahme und Rücksicht zu treffen, muß
man immer nur die leichtfertige Behauptung hören, gerade
dies und noch viel Schlimmeres hätte der andere auch vor
kurzem erst durchgemacht.

Mit zunehmendem Alter brüsten sich auch viele damit,
den bekannten „Hexenschuß" mehrfach überstanden zu haben. Und obwohl dieser den aufrechten Menschen zwingt,
mit gebeugtem Rücken einherzuschreiten und sich nach Hilfestellung beim Übergang vom Liegen zum Sitzen und vom
Sitzen zum Stehen umzusehen, sehen manche Leute ihn als
ein Leiden an, dem etwas durchaus Alltägliches anhaftet. Da-

bei weiß jeder, den die Hexe gerade einmal angeschossen hat, daß, wenn er vom Sessel hochgezerrt werden muß, alle Witze völlig unangebracht sind und jede Beteuerung, daß dieser Zustand vorübergehend sei, im Augenblick völlig unglaubwürdig ist.

Ein blaues Auge – bei welcher Gelegenheit man es sich auch immer geholt hat – gibt Anlaß zu mancherlei Witzen, in die mit Vorliebe die jeweilige ständige Begleitung einbezogen wird. Und das Gipsbein, das man aus dem Skiurlaub heimbringt, festigt die Überzeugung, daß der Mensch einen ganz hübsch entwickelten Hang zur Schadenfreude hat, der oft jede menschlich schöne Anteilnahme heftig überwuchert. Dabei ist es ja wirklich überhaupt nicht komisch, mit einem blauen Auge oder einem Gipsverband geschlagen zu sein, genausowenig wie man selbst darüber lachen kann, wenn einen als Erwachsener ein verspäteter Ziegenpeter wie einen Hamster aussehen läßt. Aber die anderen werden lachen – darauf kann man sich fest verlassen.

Vielleicht sollte noch jener Krankheitszustand quälendster Art Erwähnung finden, den die mitleid- und verständnislose Umwelt als „Kater" abtut und unter Umständen sogar als gerechte Strafe des Himmels für Unmäßigkeit ansieht. Abgesehen davon, daß es vielleicht eher die verqualmte Luft im Saal, der Kartoffelsalat, die laute Musik und die schlechte Qualität des genossenen Alkohols waren – man sollte doch mehr Verständnis für die leidende Menschheit aufbringen!

*Sie sehen aber elend aus!*

Wenn man nach mehrtägigem oder gar mehrwöchigem Krankenlager sich wieder erhebt und damit gewissermaßen der Öffentlichkeit zurückgeschenkt wird, dann macht sich auch der, der sonst nie über sein Befinden nachdenkt, Gedanken darüber, wie er sich eigentlich fühlt. Merkwürdigerweise fühlt er sich dann nie so wie alle Tage, wo über den Gesundheitszustand gar nicht weiter nachgedacht wird: er fühlt sich entweder matt und elend oder ganz besonders kräftig und zum Bäumeausreißen geneigt.

Der matte Mensch war im Bett vielleicht auch zum Bäumeausreißen geneigt, oder aber er befürchtete, daß sein Betrieb ohne ihn zusammenbrechen würde. Vielleicht machte ihn auch die Fürsorge seiner Umwelt halb wahnsinnig oder – sofern er noch häusliche Autoritäten über sich hat – trieb ihn die Verständnislosigkeit eben dieser Autoritäten für seinen noch arbeits- und schulunfähigen Zustand aus dem Bett. Jedenfalls schleicht er nun elend und traurig und mißlaunig umher, hält sich mühsam aufrecht und kann sich kaum noch vorstellen, wie es eigentlich war, als er noch munter daherlebte. Der kräftige Rekonvaleszent dagegen schreitet gewissermaßen gefedert durch die Welt. Er fühlt sich dem Leben neu geschenkt, die kühle Frühlingsluft weht ihm angenehm um seine Nase, und ein hübsches Gefühl des Stolzes auf

243

seine solide Konstitution erfüllt ihn wohlig. Am liebsten würde er jedem erzählen: „Seht her, welch einen widerstandsfähigen Menschen ihr vor euch habt. Gerade noch lag er schwer danieder und eine Kapazität umstand sein Bett, nun aber ist er wieder voll und ganz da!" (Manchmal erzählt er das übrigens, wenn auch in etwas abgemilderter Form, wirklich jedem, dem er begegnet!)

Wie unterschiedlich auch das Befinden der Rekonvaleszenten sein mag, die Umwelt behandelt sie mit schöner unbestechlicher Gerechtigkeit und Gleichheit. Jedem, der sich vom Krankenbett erhoben hat, wird von fast jedem, der um diesen Umstand weiß, in bedauerndem Ton gesagt: „Sie sehen aber noch recht elend aus!" Dabei spielt es überhaupt keine Rolle, ob der Betreffende wirklich angegriffen aussieht. Wie wir alle wissen, gibt es Menschen, die immer dem blühenden Leben gleichen, wie sterbenskrank sie auch sein mögen. Aber selbst diese bekommen ganz gewiß als Rekonvaleszente das Sprüchlein aufgesagt: „Sie sehen aber elend aus!" Ein Mensch, der krank war, hat eben elend auszusehen! Außerdem ist es eine so anspruchslose Art, Fürsorge und Anteilnahme zu bezeigen.

Manche aber lieben es leidenschaftlich, bedauert zu werden. Ihre Züge werden vor Genugtuung noch angegriffener, wenn man ihre Angegriffenheit feststellt. Sie baden förmlich in der besorgten Anteilnahme anderer und werden zusehends hinfälliger beim Gespräch über ihre angegriffene Konstitution. Andere sehen ihren Wunsch, am liebsten aus diesen und jenen Gründen noch länger im Bett geblieben zu sein, herrlich gerechtfertigt, wenn ihnen ihr elendes Aussehen attestiert wird. Aber die allermeisten haben eine gesunde Abscheu dagegen, elend auszusehen. Zart meinetwegen oder ätherisch oder durchgeistigt – aber elend, nein, das lieber nicht! Das klingt so nach geröteten Augen, spitzer Nase, hohlen Wangen und grauer Gesichtsfarbe, und wer hat das schon gern? Die, die sich wirklich elend fühlen, nicht, weil es sie noch trübsinniger macht und weil sie es ohnehin wissen; und die Munteren, Sich-gesund-Fühlenden nicht, weil sie es nicht glauben wollen und weil es wie eine kalte Dusche über ihr fröhliches Wohlbefinden wirkt. Der andere, der, der seine Teilnahme dadurch kundtun will, daß er voller Mitgefühl konstatiert, wie elend der eben Wiedergenesene aussieht, ahnt kaum, was er seinem Mitmenschen antut. Wenn er wüßte, daß er schätzungsweise der siebzehnte ist, der im Laufe eines Tages das Aussehen mitleidig beanstandet, würde er sicher lieber den Mund halten. Es ist sehr, sehr deprimierend, die gleiche traurige Wahrheit oder Unwahrheit ein dutzendmal hören zu müssen – ja, sogar noch vom Briefträger und der Zeitungsfrau. An unseren allerbesten Tagen, wo wir am allerallerbesten aussehen, kommen wir nie auf siebzehn Menschen, die uns das sagen. Und das könnte man sicherlich ungleich viel besser aushalten.

*Nun werden Sie mal*
*schnell wieder gesund!*

Obgleich man natürlich allen Kranken schnelle und gute Besserung wünscht, trifft es einen doch zuweilen hart, wenn ein Patient allzu rasch gesundet. Dann nämlich, wenn man fest vorhatte und sich auch dazu verpflichtet fühlte, ihn im Krankenhaus zu besuchen. Während man noch dabei ist, die Ausführung dieses Vorhabens vor sich herzuschieben, vernimmt man plötzlich, daß der Patient bereits wieder zu Hause ist und einen auf diese Art tief beschämt hat. Nie mehr wird man die Scharte auswetzen können, daß man zu denen gehört, die ihn drei volle Wochen lang ganz unbesucht im Krankenhaus liegenließen.

Deshalb sollte man auf den alten Aberglauben, daß ein Patient mindestens sechs Wochen lang das Krankenhausbett ziert, wenn der Arzt von drei Wochen spricht, nicht allzu fest bauen, sondern möglichst bald, mit Blumen gewappnet, zur schicklichen Zeit das Krankenhaus betreten. Die Atmosphäre daselbst stimmt einen sanft, milde und schüchtern. Kaum traut man sich, eine vorüberhuschende Gestalt nach Zimmer 276 zu fragen, und der versehentliche Einbruch in die Teeküche, aus der man murmelnde Stimmen bei sonst völlig verödeten Korridoren hört, erscheint einem schon fast als schwerer Frevel. Aber auch in Zimmer 276 angekommen, bleibt zuerst eine gewisse Befangenheit. Man stellt plötzlich fest, daß man mit Menschen, die man sehr gut kennt, regelrecht Konversation treibt, sobald man an ihrem Krankenbette sitzt. „Nein, was machst du denn für Sachen!" ist etwa eine beliebte Redensart, womit man das Gespräch mit dem Kranken beginnen kann. Außerdem findet man ihn auf jeden Fall recht gut aussehend. Der Kranke seinerseits hat zu sagen: „Ach, die schönen Blumen! Daß du noch weißt, daß ich gerade Tulpen (Maiglöckchen, Rosen, Nelken ...) besonders gern habe. Die soll Schwester Annemarie aber gleich in die Vase stellen ..." Schwester Annemarie schwebt heran und erzählt uns prompt, daß „wir" schon fabelhafte Fortschritte gemacht haben, daß „wir" schon auf dem Gang promeniert oder einen Teller mit was weiß ich für guten Sachen ganz aufgegessen haben. Wir versuchen inzwischen, unauffällig unsere Handtasche vom Bett zu nehmen, denn dunkel schwebt uns die Erinnerung vor, daß Krankenschwestern es nicht leiden können, wenn etwas auf den Betten liegt.

Die allgemeine Auffassung verlangt, daß man am Krankenbett von heiteren Dingen plaudern soll, die den Kranken nicht aufregen, sondern nur erfreuen. Und während man bemüht ist, solche Dinge ins Gespräch zu bringen, muß man feststellen, daß der Patient gar keinen rechten Wert auf die Kinder, die Frühlingsblumen und die letzte Kunstausstellung legt. Er will von etwas ganz anderem reden: von seiner Galle oder von seinem Herzen, von seinen Bestrahlungen, Diätkuren und vor allem von seiner Operation. Wenn es hochkommt, macht der normale Nichtmediziner eine Blinddarmoperation im Leben mit. Deshalb stumpft er gegen dieses Ereignis auch nie so ab wie der Mediziner. Ich habe schon an vielen Krankenbetten gesessen und dem spannenden Bericht Blinddarmoperierter gelauscht. Es war nicht eine Operation dabei, bei der der anwesende Professor nicht gesagt hatte:

„Eine Stunde später ..." Schweigen! Und was das zu bedeuten hat, weiß man ja.

So erweitert man seine medizinischen Kenntnisse bei einem Besuch im Krankenhaus ungeheuer, denn der Kranke kennt ja nicht nur seinen eigenen Fall, er erlebt zumindest vom Hörensagen einen Autounfall, zwei Kollapse und die Geburt von Zwillingen. Und dann liegt da ja auch noch im Nebenbett Frau Andresen. Die gute Sitte verlangt, daß man sich mit Frau Andresen bekannt macht und ihr gute Besserung wünscht. Sehr oft erfährt man dabei auch ihre Krankengeschichte. Kommt man öfter in Zimmer 276 zu Besuch, wird man auch den Sohn und die Schwiegertochter von Frau Andresen kennenlernen nebst Foto vom Enkelchen. Man wird ihre kleinen Fortschritte auf dem Wege der Genesung miterleben und sie bewundern, wenn sie eines Tages im Sessel sitzt. Schließlich ist sie nach Hause in ambulante Behandlung entlassen, und nun endlich hat der Patient, den man eigentlich besucht hat, Gelegenheit, einem zu berichten, daß Frau Andresen eine entsetzliche Nervensäge war, sich schrecklich anstellte, in Wirklichkeit kerngesund war und Kirschkerne in der Nachttischschublade abzulegen pflegte.

Es ist ziemlich schwer, den richtigen Moment des Abgangs für einen Besuch im Krankenhaus zu finden. Man weiß nicht recht; ist der Patient froh, wenn mal einer kommt – oder ist er froh, wenn der Besuch wieder geht, so daß er seine Ruhe hat? Von diesen Überlegungen hin und her gerissen, plaudert man sich durch die Viertelstunden, bis die mit einem Tablett beladene Schwester Annemarie erscheint und sagt: „So, nun wollen wir aber heute mal schön Abendbrot essen!"

*Du mußt zu meinem Doktor gehen!*

Noch heute bin ich fest davon überzeugt, daß unser Freund Hermann längst geheilt wäre, hätte er vor einem Jahr unseren Rat befolgt und wäre zu unserem Doktor gegangen. Denn gerade in Bandscheibensachen ist dieser Doktor einfach phänomenal. Leuten, die sich seit Jahren quälen, konnte er helfen, und aus dem In- und Ausland kommen seit fast zehn Jahren die Bandscheibenleidenden geströmt, um sich heilen zu lassen. Aber unser Freund Hermann glaubte leider anderen Leuten, die auch phänomenale Ärzte kennen, zu denen aus allen Teilen der Welt die kompliziertesten Fälle geströmt kommen, und so muß er eben immer noch leiden, und wenn man ihn auf unseren Doktor hinweist, meint er nur müde, er habe langsam genug von Wunderärzten.

Kein Wunder – kaum fühlt man eine einigermaßen gebräuchliche Krankheit, so trifft man lauter Leute, die gerade dieses Leiden entweder selbst oder in ihrer allernächsten Umgebung hatten. „Bandscheiben" etwa gibt es wie Sand am Meer, und es ist sehr tröstlich, wenn man als Leidender andere Leute in der Vergangenheit von ihnen reden hört. Man vergleicht die Symptome und fühlt sich in seinem Leiden nicht mehr so allein und verlassen, da auch die anderen oder ihre Nächsten die gleichen Symptome hatten. Und nur, weil

Dr. A. ihnen Spritzen gegeben hat, Dr. B. sie eingerenkt, Dr. C. ihnen Spezialmassage verordnet und Dr. D. sie zum Turnen gezwungen hat, ist alles wie weggeblasen. Vielleicht hat auch Dr. E. sie auf ein hartes Brett gelegt oder Dr. F. sie operiert – auf jeden Fall schwören alle auf ihren Doktor, der sie nach mancherlei Fehlschlägen bei anderen Ärzten endlich geheilt hat. Wohin – um Himmels willen – soll der Leidende sich wenden, bei so vielen Möglichkeiten, zum falschen oder zum richtigen Doktor zu gehen?

Dies alles bezieht sich selbstverständlich nicht nur auf die Bandscheibe. Magenleiden, einen unstabilen Kreislauf, Rheuma, allerlei Hautleiden und eine empfindliche Galle etwa haben unzählige Menschen. Wie viele, merkt man erst, wenn man selbst von irgendeinem dieser Leiden geplagt wird. Bis dahin völlig gleichgültige Menschen kommen einem auf einmal nahe, wenn man erfährt, daß ihr Magen sich auf die gleiche Weise störend bemerkbar macht wie bei uns selbst. Sprudelwasser ist das reinste Gift, und Gänseleberpastete ist einfach nicht mehr drin. Auch der Kreislauf, das muß man wirklich sagen, verbindet die leidende Menschheit miteinander. Oder berührt es einen etwa nicht warm, wenn man vernimmt, daß ein besonders gut und besonders jung aussehender Mann sich nach dem Aufstehen gar nicht gut und jung fühlt und daß es seine tieferen Gründe hat, wenn er nicht mehr wie früher stundenlang in praller Sonne Tennis spielt? Es sind eben ganz die gleichen Schwindelgefühle ...

Über Rheuma läßt sich natürlich auch viel sagen. Man kann sogar mächtig streiten, weil es immer Leute gibt, die alles besser wissen, weil sie selbst das gleiche haben und deshalb genau diagnostizieren können, daß das, was wir (und unser Arzt) für Rheuma halten, in Wirklichkeit nur Muskelverkrampfungen sind auf Grund seelischer Schwierigkeiten.

Rotlicht, Tabletten, viel Vitamin B und das gute alte Katzenfell, ja, sogar die Roßkastanie in der Tasche – alles läßt sich diskutieren, und die Tatsache, daß die Schmerzen, die junge Leute zuweilen in den Schultern verspüren, auch eine Art von Rheuma sind, das vom Autofahren bei offenen Fenstern kommt, erweitert den Kreis der Beteiligten.

Und erst einmal das Herz! Was gibt es da doch für Möglichkeiten! Als neulich endlich, endlich einmal jene beiden jungen Leute, die man schon öfter nicht ohne Absicht zusammengebracht hatte, in ein lebhaftes Gespräch gerieten, über was sprachen sie da? Über die Neigung ihrer beiden Herzen, mitten in der Nacht in wahrhaft alarmierender Art zu schlagen, und über die besten Mittel zur Behebung dieses beängstigenden Zustandes. Allerdings kam dann doch die Verabredung dabei heraus, daß er mit ihr zu ihrem wahrhaft unvergleichlichen Arzt gehen wollte. Denn gleich neben den Gesprächen über die Leiden kommen die über Ärzte.

Es gibt sehr gute und sehr schlechte, freundliche und grobe, solche, die immer Spritzen geben, und solche, die auf Naturheilkunde schwören. Die einen sagen nie ein aufschlußreiches Wort, und die anderen erklären alles haargenau – und fast jeder Mensch mit irgendeinem Leiden schwört auf irgendeinen Doktor. Das kann sich natürlich mehrfach ändern. Den, bei dem sie aber gerade in Behandlung sind, den empfehlen sie warm, nachdrücklich und überall. Ist es denn nicht fabelhaft, daß endlich jemand herausgefunden hat, daß alles Elend nicht, wie immer angenommen, vom Magen, sondern vom Zwölffingerdarm herrührt, daß die Kopfschmerzen seelisch sind und die Rückenschmerzen von den Füßen kommen? Man muß nur zu dem richtigen Arzt gehen! Manchmal gibt es ganze Gruppen, die sich darin finden, daß sie alle beim gleichen Arzt in Behandlung sind und infolgedessen alle Leinöl essen, in warmem Wasser schwimmen, Sauerstoff inhalieren, Fastenkuren mit trockenen Brötchen machen und auf Brettern schlafen. Das verbindet kolossal gegen die übrige Menschheit!

Und was den Freund Hermann betrifft – so leid er einem tut: Hätte er sich doch nur beraten lassen. Aber von uns!

## Gedanken im Wartezimmer

Einem ungeschriebenen Gesetz zufolge, dessen Ursprung ich noch nicht ergründen konnte, verhält sich das Angebot an Lektüre im Wartezimmer eines Arztes im umgekehrten Verhältnis zu seiner Bedeutung. Schlichter gesagt: Bei einem gewöhnlichen Doktor finden Sie zumeist im Wartezimmer pralle Lesemappen neuesten Datums, Bilderbücher und sonstige Lektüre, wohingegen die Großen der Branche – wenn es hochkommt – uralte Ausgaben einer Wochenzeitschrift, zwei liegengelassene Bände eines Magazins, einen Stapel zerleserner Fachliteratur (aus der Sie sich aussuchen können, welche Krankheit Sie bitte, bitte, auf gar keinen Fall haben möchten) und eventuell noch irgendein Heft stark frommer Prägung anbieten. Manchmal werden Sie auch dem Schönen oder Interessanten nahegebracht, indem der große Herr uralte Jahrgänge einer Kunstzeitschrift oder eines Organs über Jagd- oder Hundesport ausgelegt hat, womit man wohl mit Recht auf sein Hobby schließen kann. Hat man dann öfter auf diesen Professor zu warten, wird man allmählich zum Gebrauchshunde-Experten – allerdings nur bis zum Stand von 1976 –, falls man es nicht vorzieht, etwas Eigenes zum Lesen mitzubringen.

Denn warten muß man fast immer, was auch sicher etwas für sich hat, da der leidende Mensch sogleich von tiefen

Mißtrauen beseelt wird, wenn außer ihm selbst kein weiterer Patient diesen Doktor aufsucht. Und so sitzt man dann und wartet mehr oder weniger geduldig, nachdem man zuerst versucht hat, sich sorgfältig einzuprägen, wer alles vor einem da war. Zu den kleinen Freuden des Lebens gehört es dann, wenn man feststellen kann, daß von diesen „Vorsitzenden" zwei oder gar drei zusammengehören, wohingegen es enttäuschend ist, wenn etwa zwei Kinder nicht nur gar nichts mit der Dame zu tun haben, mit der sie so freundlich plaudern, sondern auch noch selbst zwei ganz verschiedene Patienten darstellen. Kleine Kinder im Wartezimmer können natürlich sehr niedlich sein und die eher graue Atmosphäre etwas aufhellen. Aber nachdem sie die vorhandenen Schriften in rasender Eile durchgeblättert haben (nur bei dem Bild eines Mannes mit einer medizinisch sehr interessanten Mißbildung beider Ohren und dem abgewetzten Büchlein „Kleiner Bär sucht Arbeit" verweilen sie etwas länger) und alle etwaigen Anzeichen von Krankheiten und Verletzungen bei den Mitwartenden ungeniert und gründlich betrachtet haben, verfallen sie meist in einen Zustand gequälter Langeweile, der ihre unliebenswürdigsten Seiten zum Vorschein bringt. Auch die Erwachsenen werden von Viertelstunde zu Viertelstunde nicht frohgemuter. Nicht nur, daß sie Zeit genug haben, über ihre Leiden nachzugrübeln (was besonders quälend sein kann, wenn man noch nicht weiß, was man hat), sie überlegen auch, was sie alles nicht mehr schaffen werden, da sie ja annahmen, wenn sie zu Viertel nach zehn bestellt worden sind, könnten sie um halb zwölf wieder zu Hause sein. Und dann sieht man noch, daß andere Leute nach einem intensiven Tuscheln mit der Sprechstundenhilfe in einen anderen Raum geleitet werden. Was geht hier vor? Bevorzugung? Sonderbehandlung von Privatpatienten? Oder kom-

254

men die betreffenden nur zur Bestrahlung oder um ein Rezept zu holen?

Auch die Innenarchitektur der Wartezimmer hat meist nichts Ermunterndes. Betrachtet man die Möbel, so hört man im Geist die unbekannte Doktorsgattin sagen: „Nierentische und diese kleinen Sessel hat jetzt kein Mensch mehr, die können doch ins Wartezimmer, und die Blumenkrippe von deiner Mutter auch, da haben doch die Patienten immer was Grünes!" Und so kommt es dann wohl zu jenen Blattgewächsen, die immer ein bißchen aussehen wie die Reklamebilder von Blumendünger „vor dem Gebrauch".

Die Bilder an den Wänden unterscheiden sich stark, obwohl gewisse Arten häufiger vorkommen: eine Ansicht der Stadt, in der der Doktor studiert hat oder Assistenzarzt war oder wohin er eine seiner ersten großen Reisen gemacht hat, in einer Maltechnik, die heute keiner mehr schätzt, Aquarelle von Blumen und Vögeln, kernige Wandsprüche, van Goghs Sonnenblumen oder „Die Schöpfung" von Michelangelo. Lobend seien hier aber auch die Ärzte erwähnt – sie sind gar nicht so selten –, die sich bemühen, ihren Patienten moderne Kunst vor Augen zu hängen.

Am wenigsten trist geht es übrigens in den Wartezimmern der Frauenärzte zu, wo naturgemäß die meisten Patientinnen gar nicht krank sind – im Gegenteil. Hier wird auch am meisten geredet – man kennt sich aus den Gymnastikstunden – und gestrickt. An den Wänden hängen Fotos von Musterbabys und nur hier – für den Fall, daß es etwas länger dauert – findet sich an gut sichtbarer Stelle ein gewisser Schlüssel.

# DER KUNDE IST KÖNIG – ABER DIE MONARCHIE IST ABGESCHAFFT

*Man kann es ja mal probieren!*

Als neulich meine kleine Tochter tränenüberströmt und in ohnmächtigem Zorn von der Straße hereingestürzt kam, weil ihr Busenfreund sie zweimal in den Matsch geschubst hatte, richtete sich schließlich ihr Grimm gegen mich, die ich mich doch an diesem Vorfall ganz unschuldig wähnte. Der Freund nämlich, so argumentierte sie unter Schluchzen, sei nur deshalb so groß und stark, weil ihm seine Mami immer morgens XYZ-Haferflocken koche, dagegen könne ein Mensch, der diese Haferflocken (aus dem Fernsehen wohlbekannt) nie bekäme, natürlich nicht an. Tatsächlich wurden die Haferflocken gekauft, gekocht und verzehrt – drei Tage lang. Als dann ein Versuch fehlschlug, den Busenfreund zu verhauen, war die Enttäuschung ungeheuer. Übrig blieb ein Paket XYZ-Haferflocken und ein sich betrogen fühlendes Opfer der Werbung.

Ich selbst falle natürlich schon lange nicht mehr auf Reklame herein. Schon in früher Jugend hat ein mühsam erspartes Töpfchen Creme mein gläubiges Vertrauen in die schönen Versprechungen der Werbung ins Wanken gebracht. Ein Mädchen mit Pickeln wurde binnen kürzester Frist zum Schwarm aller Jünglinge, weil sie eben jene Creme zehn Tage lang benutzte. Bei mir aber war im Verhalten der

Jünglinge kein rechter Unterschied zu bemerken, als das Töpfchen verbraucht war. Ähnlich enttäuscht wurden meine Freundinnen: Weder erzielte der unter dem Slogan „Warum kein Mauerblümchen mehr?" angepriesene Büstenhalter nennenswerte Erfolge, noch dezimierten die garantiert gertenschlank machenden Bonbons („Eine Zeitlang nannte er sie nur noch ‚Trudel‘, jetzt sagt er wieder ‚Gerte‘ zu ihr...") sichtbarlich den Babyspeck. Also – aus ist es schon lange mit dem Kinderglauben. Aber – schließlich ist man ja ein moderner Mensch und als solcher immer bestrebt, auf der Höhe der Zeit zu sein. Wenn also die moderne Forschung nach jahrzehntelangem Forschen herausfindet, daß es der moderne Wirkstoff ABC mit dem Zusatz DFG ist, der das Haar so seidig, die Wäsche so weiß, das Zahnfleisch so kräftig und das Spülwasser so angenehm macht, so will man doch schließlich auch am Fortschritt teilhaben und geht hin und ersteht das mit dem Wirkstoff nebst Zusatz angepriesene Produkt. Natürlich durch die Werbung angepriesen – und schon hat sie uns wieder, die verpönte Reklame.

Manchmal ist man ja wirklich so begeistert, daß man am liebsten zu im Hintergrund ertönender Sphärenmusik ein Loblied auf den neuen Wirkstoff singen möchte, aber mindestens genauso oft bleiben Haare, Wäsche, Zähne und spülende Arbeitshände genauso wie immer. Auf Reklame fällt man natürlich nicht herein, aber da alle Waschmittel so unwahrscheinlich strahlend und noch weißer als weiß waschen, nimmt man gewöhnlich das, dessen Namen man am meisten im Ohr hat, sofern man nicht von einem bastelnden Hausgenossen die Besorgung eines ganz bestimmten Behälters aufgetragen bekommen hat. Ähnlich geht es einem mit Margarine und Puddingpulver. Und wenn man auch über Sprüche wie „das völlig neue Nudelgefühl" lacht – warum soll man nicht schließlich doch einmal eben diese Nudeln mit dem hohen Frischeigehalt ausprobieren?

Nicht immer fällt das Ausprobieren positiv aus: Das neue Fußbodenpflegemittel etwa schafft durchaus nicht bei einmaligem leichtem Überwischen jene glänzend reinen Bahnen, die uns die Reklame versprochen hat. Die angebrannten Töpfe bleiben eine Plage. Auf den Teppichen gehen auch mit dem sensationellen Teppichreiniger die Flecken entweder gar nicht heraus, oder aber wir schaffen strahlend helle Bezirke, die nicht mehr mit dem übrigen Teppich harmonieren. Mit dem neuen Lack gelingt es uns, trotz aller gegenteiligen Versprechungen, auch noch Haar, Hände und Hosen zu beschmieren. Und der Hund läßt mit hochmütigem Schnauzerümpfen das Futter stehen, für das er angeblich von meilenweit her mit freudigem Gebell angerast kommen soll.

Und dabei sind wir doch die ganze Zeit über recht skeptisch gewesen. Versprechungen wie „Für immer frei von lästigen Haaren" oder „Je nach Wunsch Straffung und Vollentwicklung der Büste" haben wir erst gar keine Beachtung geschenkt. Die Vorstellung, unseren Mann durch Verwendung eines neuen Bratfettes, Kuchenmehls oder Puddingpulvers mit ewigen Banden an uns zu ketten, wie es uns versprochen wird, erscheint uns ziemlich absurd, und an die neue, kinderleicht herzustellende Heimdauerwelle haben wir uns gar nicht erst herangetraut. Aber – Hand aufs Herz – für die Einflüsterungen der Cremetöpfchenwerbung werden wir immer ein wenig anfällig bleiben, und die auf Zeitungen, Plakaten und Bildschirm so herrlich dampfenden Tassen Kaffee, die mit Genuß verspeisten Suppen, die verlockenden Bonbons und Pralinen, vor allem aber die von soignierten oder höchst flotten Personen getrunkenen Alkoholika können einen Menschen schon schwach werden lassen. Und sei es auch nur, daß er Küche, Keller oder Kommodenschubladen inspiziert, ob er nicht doch irgend etwas Ähnliches wie das gerade Gezeigte im Hause hat.

## Einkauf in guter Gesellschaft

Manche gehen am liebsten allein einkaufen, was gewiß vieles für sich hat: Man läuft nicht Gefahr, den Gefährten oder die Gefährtin zu ermüden; man gerät nur unter den eigenen Zeitdruck; man braucht sich nicht wegen seiner Entschlußlosigkeit zu genieren, und man wird nicht durch die Stimme der Vernunft von seinen kühnen Anschaffungen abgehalten, bei denen man sowieso schon bis an die Grenze des eigenen Wagemuts geht. Andere wiederum trauen sich nicht, auch nur ein Paar Hauspantoffeln allein zu kaufen, geschweige denn ein Kleid oder einen Mantel: Sie brauchen dringend eine Begleitperson. Ich will hier nicht von jenen Begleitpersonen sprechen, die vor allem zum Zwecke der Finanzierung mitgenommen werden, sondern von den anderen, die aus Nettigkeit, aus Langeweile, aus Gründen eigener Marktforschung, aus Neugierde oder aus welchen Gründen auch immer uns bei Einkäufen auf dem Modesektor begleiten und beraten.

Nicht alle haben wir dabei gern an unserer Seite. Junge Mädchen werden häufig von ihren Müttern an der vollen Entfaltung ihrer originären Persönlichkeit gehindert oder zum Kauf von guter Garderobe überredet, die sie eigentlich gar nicht mögen. Töchter dagegen neigen vielfach dazu, ihre Mütter vor allem seriös kleiden zu wollen, und bemühen sich, ihnen mit mehr oder weniger Takt klarzumachen, daß dies oder jenes doch wohl „nicht mehr" das Richtige ist. Oder aber sie neigen zum anderen Extrem und suchen mit Bieneneifer gewissermaßen nur solche Sachen aus, die sie selbst gern tragen würden. Aber die Probleme entstehen nicht nur durch verwandtschaftliche Bindungen, auch charakterliche Verschiedenheiten können Mißstimmungen verursachen. Da zieht man beispielsweise mit der zweitbesten Freundin aus, um für die nächste Reise in den Süden ein schickes baumwollenes Waschkleid zu kaufen, und findet einen Traum in Baumwollvoile, der wie angegossen sitzt und einem noch dazu vorzüglich steht – was durchaus nicht immer identisch ist. Und dann entdeckt die Begleitung, eine besonders vernünftige und praktische Person, daß der Traum schlampig genäht ist, daß ein Schildchen im Innern ihn als Kandidaten für die chemische Reinigung ausweist, die er auf Grund seiner unpraktischen Farbe sicher öfter aufsuchen muß, und daß er eigentlich auch reichlich viel Geld kostet. So etwas kann einem ganz schön die Begeisterung nehmen, ja, es kann einen sogar auf ein anderes Gewand umleiten, das zwar allen Anforderungen gerecht wird, aber einen nicht halb so glücklich macht.

Andere Begleiterinnen reden einem mit großer Überzeugungskraft zu, wobei es manchmal schwierig ist, genau zu unterscheiden, ob sie wirklich der Ansicht sind, jetzt habe man die bestsitzende graue Hose der ganzen Innenstadt an, oder ob sie nur, von der vielstündigen Marktforschung auf dem Sektor der grauen Hosen total erschöpft, auf jeden Fall zu einem Ende kommen wollen. Nichts ermüdet nach allgemeiner Erfahrung so sehr wie das Beim-Anprobieren-Dabeistehen – es sei denn das Anprobieren selbst. Natürlich ist das Zureden aus ehrlichem Herzen die allernützlichste Aufgabe der Begleitung, denn oft bedarf es einer gewissen seelischen Unterstützung vor allem bei in dieser oder jener Richtung extravaganten Anschaffungen. Es ist sehr hilfreich, wenn einem eindringlich klargemacht wird, daß man es ewig bereuen wird, wenn man diesen hinreißenden Rock, der zwar ein bißchen teuer und ein bißchen empfindlich und eigentlich nicht genau das ist, was man kaufen wollte, nicht ersteht. Und auch die Versicherung, daß man dieses Rot durchaus nicht zu scheuen braucht, kann Hemmungen hinwegräumen.

Mit Hemmungen, die man gegenüber manchen allzu tüchtigen oder allzu eindrucksvollen Verkäuferinnen zuweilen hat, wird man in Begleitung natürlich auch besser fertig. Es ist sehr nützlich, wenn noch ein zweiter Mensch versichert, daß die Jacke, trotz allen Zurechtzupfens, von hinten gesehen schlecht sitzt und daß das gestreifte Kleid ein ausgesprochener Dickmacher ist.

Eisernes Stehvermögen aber muß man haben, wenn Verkäuferinnen und Begleitung sich miteinander verbünden und einen von etwas überzeugen wollen, das man im innersten Herzen ganz und gar nicht will. Ich habe da so ein Kleid im Schrank hängen ...

## Wie der Kundendienst
## dem Kunden dient

Und dann", so sprach der Verkäufer und strahlte dabei so vielversprechend, als mache er mir ein fürstliches Geschenk, „... und dann haben Sie ja auch noch unseren vorzüglichen Kundendienst!" Wenn man auch im Laufe der Jahre den naiven Glauben daran verloren hat, daß dieser Dienst am Kunden irgendeine Art von geschenkter Zusatzvergünstigung sei, so ist es doch gut zu wissen, an wen man sich zu wenden hat, wenn das total unverwüstliche Modell doch einmal zu kränkeln anfängt.

Tatsächlich besteht die Waschmaschine eines Tages auf ihrem Streikrecht, der Kühlschrank schließt nicht mehr, die Geschirrspülmaschine näßt ein, und der Herd verursacht regelmäßig einen Kurzschluß – kurzum, aus diesem oder jenem Grund ist der Kundendienst fällig. Man ruft also an und bekommt zumeist eine zwar des Telefonierens kundige, aber technisch nicht allzu versierte Dame an den Draht. Trotzdem möchte sie alles ganz genau wissen. Wenn man es gut trifft, bekommt man daraufhin einen nicht allzu fernen Termin. Wenn man noch einmal geradezu unwahrscheinliches Glück hat, rückt zu genau diesem Termin auch der Kundendienst in Gestalt eines oder mehrerer kundiger Herren an. (Es kann aber auch passieren, daß man zu diesem Zeitpunkt ganz vergeblich das Haus hütet, Möbel aus dem Wege geräumt und Geräte geleert und bereitgestellt hat.)

Die kundigen Herren pflegen zunächst nach dem Patienten zu fragen, wobei offenbar wird, daß man alle Erklärungen am Telefon offenbar vergeblich gegeben hat: Man muß alles wieder von Anbeginn an berichten. Manchmal passiert es allerdings, daß der Schaden gar kein Schaden, sondern eher eine Blamage ist: Bei der Tiefkühltruhe ist lediglich der Stecker aus dem Kontakt gezogen, das Sieb der Geschirrspülmaschine bedarf nur einer Reinigung, oder der Heizöltank ist einfach leer. Kurzum, wenn die Angelegenheit weder Stundenlohn noch Wegegeld kosten würde, wäre sie einfach lächerlich.

Hin und wieder ist auch der echte Schaden schnell und leicht behoben. In den meisten Fällen aber hat man das Pech, daß gerade das benötigte Ersatzteil nicht vorhanden ist, daß es zunächst bestellt und daß es erst nach Tagen oder gar Wochen herbeigeschafft werden kann. Es gibt auch Defekte, die einem geradezu ein Abonnement auf den Kundendienst verschaffen können: z. B. wenn sich herausstellt, daß es sich um einen total anderen Schaden handelt als den, an den man zuerst dachte. Es muß also ein ganz anderes Ersatzteil als das von den Herren mitgebrachte her. Oder es muß in mehrtägigen Versuchen der günstigste Standort ausprobiert werden. Bis man schließlich gemeinsam zur Erkenntnis kommt, daß es doch wohl keinen Zweck hat, weiter herumzuflicken, da ein neuer Motor sicher das beste wäre. Sollte man übrigens irgend etwas Neues bestellt oder eingebaut haben, das sich zunächst als unwirksam erweist, so kann man ganz sicher sein, daß dies die Herren Kontrolleure in den allermeisten Fällen nicht weiter stört. Im Gegenteil, sie fordern einen liebenswürdig auf, ihnen geradezu dankbar zu sein, weil dies neue Teil – wenn auch nicht jetzt, so doch aber in einiger Zeit – sowieso unbedingt notwendig gewesen wäre.

Manchmal allerdings sehen sie gleich von Anfang an unsere Maschine kopfschüttelnd an, nennen sie ein nicht nur veraltetes, sondern auch fehlkonstruiertes Modell und schlagen kurz und bündig eine Neuanschaffung vor, die sicher weniger kostenaufwendig wäre als ein langwieriger Kundendienst.

Menschlich gesehen gibt es Kundendienstleute der verschiedensten Arten: freundliche und grantige, solche, die Überschwemmungen und Schmutz hinterlassen, und solche, die um Besen und Wischlappen bitten, Tüftler, die mit brennendem Interesse nach dem Schaden forschen, und solche, die nicht so recht überzeugend wirken. Und dann natürlich gibt es zuweilen auch geradezu Engel unter ihnen, die nämlich, die sogar bereit sind, branchenfremde Arbeiten auszuführen, als da sind: Haken einzugipsen, Wasserhähne zur Räson zu bringen, Lampen aufzuhängen und Puppenbeine zu kleben. Das sind die großartigen, aber leider recht seltenen Augenblicke, in denen man sich als Kunde wirklich wie ein König vorkommt...

## Wie halten Sie's
## mit dem Trinkgeld?

Das Ganze ist eine höchst komplizierte Angelegenheit. Es fängt schon bei der Bezeichnung an: Wieso eigentlich „Trinkgeld"? Wollte etwa der Oberkellner eines feudalen Restaurants das, was er unter dieser Bezeichnung einnimmt, in der Tat vertrinken, würde er aus dem Vollrausch nicht mehr herauskommen und selbst auch bei Verzicht auf billige Sorten sein tägliches Pensum kaum schaffen; und auch die hübsche Friseuse, die uns in ihrer Eigenschaft als Auszubildende den Kopf wäscht, macht nicht den Eindruck, als würde sie nach Dienstschluß größere Umsätze in der Getränkebranche verursachen. Dies ist nicht unser Problem. Unser Problem lautet: wann, ob und wieviel? Das bringt bis auf wenige Leute von unerschütterlicher Weltgewandtheit alle immer wieder ins Schleudern.

Zu der Frage „wann?" gibt es in all den Fällen, wo man es über längere Zeit mit Trinkgeldempfängern zu tun hat, die Meinung, man solle sich gleich am ersten Tag oder zur Halbzeit einen besseren Service erkaufen. Als ich mir nach dieser Regel auf einer Schiffsreise die Gunst eines ungeheuer muffigen Stewards zu verschaffen suchte, wurde dieser wegen mannigfaltiger Beschwerden am zweiten Tag woandershin versetzt, sehr zum Schaden unseres Reise-Etats. Andererseits leuchtet der Gedanke ein, daß sich ein großzügiges

Trinkgeld am Ende eines längeren Aufenthaltes nicht rückwirkend durch besonders zuvorkommende Bedienung rentieren kann.

Die Frage „ob?" ist auch nicht immer zufriedenstellend zu klären. Manchmal ist man ganz und gar nicht sicher, ob nicht lediglich ein dankbarer Händedruck angebracht sei. Im allgemeinen gibt man dem Unternehmer nichts – weswegen es immer billiger ist, vom Meister selbst bedient zu werden. Aber wie verhält man sich, wenn der Tankstellenbesitzer seine langjährige Mitarbeiterin ehelicht, die bisher immer etwas bekommen hat? In manchen Ländern übrigens ist es nicht angebracht, Trinkgelder zu geben. Man muß es dort dem Dienstleistungsgewerbe geradezu aufdrängen. Wenn man keinen Ortskundigen fragen kann, ist nur schwer herauszufinden, ob die Betreffenden sehr beleidigt sind, wenn man ihnen etwas gibt, oder ob sie sehr enttäuscht sind, wenn man ihnen nichts aufdrängt. Und während japanische Taxifahrer darauf bestehen, auf Heller und Pfennig herauszugeben, neigen ihre New Yorker Kollegen dazu, einen kaum aussteigen zu lassen, wenn man nicht willens ist, auf den Fahrpreis noch ganz hübsch zuzuzahlen. In den Schlössern und Museen kann man davon ausgehen, daß im allgemeinen die Qualität der Führung im umgekehrten Verhältnis zur Erwartung eines Trinkgeldes steht: Jene biederen Menschen, die seit Jahrzehnten den gleichen Text herunterleiern, rechnen fest damit. Etwas undurchsichtig ist die Sache in den Kirchen: Häufig ist man gar nicht sicher, ob man fürs eigene Seelenheil, für die Erhaltung des Gebäudes, für die Armen etwas spendet oder für das leibliche Wohl des Herrn, der uns das Licht in der Krypta eingeschaltet hat.

Für die Höhe der Zuwendung existieren keine Richtlinien, an die man sich zuverlässig halten könnte. Man weiß nur, daß generell kleinliche Leute zuwenig und Angeber zuviel geben. Nur von Ölscheichs erwarten die wirklich feinen Oberkellner etwa Supertrinkgelder.

Angeblich respektieren sie die mehr, die eine angemessene Summe, als die, die überreichlich geben. Aber was ist nun wirklich angemessen? Vor allem junge Leute tun sich da oft entsetzlich schwer, besonders wenn sie jemanden dabeihaben, dem sie für ihr Leben gern imponieren wollen. So reißt das, was sie einem Herrn zukommen lassen, der oft viel mehr verdient als sie selbst, eine empfindliche Lücke in ihren Etat. Und dabei hat man sie noch nicht einmal so ganz besonders zuvorkommend bedient. Übrigens wird man gleich bei der Ankunft in einem fremden Land mit der Problematik konfrontiert: Was gibt man für's Gepäcktragen? Ahnungslos und mit der Währung nicht vertraut, kann es geschehen, daß man eine ganze Familie eine Woche lang ernährt. Es kann aber auch passieren, daß die schönen großen Münzen, die man so großzügig überreichte, im ganzen sieben und einen halben Pfennig wert waren.

Mit der Dankbarkeit ist es auch so eine Sache. Wie sagte der Berliner Taxifahrer auf die Bemerkung: „Danke schön sagt man wohl hier auch nicht mehr?" – „Manche tun's, manche tun's nicht!"

271

*Haben Sie schon mal mit Erfolg reklamiert?*

Meine allererste Reklamation war ein Fehlschlag. Von mühsam erarbeiteten Groschen – ich hatte Millionen Raupen von Stachelbeerbüschen abgesammelt – konnte ich mir einen Herzenswunsch erfüllen, den die Erwachsenen aus geschmacklichen Gründen ablehnten: ein herzbeklemmend süßes, ganz kleines Babypüppchen im rosa Körbchen mit winzigem Fläschchen und Schnullerchen, das man in das eigens hierfür geöffnete Mündchen stecken konnte. Voller Seligkeit packte ich das Baby zu Hause aus (sowohl Bettdecke als auch Kopfkissen, Schnuller und Fläschchen waren angenäht), und zu meinem Entsetzen entdeckte ich, daß ein Beinchen lose im Bett lag und auch das andere bedenklich an einem zu langen Gummi schlotterte. Das Herz voll Kummer und Empörung trabte ich zurück in den Laden, wo mir die vorher sehr freundliche stramme Blondine nun sehr unfreundlich klarmachte, daß ich erstens das Baby selbst zerstört hätte, daß ich zweitens für den Preis keine Handarbeit verlangen könnte und daß sie drittens etwas Besseres zu tun hätte, als sich mit solchen Lappalien aufzuhalten. Von meinen heißen Tränen gerührt, hat dann daheim ein lieber Onkel die Beinchen befestigt, aber zwei unschöne Gummibandknötchen an den Außenseiten der sonst makellosen niedlichen Oberschenkel blieben bestehen ...

272

Erst neulich habe ich, zugegebenermaßen als Gelegenheitskauf, einen Pullover erstanden. Der war nach der ersten Wäsche mindestens zwei Nummern kürzer, dafür aber um genausoviel breiter geworden. Im Geschäft bekam ich nahezu die gleichen Argumente wie damals zu hören – nur das dritte Argument blieb aus, wohl weil die Verkäufer kein kleines Mädchen vor sich hatten.

Ganz offensichtlich muß es furchtbar schwierig sein, einzugestehen, daß es Waren gibt, die wirklich Mängel haben. Der eine Mangel verliert sich beim Tragen, der andere liegt am Stoff, der dritte ist in diesem Material immer vorhanden, den vierten sieht man kaum oder nur beim scharfen Hingukken (was nie einer tun wird), der fünfte geht garantiert bei der ersten Wäsche heraus, der sechste befindet sich in etwas, was die Geschäftsleitung verbietet zurückzutauschen, und den siebten, achten und neunten bildet man sich nur ein. Man ist wirklich völlig verblüfft, wenn einer Reklamation, wie es so schön heißt, „anstandslos" stattgegeben wird. Im allgemeinen ist es geradezu rührend anzusehen, wie Verkäufer und Verkäuferinnen um das Ansehen ihres Hauses zunächst einmal kämpfen, bis hinunter zu einem nicht funktionierenden Bleistiftspitzer. Übrigens bekommt man nach der allgemeinen Erfahrung angeschimmeltes Brot am problemlosesten ersetzt – wieso, weiß ich auch nicht.

Die Position des reklamierenden Kunden, die rechtlich einwandfrei, in der Praxis aber eher wackelig ist, erhält eine unerhörte Rückenstärkung durch die Garantie. Doch das verbriefte Recht auf eine Waschmaschine mit funktionierendem Weichspülmittelzugeber bringt einem noch nicht automatisch den Mann ins Haus, der die Weichspülmittelzugabe, die streikt, zum Funktionieren bringt. Man hat zu telefonieren, vergeblich zu warten, erneute Enttäuschungen zu verkraften, wieder zu telefonieren und unter Umständen dem Widerwillen des Monteurs gegen unsere Maschine mit dem offensichtlich eingebauten Defekt Verständnis entgegenzubringen. Kampferprobte Menschen mit eisernem Durchstehvermögen erreichen nach monatelangen Reklamationen, vielleicht sogar unter Einsatz eines Rechtsanwaltes, die Lieferung einer neuen Waschmaschine; weniger willensstarke Naturen entschließen sich nach mehreren Monteurbesuchen zum Eingießen des Weichspülers im Handbetrieb.

Ähnlich kann es einem mit dem funkelnagelneuen Auto aus einer offensichtlichen Montagsfertigung gehen. Es hat einen Defekt oder auch nur ein verdächtiges Geräusch, dem augenscheinlich nur schwer oder gar nicht beizukommen ist. Man wird zum ungern gesehenen Stammkunden der Werkstatt, wobei es noch erschwerend wirkt, daß dort die sonst nie funktionierende Tür plötzlich einwandfrei zu öffnen und zu schließen ist und das häßliche Geräusch eine seiner Pausen macht. Obwohl alle Autofachleute unter den Freunden einen bestärken, neigen die Werkstätten dazu, einen als Hypochonder einzustufen.

Übrigens möchte ich einmal wissen, wie viele Leute, denen in blumigen Anzeigen „bei Nichterfolg Geld zurück" versprochen wird, tatsächlich die Einhaltung geradezu atemberaubender Versprechungen reklamieren.

## Kundin bei einem Haar-Stylisten

In diesem Sommer erschienen Ameisen in der Küche des Ferienhauses, das ein Freund von uns günstig erstanden hatte. Sie erschienen in geschlossener Formation und liefen auf einer deutlich sichtbaren Bahn zwischen Kuchen und Brot (auf der Anrichte), Likör (auf der Fensterbank) und Butter und Marmelade (auf dem Küchenschrank) geschäftig hin und her. Ameisenmittel vertrieben sie nur tageweise, so daß man schließlich auf einen jener Herren angewiesen war, die früher den zutreffenden Namen Kammerjäger führten. Es war gar nicht so einfach, einen solchen zu finden, was nicht zuletzt daran lag, daß der eine unter der Berufsbezeichnung „Entwesungsspezialist" und der andere gar unter „Institut für Raumhygiene" arbeitete. Sie reihten sich damit würdig in die Gruppe jener Herrschaften ein, die unter sehr gewählten Bezeichnungen uralte Berufe betreiben. Daß ein Schneider oder eine Schneiderin als „Couturier" einen „Salon der Haute Couture" führt, gibt es schon lange, und manchmal ist es ja auch wirklich Haute Couture. Auch den „Frisiersalon" gab es schon zu Großmutters Zeiten, obwohl man unter einem „Salon" ganz sicher etwas anderes versteht als einen Raum mit vielen Haarwaschbecken und Trockenhauben. Jetzt aber gibt es auch noch den „Salon der Figur", worunter man sich einen Raum mit Turn- und Massagegeräten vorzustellen hat, und den „Salon de Beauté", in dem gewöhnlich eine Kosmetikerin am Werke ist, die seit neuestem häufig unter dem Titel „Visagistin" arbeitet, was genaugenommen eine nicht ganz zutreffende Bezeichnung ist. Aber allzu genau sollte man es ja auch nicht nehmen.

Es ist noch gar nicht so lange her, da lächelte man über die damals ganz neue Bezeichnung „Raumpflegerin" anstatt der alten „Putzfrau". Inzwischen ist die „Raumpflegerin" ganz selbstverständlich geworden, und man hat auch längst gelernt, daß kein Lehrling mehr „Lehrling" genannt werden darf, sondern unter dem Titel „Auszubildender" geführt wird, was sicher nicht besonders hübsch und zudem noch sehr passiv klingt. Hat der Auszubildende seine Ausbildung beendet, so nennt er sich häufig nicht mehr beispielsweise „Friseur", sondern er heißt jetzt „Coiffeur" oder, was noch viel feiner ist, „Haar-Stylist". Oder er ist nicht Klempner, sondern der Leiter eines „Sanitär-Studios".

Studios gibt es überhaupt wie Sand am Meer. Natürlich arbeitet der Haar-Stylist in einem „Haar-Studio", Platten, Radios, Stereoanlagen und Tonbänder ersteht man in einem „Musikstudio", und Möbel kauft man natürlich im „Studio für Raumgestaltung", falls man es nicht vorzieht, den „Internationalen Möbelmarkt" zwecks Einkaufs eines Küchenstuhls aufzusuchen. Selbstverständlich gibt es ein Tapetenstudio, ein Küchenstudio und ein Krawattenstudio, und wenn ich auch bisher vergeblich nach einem „Studio für Fleisch- und Wurstwaren" Ausschau gehalten habe, so gibt es doch immerhin ein „Hosenstudio". Aber Hosen sind nicht auf das Studio beschränkt, man bekommt sie auch in der „Hosen-Galerie" oder im „Jeansshup", wo man bei letzterem auf das falsch aussehende „U" zu achten hat, was dem Geschäft den richtigen feschen Anstrich gibt. Und wenn man im

„Jeansshup" immer noch nicht die gewünschten, edelverwaschenen Jeans in der richtigen, zu engen Größe gefunden hat, kann man noch ins „Jeans-Center" vorstoßen, um da sein Glück zu versuchen. „Center" gibt es natürlich auch eine ganze Menge. Alles für den Garten, fürs Hobby, für die Füße – man findet es im entsprechenden Center. Genaugenommen sind dies alles natürlich Läden, winzig kleine oder ganz große; Läden jedoch gibt es eigentlich nur noch im Zusammenhang mit Kindern. Neulich dagegen las ich in einer kleinen Stadt wunderschön an eine Wand gemalt: „Lebensmittel-Geschäft". Da fiel mir erst einmal so richtig auf, daß wir immer „Laden" oder „Geschäft" sagen, daß diese Bezeichnungen aber nie angeschrieben werden. Genauso wie – Hand aufs Herz – eigentlich immer jeder noch „Putzfrau" und „Friseur" sagt.

In einem uralten, streng moralischen Buch, das ich irgendwo fand, fing der geschäftliche, moralische und familiäre Niedergang eines jungen Schneiders damit an, daß er das ehrwürdige Schild „Schneidermeister", das schon sein Vater hatte machen lassen, durch eins mit der eleganteren Aufschrift „Kleidermacher" ersetzte. Dies, so meinte man damals, mußte ja schiefgehen! Gut, daß sich seitdem die Zeiten ein bißchen geändert haben.

## Auf in den Schlußverkauf!

Wie jeder weiß, ist der Sommerschlußverkauf nicht nur für alle Geschäfte eine ideale Gelegenheit, das Lager zu räumen, damit nicht etwa die Stammkundinnen auch im nächsten halben Jahr ständig ein fröhliches Wiedersehen mit dem teuren, zartlila Ladenhüter aus Paris feiern können, sondern auch eine ebenso ideale Gelegenheit für die Kundinnen zu sparen. Der zartlila Pariser Ladenhüter etwa wird blutenden Herzens um ganze hundertzwanzig Mark herabgesetzt, so daß die Kundinnen hier die einmalige Möglichkeit erhalten, glatt einhundertzwanzig Mark zu sparen – zugegebenermaßen eine reizvolle Möglichkeit, die man zum mindesten überlegen sollte. Und wenn man dann noch an die herrliche Qualität des Stoffes und das Schildchen der bekannten Haute-Couture-Firma denkt, so vergißt man unter Umständen, daß man eigentlich in den Ausverkauf gezogen war, um angestaubte Bettwäsche zu ergattern.

Viele Frauen ziehen wegen angestaubter Bettwäsche, herabgesetzten Küchenhandtüchern, Einmaligen-Gelegenheits-Burschenunterhosen und saisonbedingter Kinderwintermäntel aus, und zuweilen kehren sie auch wirklich mit diesen nützlichen Dingen beladen heim. Es verleiht einem ein erhebendes Gefühl von Wohlstand und Hausfrauentugend,

wenn man im Wäscheschrank den vom Zahn der Zeit an-
genagten Stapel Bettbezüge mit günstig erstandenen Neu-
zugängen ein wenig aufstocken kann, und es tut einem wohl,
wenn man die nicht mehr recht repräsentativen Staubtücher
aus dem Verkehr zieht und durch funkelnagelneue Sonderangebote ersetzt. Auch die Hemden des Sohnes, bei denen
man großzügig seit längerer Zeit übersehen hatte, daß sie,
genaugenommen, nicht allzu weit über den Bauchnabel
reichten, werden nun ausrangiert und durch längere, preis-
brechende Hochleistungen ersetzt. Nicht, als ob man nicht
längst dem armen Kinde hätte Unterwäsche kaufen können –
aber es bedurfte offenbar des Anstoßes von einer Mark und
fünfundzwanzig Ersparnis pro Hemd.

Für manche Frauen ist der Ausverkauf eine Art sportlicher
Veranstaltung, ein Wettrennen mit gleichgesinnten Damen,
bei dem man vorher noch gar nicht recht weiß, um welchen
Preis es geht. Nur das eine weiß man ganz sicher: man wird
alles tun, um den Konkurrentinnen diesen Preis abzujagen.
Aus diesem edlen Kampfgeist heraus entstehen dann die satt-
sam bekannten Szenen, wo zwei wackere Streiterinnen eine
herabgesetzte Pelzmütze zwischen sich hin- und herzerren.
In den Augen böswilliger Kritiker der Weiblichkeit ist allerdings die Anzahl so kampffroher Naturen viel größer als in
Wirklichkeit. Im allgemeinen geht alles ziemlich friedlich zu,
denn im Grunde genommen ist es doch viel zu genant, sich
wie eine reißende Bestie aufzuführen.

Übrigens lassen manche Geschäfte ihre Stammkunden
schon tagelang vor dem Beginn des Ausverkaufs nach Her-
zenslust in Ruhe herumwühlen. Das wird natürlich wie ein
tiefes Geheimnis behandelt, das man sorgsam in seinem
Busen verwahren soll und das man niemandem verrät. Man
schleicht sich gewissermaßen in den Laden und sieht

dann erstaunt eine Unmenge anderer Damen, die sich an den Tischen nur so drängen und auch unter dem Schleier des gleichen Geheimnisses schon einmal aussuchen dürfen, um die Perlen herauszufischen, ehe die Menge, die nicht die Ehre hat, als Stammkunden angesehen zu werden, hereinbricht.

Wenn auch der Ausverkauf die große Zeit des praktischen, sparsamen Denkens ist – oder doch sein sollte –, so machen einem leider die Dinge den größten Spaß, die man auch günstig ergatterte, die aber nicht so unbedingten Nutzwert haben: ein Paar niedliche goldene Sandaletten, farbige Strümpfe, ein feuerrotes Seidenkissen und ein Stück von einer hinreißenden Seide, das für eine Bluse zuviel und für ein Kleid zuwenig ist, aber genau die Farben hat, die man besonders gern trägt. Man kommt auch zu Anschaffungen, deren Notwendigkeit man noch nicht so recht eingesehen hatte, mit denen man aber schon lange liebäugelte: der Nutzwert eines Kaminrockes etwa mag umstritten sein, ganz sicher aber ist es sehr nützlich, beim Kauf eines herrlich molligen Exemplars mindestens fünfundzwanzig Mark einzusparen. Ähnlich kann es mit einem Kamelhaarblazer, einer Batisttischdecke und einem Paar hoher Stiefel gehen. Leider aber darf auch nicht verschwiegen werden, daß man sich zuweilen hinreißen läßt, Dinge zu erstehen, die dann zu Hause sich als glatter Mißgriff erweisen. Der Anorak für die kleine Tochter hätte ihr vielleicht im vergangenen Winter gepaßt, während der Rock für die Große nur so schlottert. Der preisgünstige Pullover kratzt abscheulich, der grüne Schirm, der genau das gleiche Grün wie die grünen Schuhe haben sollte, beißt sich auf das niederträchtigste mit ihnen, und die Bluse sitzt am Halse nicht. Hier zeigt sich nun der wahre Pferdefuß des Ausverkaufs: getauscht werden darf nicht! Und so sitzt man oft da vor gänzlich überflüssigen Schätzen.

Freundlich und optimistisch hingegen berührt der Name an sich. „Winterschlußverkauf" – und das gerade in den allerkältesten Tagen, wo noch sehr viele andere kalte Tage vor uns liegen! Wie tröstlich das klingt: „Winterschluß", wenn einen die Bindfäden der erstandenen Päckchen und Packen in die klammen Finger schneiden.

## „Der Küchenmeister
empfiehlt heute …"

Will man sein Essen einmal nicht vom heimischen Herd
oder von befreundeten oder bekannten Herden einnehmen, so begibt man sich in ein Restaurant und bestellt es
sich dort. Dies hört sich ganz einfach an, aber da man sich
mit der Wahl auch die Qual einhandelt, ist die Sache natürlich doch nicht so einfach. Wahrhaft verwickelt und uner-
hört kompliziert wird sie aber erst, wenn sich eine Gruppe
von Leuten zu gemeinsamem Mahl zusammensetzt. Zunächst bekommt man die Speisekarten – wenn man Glück
hat für jeden eine. Da sehr oft Leute zusammenkommen, die
sich nicht gerade an jedem Tag zu treffen pflegen, gibt's so
viel mitzuteilen, daß sich zunächst einmal nur ein Teil der
Versammelten – zumeist die Hungrigsten – mit der nötigen
Sammlung der Lektür widmet. Die andern erinnern fatal an
eine Schulklasse, die sich – anstatt sich mit der Beantwortung
einer Lehrerfrage zu beschäftigen – Privatunterhaltungen
verschiedenster Art widmet. Übrigens fehlt zumeist auch der
Lehrer in Gestalt eines fürsorglichen Menschen nicht, der
die anderen ermahnt, doch erst die Auswahl zu treffen und
dann die Frage zu klären, ob Walther Viktoria oder Viktoria
Walther durchgebrannt ist. Leute mit angeborener Autorität
ergreifen sogar das Wort und konstatieren: „Ich denke, am
besten nehmen wir …" oder: „Zuerst sollten wir alle …"

282

Wenn man diese autoritären Worte dahingehend deuten kann, daß der Sprecher alle anderen einlädt, dann haben derartige Vorschläge eine gewaltige Überzeugungskraft, und die Bestellung geht reibungslos über die Bühne.

Falls jeder seine eigene Wahl zu treffen hat, ist genaues Studium der Speisekarte unerläßlich, es sei denn, man beauftragt damit einen erprobten Mitmenschen oder schließt sich blindlings einer auch sonst geschätzten Persönlichkeit an. Auch Taktfragen können eine Rolle spielen, wenn man nicht genau weiß, wie hoch man einsteigen kann oder ob es sich aus gewissen Überlegungen heraus verbietet, ein knoblauchhaltiges Gericht zu bestellen, ehe man weiß, ob ein bestimmter anderer aus der Tischrunde dies auch tut.

Wenn nun alle zu Entschlüssen gekommen sind, soll man aber ja nicht annehmen, nun könne eine reibungslose Bestellung aufgegeben werden! Zunächst kommt noch eine entscheidende Klippe: Man fragt die anderen, was sie sich ausgesucht haben. Und immer wieder kommt dann der Ausruf: „Wo steht denn das, das hab' ich noch gar nicht gefunden!" Es gibt eben stets noch versteckte Möglichkeiten unter „Spezialitäten des Hauses" oder „Der Küchenmeister empfiehlt heute", oder der Betreffende hat einfach eine Seite der Speisekarte überschlagen. Vielleicht hat er auch alles gelesen, aber dies oder jenes erscheint jetzt erst, wo ein anderer es bestellen will, so richtig begehrenswert. Man muß also umdisponieren, was zumeist auch einen Wechsel von Suppe oder Vorgericht nach sich zieht. Und wenn dabei aus einem Zwei-Personen-Gericht einer ausschert, ergeben sich unabsehbare Umbauten.

Der gezückte Bleistift des Oberkellners sollte dann eigentlich allen Überlegungen ein Ende setzen. Zuweilen aber ergibt sich jetzt erst die richtige Verwirrung, etwa wenn ein

Gast nicht begreifen kann, daß in vier bestellten Lady Curzons seine schon enthalten ist, wenn einer jedesmal, sobald ein anderer Ente à l'Orange bestellt, dazwischenruft, er wolle seine Ente ohne Orange, nur mit Natursauce, oder wenn jemand stereotyp während der Bestellung von Suppen wissen will, ob die Forellen aus der Tiefkühltruhe stammen. (Nebenbei bemerkt gibt es natürlich nie Forellen aus Tiefkühltruhen.)

Auch manch mannhafter Entschluß, auf Suppe oder Vorgericht zu verzichten, wird im Laufe der Bestellung umgestoßen, so daß die Anzahl der angeforderten Ladies immer mysteriöser wird. Energische Leute verlangen schließlich, daß jeder Anwärter auf eine solche Suppe oder auf das Heringsfilet nach Art des Hauses seinen Finger hebt. Aber selbst diese Zählung gerät ins Wanken, wenn, wie es nur allzu häufig passiert, eifrige Damen darauf bestehen: „Und für meinen Mann auch eine …" Diese Damen stiften überhaupt mancherlei Verwirrung, indem sie in rührender Sorge um ihre Mitmenschen deren Bestellung noch einmal dringlich wiederholen oder durch die Frage: „Wolltest du nicht eigentlich …?" die Übersicht erschweren. Ganz zu schweigen von den Unentschlossenen, die nun zum allerletzten Mal ihre Entschlüsse ändern. Natürlich kann es auch sein, daß durch die traurige Meldung, statt der gewünschten fünf halben Wildenten befänden sich nur noch vier im Hause, neue Planungen nötig sind. (Natürlich wollen zunächst alle edel verzichten.) Ich glaube, mancher Oberkellner kann, wenn er die Bestellung von zwölf gemeinsam speisenden Leuten richtig notiert hat, auf eine vergleichbare Leistung wie die eines Schachmeisters zurückblicken, besonders, wenn es sich um eine etwa durch Martinis und Wiedersehensfreude fröhlich gestimmte Runde handelt.

Werden dann die Speisen schließlich vollständig und richtig serviert, ist dennoch mancher im tiefsten Inneren unzufrieden: Man hätte doch lieber das bestellen sollen, was einer der anderen gebracht kriegt!

Allerlei Zeitgenossen

*Ich habe mich wohl ein bißchen verspätet ...*

Wer viel mit Königen zu tun hat, weiß, daß in diesem Beruf vor allem auf Höflichkeit gesehen wird. Ein gelernter König, Kaiser oder sonstiger Potentat läßt seine Leute nicht warten. Das hat gute Gründe, unter anderem den, daß die Leute sowieso schon des Wartens müde sind, selbst wenn der König pünktlich kommt. Nach guter alter Tradition werden nämlich die kleinen Mädchen mit Blumen, die Jungen mit Fähnchen, die Abgeordneten der Vereine, die Feuerwehrkapelle und nicht zuletzt das Militär etwa zwei bis drei Stunden vorher ohne Rücksicht auf die Unbilden der Witterung aufgebaut. Es ist übrigens in dieser Beziehung ganz gleich, ob es sich um wirkliche Majestäten oder um Präsidenten, Kanzler und andere bedeutende Menschen handelt: für alle Fälle wird der gewöhnliche Sterbliche mit seinem Fähnchen um Stunden vorher in Positur gestellt. Auf der ganzen Welt übrigens.

Im Umgang mit weniger majestätischen Persönlichkeiten nimmt man es nicht so genau. Enttäuschend ist nur, wenn die es dann auch nicht so genau nehmen und etwas tun, was den Königen nicht gestattet ist, nämlich höchst unpünktlich zu erscheinen. Manchmal stört es einen weniger, dann nämlich, wenn man noch mit fliegendem Atem durch seine Wohnung rast, Kissen aufschüttelt, Aschenbecher entleert, Zeitungen

289

wegräumt und Salzstangen und Süßigkeiten malerisch an allen möglichen Stellen im Raume aufbaut. In diesem Falle darf sich der Gast verspäten. Erbitternd aber wirkt es, wenn das liebevoll angerichtete Abendessen das Warten gar nicht vertragen kann und langsam offenkundige Verfallserscheinungen aufweist.

Vor allem hat man in den meisten Fällen dann auch noch die saure Pflicht, den verspäteten, sich entschuldigenden Gästen zu beteuern, daß sie sich wegen ihrer kleinen Unpünktlichkeit wirklich keine Gedanken zu machen brauchten. Natürlich hätten sie sich doch Gedanken machen sollen. Aber rechtzeitig.

Es gibt Menschen, die sind chronisch unpünktlich. Meist sind es übrigens ganz besonders nette Menschen. Weniger netten, die nur mit einer ganz alltäglichen Menge von Charme ausgestattet sind, bekommt nämlich dauernde Unpünktlichkeit mit der Zeit gar nicht gut, so daß das Leben sie ihnen allmählich ziemlich rauh abschleift. Aber die sehr Netten bringen es fertig, die dümmsten Entschuldigungen so strahlend vorzubringen, daß der angesichts trockner Schnitzel und zusammengesunkener Nockerln aufgeloderte Grimm dahinschwindet und man sich ehrlich freut, sie überhaupt zu sehen. Das ist sehr ungerecht und verzieht natürlich die sehr charmanten Menschen zu wahren Ausbünden an Unpünktlichkeit. Die Verehrer besonders hübscher und begehrter Mädchen können ein Lied hierüber singen. Unter Normaluhren, vor Cafés, Kinos und auf Parkbänken haben sie manch schöne Zeit, um viele Strophen über dies Thema zu dichten. Wer kennt es nicht, dies zermürbende Warten, wo man dazu noch dauernde Auseinandersetzungen mit seinem eigenen Stolz durchzukämpfen hat, ob man wirklich noch weiter warten darf. Man setzt dem geliebten, aber unpünktlichen Wesen konsequent ein Ultimatum; aber da man ja schließlich nicht stur sein will, ist man geneigt, dieses Ultimatum vor Ablauf der Frist noch einmal zu verlängern – und noch einmal, genau wie in der hohen Politik. Schließlich kommt es und hat nicht die geringste Ahnung von den harten diplomatischen Verhandlungen, die man soeben mit ihm geführt hat, sondern sagt, wenn es hoch kommt, lediglich: „Ich glaube, es ist ein bißchen spät geworden …" Nicht ganz so hinreißende Mädchen sind übrigens pünktlicher, was auf die Dauer auch sein Gutes hat. Aber ganz pünktlich sind sie auch nicht, da es seit eh und je in den Kreisen junger Damen als untilgbare Schande gilt, als erste zum Rendezvous einzutreffen. Deswegen kommt man lieber ein ganz klein wenig zu spät. Nebenbei bemerkt: erst wenn man es nicht mehr als Prestigefrage betrachtet, wer auf den andern warten muß, dann ist man richtig glücklich und sicher verliebt. Außer ungeduldigen Mitmenschen, die es sich zudem noch leisten können, gibt es eine Menge Institutionen, die auch auf Unpünktlichkeit überhaupt keine Rücksicht nehmen: die Eisenbahn etwa, die Omnibusgesellschaften, das Theater und der berühmte Sonnenaufgang im Gebirge. Allerdings ist es manchen Menschen gegeben, eine gehörige Portion an Verspätung durch größere oder kleinere Spurts aufzuholen. Bei vielen ist der Weg zum Bahnhof oder zur Haltestelle bis ins hohe Alter die einzige Gelegenheit, um noch Leichtathletik zu betreiben. Ja, es gibt Menschen, denen es trotz aller Mühen einfach nicht beschieden ist, je in normalem Schritt einen Zug zu erreichen. Aber es gibt auch die, die bereits zwei Stunden vor Abgang des Zuges, angetan mit Mantel und Hut und ausgerüstet mit Schirm und Koffer, auf der Bettkante sitzen und warten – und seltsamerweise sind auch sie eine harte Prüfung für ihre Mitmenschen.

*Wenn ich Ihnen einen guten Rat geben darf ...?*

Da hat man sich harmlos und unerfahren zwei Jahre lang am Blühen und Früchtetragen eines zufällig mit der Wohnung gemieteten Apfelbaumes erfreut, und plötzlich kommt ein Nachbar oder sonst ein apfelbaumkundiger Mensch hereingeschneit und gibt einem lauter gute Ratschläge, wie man den Baum beschneiden, spritzen, kälken, mit Leimringen versehen und mit Baumscheiben umgeben soll. Natürlich, der Baum hat zwar ohne das alles bisher wundervolle Äpfel getragen, die auch nicht mehr Würmer hatten als die von anderen Bäumen, aber das war lediglich das unbegreifliche Glück der Dummen, und es ist sehr wenig wahrscheinlich, daß dieses Glück anhält. Schreckliche Dinge werden innerhalb kürzester Zeit mit dem Apfelbaum bei so mangelnder Pflege geschehen! In der menschlichen Natur liegt es begründet, daß man nun zwar nicht sofort zu Taten schreitet und je nach Jahreszeit den Baum kalkt, spritzt, beschneidet und so weiter oder nach einem Mann fahndet, der das übernimmt; man wird wahrscheinlich in den guten Vorsätzen steckenbleiben; aber die wahre Freude an dem Baum ist dahin; nie wieder wird man ihn mit ungetrübter Freude betrachten, sondern immer bei seinem Anblick denken, daß er eigentlich ganz dringend irgendeiner mühsamen Behandlung bedürfe.

Der Apfelbaumkundige hat nicht die geringste Ahnung, was er da angerichtet hat, genausowenig wie jener Mensch, der einer stolzen Mutter rät, mit ihrem schielenden Baby diesen oder jenen Arzt aufzusuchen. Die Gute hatte nämlich bis dahin steif und fest geglaubt, man sähe den kleinen Silberblick eigentlich gar nicht. Auch soll man lieber nicht unaufgefordert raten, die zerschlissenen Sofalehnenecken mit Leder zu reparieren und den glänzenden Anzug mit – ich weiß nicht mehr recht was – zu behandeln. Verschleiß und Glanz sind nämlich so allmählich gekommen, daß sie den Besitzern eigentlich kaum auffallen. Und der in diesen guten Ratschlägen deutlich enthaltene Hinweis auf die Unvollkommenheit von Sofa und Anzug verstimmt empfindliche Gemüter.

Es ist also durchaus nicht so, daß gute Ratschläge immer gern gehört würden. Manche Menschen sind geradezu allergisch dagegen. Sie wollen weder wissen, daß sie mit ihrem Husten den Arzt aufsuchen sollten, noch hören, daß man ihnen ein Käsekuchenrezept verraten könne, mit dem der Käsekuchen besser geriete. Sie sind auch gar nicht dankbar dafür, wenn man ihnen mitteilt, daß die Flecke auf dem Teppich ganz bestimmt herausgingen, versuche man es nur einmal mit diesem oder jenem Mittel, und daß die Fenster einen noch schöneren Glanz bekämen, füge man dem Fensterputzwasser einige Tropfen Spiritus bei.

Übrigens sind Frauen für solche Ratschläge am allerwenigsten dankbar, wenn sie ihnen in Gegenwart ihrer Männer erteilt werden. Jeder dieser freundlichen Ratschläge enthält nämlich einen großen Teil Kritik, und Bitternis wallt in der Frau auf, wenn ihr Mann plötzlich nach Wochen versonnen mit einem Blick auf ein putzbedürftiges Fenster sagt: „Frau Z. meinte doch neulich, wenn man dem

Wasser etwas Spiritus beifüge ...", oder wenn urplötzlich der Schnupfen des Söhnchens mit den Worten kommentiert wird: „Frau Z. meinte doch schon gestern oder vorgestern, er müßte eine wärmere Hose anziehen!"

Andere Leute beraten einen auf das ausführlichste für den Fall einer Katastrophe. Auch das wird nicht immer gern gehört. Wenn man einem jungen Ehepaar, das gerade mühsam einen Baukostenzuschuß für eine reizende Wohnung zusammengespart und bezahlt hat, erklärt, wie man am wirkungsvollsten gegen betrügerische Bauunternehmer vor Gericht vorgehe, macht man sich nicht unbedingt beliebt, genausowenig wie bei der Mutter, der man die wirkungsvollste Methode für die Bekämpfung von Lungenentzündung klarmacht, wenn ihr Kind hustet. Was Kinder und Krankheiten betrifft, wird man überhaupt am weitaus üppigsten beraten. Jeder war mal krank, und jeder kennt irgendein Kind, das ein besonders gutes oder aber auch schlechtes Beispiel abgibt. Eine Großtante von mir beispielsweise begründete ihre höchst sichere Vorstellung von Kinderpsychologie auf dem Beispiel eines kleinen Frevlers, der mit Hilfe einer Stecknadel vor vielen Jahren auf ihre nahezu neue Nähmaschine Männchen gekratzt hatte. Seitdem hatte sie nie wieder ein Kind in ihre Nähe gelassen. Trotzdem oder gerade deshalb waren ihre Vorstellungen, wie man aus Kindern edle Geschöpfe macht, sehr feststehend und wurden Müttern von nicht vollkommenen edlen Geschöpfen genauestens klargemacht.

Ich vergaß ganz zu erwähnen, daß manche gute Ratschläge wirklich gut und brauchbar sind, und manchmal befolgt man sie sogar mit höchst günstigem Resultat. Häufig jedoch ist man so erbittert, wenn sie einem unversehens verabfolgt werden, daß einen keine Macht der Welt dazu bringen kann, sie zu befolgen. So habe ich zum Beispiel eine unüberwindliche Abneigung gegen ein paar Tropfen Spiritus ...

*Von Schwarzsehern umgeben ...*

Neulich geschah uns wieder einmal das sich nahezu jedes Jahr wiederholende Unglück: Unser Papagei erhob sich in die Lüfte und nahm auf einem himmelhohen Baum in der Nachbarschaft Platz. In einem solchen Fall bleibt einem nicht viel anderes übrig, als zu rufen, mit der Käfigtür zu klappern, Apfelsinen zu schwenken und mit genüßlichen Lauten ein Leberwurstbrot zu verzehren, von dem man weiß, daß er dies allen anderen Speisen vorzieht. Natürlich ist dies für die Nachbarschaft ein interessanter Vorgang. Man bekommt gute Ratschläge, einen Wellensittich nebst Käfig als (leider unbeachteten) Lockvogel und einen richtigen Feldstecher. Immer aber kommen auch Menschen, die, nachdem sie die Szene studiert haben, nicht umhin können zu äußern: „Den kriegen Sie nie wieder!" Nun sind zwar die Zeiten, in denen mindestens eines unserer Kinder daraufhin in Tränen ausbrach, inzwischen vorbei, aber ärgern tut's einen noch immer, zumal man ja wirklich nicht weiß ... Aber diesen Leuten verschafft es offensichtlich eine ungeheure Befriedigung, Unkenrufe auszustoßen.

Die gleichen Leute können einem auch so richtig Mut machen, wenn man völlig entsetzt feststellen muß, daß man ein Paket in der U-Bahn oder ein Paar funkelnagelneue Handschuhe in der Telefonzelle hat liegenlassen. Sie erklären einem sofort, wie schlecht die Menschheit heutzutage im allgemeinen und in U-Bahnen und Telefonzellen im besonderen ist, und können dies durch überzeugende Beispiele belegen. Und sollte einmal Ihr Gepäck nicht gleichzeitig mit Ihnen auf irgendeinem Flughafen oder in irgendeinem Hotel ankommen, so können Sie sich heilig darauf verlassen, daß Sie auf jemanden stoßen, der Ihnen versichert, daß Sie erstens Ihre schönen Sachen nie wiedersehen und zweitens nur einen Bruchteil des Wertes ersetzt bekommen, daß aber, wenn Sie doch alles wiederbekommen, dies erst nach Wochen geschieht, da solches Gepäck erfahrungsgemäß statt nach Düsseldorf nach Anchorage oder Nairobi reist, und die Brüder dort kennt man ja!

Beredtes Entsetzen prägt sich auch unübersehbar auf den Zügen der Mitmenschen aus, wenn wir uns ohnehin schon große Sorgen machen: Der Arzt verlangt eine gründliche Untersuchung, ein uns nahestehender Autofahrer ist bereits seit drei Stunden überfällig, oder das Dach des Hauses hat beim letzten Unwetter Regen durchgelassen – kurzum, eigentlich könnte man ein wenig Trost gebrauchen. Statt dessen erfährt man im düstersten Unkenton, dies hätte gewiß etwas zu bedeuten! Aber es kann auch ganz deutlich kommen. Als vor nunmehr neunzig Jahren meine älteste Tante das Licht der Welt erblickte, äußerte die Hebamme dem jungen Vater gegenüber: „Die kriegen Sie nicht groß!"

Doch auch bei weniger wichtigen und beängstigenden Anlässen sind die ewigen Schwarzseher nicht unbedingt angebracht. Was hilft es einem, von einem Mitreisenden zu erfahren, daß man den Anschlußzug wahrscheinlich verpaßt und daß es am Urlaubsort immer regnet? Wozu nützt es zu hören, daß man mit der neu angeschafften Katze nur Ärger haben wird und daß der im Sonderangebot erstandene Braten mit Sicherheit zäh sein wird, daß die Äpfel vom kleinen neuen Apfelbaum erfahrungsgemäß vorzeitig abfallen und der Stoff des wunderschönen neuen Kleides sich schlecht tragen wird? Manche Unheilverkünder neigen übrigens auch dazu, sich nicht klar auszudrücken, sondern nur mit verdüsterter Miene den Kopf zu schütteln. Dies ist besonders deprimierend, ob dies nun der Zahnarzt tut, der Mann, der das Mofa reparieren soll, der Heizungsmonteur oder der Lehrer, der nach der Chance gefragt wird, keinen blauen Brief zu bekommen. Und das düstere Kopfschütteln mancher lieben Gäste anläßlich einer Hochzeit hat schon seit eh und je für bittere Tropfen in den Freudenkelchen gesorgt.

Abschließend möchte ich übrigens mitteilen, daß unser Papagei seit Tagen heimgekehrt ist und ein trockenes Heim wohl zu schätzen weiß. Und daß die Tante demnächst neunzig wird, sagte ich ja schon.

*Und dabei war es doch nur gut gemeint!*

Es gibt so richtig gute Menschen, die ohne Rücksicht auf ihre eigene Bequemlichkeit überall dort helfend eingreifen, wo sie es für notwendig halten. Es ist nur leider manchmal so, daß sie es auch dort für notwendig halten, wo dies eigentlich eher als bedrückend oder belastend empfunden wird. Da kann es etwa einer Frau, die nach einem anstrengenden Tag nichts weiter wünscht, als in Ruhe gelassen zu werden, passieren, daß sie, plötzlich in Decken gehüllt, auf ein Sofa gebettet und mit Tabletten versorgt wird, während sie aus den anliegenden Gemächern hört, wie man ihre Familie auf die Suche nach Kamillentee und nach einer Wärmflasche scheucht. Es ist alles so schrecklich gut gemeint, kann einen aber bis zu Tränen reizen. Dies löst dann unweigerlich einen neuen Ansporn zu weiteren ungefragten Hilfeleistungen aus. Erwartet eine Frau ein Baby, kann diese Art von Helfenwollen zu einer der echten Schwangerschaftsplagen werden: Auf die nervenaufreibendste Art wird sie zu bequemen Sesseln geleitet, werden ihr Tabletts und Einkaufsnetze aus den Händen gerissen, und das Rücken eines Stuhles wird ihr mit einem vorwurfsvollen Aufschrei untersagt. Und wenn sich dann noch ein lieber Mensch einstellt und helfend im Haushalt herumfuhrwerkt – nicht ohne Reformen vorzuschlagen – und ihr stündlich sagt, wie mitgenommen sie aussähe, dann kann sie fast ihre Großmütter verstehen, die einen „interessanten" Zustand so lange wie möglich geheimhielten. Doch auch bei Krankheiten greifen die richtig guten Menschen ein: Ehe man's sich versieht, wird einem ein Termin bei dem Arzt in Heidelberg oder Essen besorgt, der einer Bekannten in einem ähnlichen Fall so gut geholfen hat, bekommt man einen Inhalationsapparat ins Haus geschickt oder einen Kniewärmer aus Angorawolle.

Ins Haus geschickt werden kann einem so allerlei von den hilfreichen Leuten. Ich bekam sogar einmal eine wunderschöne Ladung Pferdemist direkt vom Erzeuger, weil ich unvorsichtigerweise geäußert habe, dies wäre wohl das beste für die Rosen – aber schwer erhältlich. Man muß sich überhaupt in Gegenwart solcher Leute, die immer das Beste ihrer Umwelt im Auge haben, in acht nehmen. Alles mögliche, was man so daherredet, löst unter Umständen eine Hilfsaktion aus. Eine Gymnastiklehrerin meldet sich, die Zeit hat, ein Dekorateur will unser (allerdings etwas schadhaft gewordenes) Sofa neu beziehen, und eine fröhliche Stimme erklärt am Telefon, sie hätte gehört, man wolle auch gern Aquarellmalen lernen. Einem Spirituosenvertreter, dem man offensichtlich weisgemacht hatte, wir hätten ein ganz dringendes Bedürfnis nach größeren Mengen seiner Produkte (wir hatten sie anscheinend zu begeistert gelobt), war sehr schwer klarzumachen, daß dies durchaus nicht der Fall war. Und der Halbwüchsige, der kam, um unseren Hund zu dressieren, mußte enttäuscht über die ausbleibende Nebeneinnahme wieder abziehen.

Dies alles ist noch vergleichsweise harmlos. Wenn aber die hilfreichen Menschen in unser Schicksal eingreifen wollen, indem sie etwa einflußreiche Bekannte für uns mobilisieren, kann dies verheerende Folgen haben. Wenn die liebe gute

Tante etwa auf ihren Tischherrn einredet, er möge doch ja die Bewerbung ihres Neffen unterstützen, da der Ärmste bisher im Berufsleben vom Unglück verfolgt gewesen sei, so kann dies eigentlich nur böse enden; genau wie der Hinweis, daß der Mann der besten Freundin eigentlich mehr verdienen müsse, da die Ärmste seit drei Jahren den gleichen Wintermantel trüge. Aber selbst bei diplomatischerem Einsatz kann allein die Tatsache, daß eine Tante beziehungsweise ein Onkel der Frau oder Freunde der Eltern in Aktion treten, der Sache nicht dienlich sein. Wer glaubt schon, daß man Tante, Onkel oder Freundin nicht selbst dazu animiert hat!?

Zu ganz großer Form mit den Folgen eines Kahlschlags aber können die guten und lieben Menschen auflaufen, wenn sie anfangen, Schicksal zu spielen. Ob sie in den Kampf ziehen, um eine Ehe zu retten („Ich spreche mal mit Ihrem Mann ein ernstes Wort ...") oder zu stiften, ob sie die Zukunft junger Leute oder das Testament des Großvaters regeln, fast immer ist der gute Wille schöner als das Resultat. Hüten wir uns also!

## So ein Bart!

Vielleicht erinnert sich der eine oder andere Angehörige meiner Generation noch an ein Spiel, das „Biber" hieß und darin bestand, daß man stets und ständig nach Männern mit Bärten Ausschau hielt. Wer angesichts eines solchen zuerst „Biber!" sagte, bekam nach einem festgelegten System Punkte zugeteilt. Und wer zuerst hundert Punkte beisammen hatte, war Sieger. Um die jeweilige Anzahl der Punkte wurde hart verhandelt. So war beispielsweise ein Biber mit Glatze und Schnurrbart mehr wert als ein „Einfachbiber", und Traumzahlen konnte man buchen für einen schlipsdeckenden, doppelspitzigen Biber auf Fahrrad. Rückblickend läßt dies schöne Spiel darauf schließen, daß zu jener Zeit ein Herr mit Bart Seltenheitswert besaß und von einem leichten Hauch von Komik umgeben war. Außerdem handelte es sich fast ausschließlich um alte Herren, denn die gleichfalls sehr hoch bewerteten schwarzen, braunen und blonden Biber traf man eigentlich nur sehr selten und wenn, dann bei Pennbrüdern an. Wenig später änderte sich das dann, als auch U-Boot-Kapitäne mit Bärten einherkamen, was einen zum erstenmal auf die Idee kommen ließ, daß unsere Großväter doch wohl nicht von allen guten Geistern des guten Geschmacks verlassen waren, als sie sich

Bärte stehen ließen. Mein Großvater beispielsweise trug einen, und ich pflegte als Kind mit großem Interesse zuzusehen, wie er sein Exemplar (kurzer Viereckbiber mit spitzenlosem Schnurrbart) mit besonderen Kämmen und Bürsten sorgfältig frisierte.

Später allerdings huldigte man ganz allgemein dem Glauben, daß ein Herr, der nicht zu den Greisen zu rechnen und dennoch ein Bartträger war, irgend etwas zu verbergen hätte: sei es ein fliehendes Kinn, eine häßliche Oberlippe oder eine Narbe, sei es ein zu kindliches Aussehen oder mangelndes Selbstbewußtsein oder irgendeinen anderen Tick. Natürlich wurde ein Schnurrbart immer wesentlich milder beurteilt als ein richtiger „Fußsack", den man zum allermindesten für den Ausdruck einer exzentrischen Gemütsart hielt, allerdings auch für das Zeichen einer gewissen Intellektualität, da abgesehen von Großvätern, Alm-Öhis und Kräutermännlein es vor allem Maler, Dichter, Redakteure und Professoren waren, die Bart trugen.

Aber dann setzte sich besonders bei jungen Leuten der Gedanke durch, die verhaßte Gesellschaft dadurch strafen zu können, daß man sich nicht nur schlecht, sondern überhaupt nicht mehr rasierte. Man trug einen Bart nicht mehr aus Geschmacksgründen, aus Eitelkeit oder aus ästhetischem Bedürfnis, sondern aus Protest gegen eine Welt, die man nicht mochte. Und genau wie man zu Kaiser Wilhelms Zeiten am „Es ist erreicht"-Schnurrbart eine bestimmte Gesinnung ablesen konnte, kann man heute ganz sichergehen, daß man Vertreter einer ganz anderen Gesinnung kaum ohne Bart antreffen wird. So weit – so gut. Nur kann man leider sehr oft gar nicht übersehen, daß noch längst nicht jedem, der mit der bestehenden Gesellschaft nicht einverstanden ist, auch ein Bart steht. Und da man auch offenbar die herrschenden Zustände nicht genug bekämpft, wenn man, wie weiland mein Großvater, seinen Bart sorgfältig pflegt, begegnet man oft einer Fülle von nicht besonders kleidsamen Zottelbärten. Übrigens hat man jetzt auch Gelegenheit zu beobachten, daß bei völligem Wildwuchs dem einen ein üppiger Rauschebart und dem anderen nur ein dürftiges Ziegenbärtchen sprießt. Der eine hat richtige Wellen, der andere eher Seegras, und bei dem dritten unterscheidet sich der Bart deutlich in der Farbe vom Haupthaar. Bei zunehmendem Alter und zunehmender Integration in die Gesellschaft fallen die Bärte dann entweder ganz dem Rasierapparat zum Opfer, schrumpfen zum Schnurrbart ein oder verwandeln sich in gestutzte und gepflegte, gleichsam zivile Exemplare.

Das Verhältnis des weiblichen Geschlechts zum Bart ist sicher nicht mehr so eindeutig festzulegen wie zu Urgroßvaters Zeiten, als es noch hieß: „Ein Kuß ohne Schnurrbart ist wie eine Rose ohne Duft!" Aber es gibt ganz sicher eine Menge junger Mädchen, die es ungeheuer attraktiv finden, wenn ein junger Mann wie Johannes der Täufer oder Rasputin daherkommt. In vielen Fällen kann auch wirklich ein eher unbedeutendes Gesicht etwas Dämonisches oder Extravagantes durch einen Bart bekommen. Auch ein reiferer Herr mit gepflegtem Intellektuellen- oder Trutz-Blanke-Hans-Bart kann sehr viel überzeugende Männlichkeit höchst verführerisch ausstrahlen. Andererseits fällt ein hoher Prozentsatz der Bärte schließlich doch als Opfergabe auf Grund weiblicher Wünsche und Bedingungen. Nur gibt es ganz gewiß nahezu kaum einen Mann, der gewillt ist, seinen Bart einer Mutter, Großmutter oder Tante zuliebe zu opfern. Da muß dann schon jemand aus einer anderen Generation kommen, und man sollte von vornherein auf nutzlose Attacken verzichten.

Nebenbei bemerkt gehört es zu den Ungerechtigkeiten dieser vorwiegend immer noch von Männern eingerichteten Welt, daß jemand mit einem frei flatternden, doppelspitzigen Langschalbiber vielerorts ohne weiteres ins Schwimmbadwasser springen darf, während eine gepflegte weibliche Kurzhaarfönfrisur badekappenpflichtig ist.

# Die Welt wird verbessert

Daß die Welt, so wie sie ist, nicht ganz in Ordnung ist, wissen wir eigentlich alle. Und wenn wir glücklich veranlagte Naturen sind, finden wir uns mit dieser Tatsache irgendwie und irgendwann einmal ab, nachdem man vor allem als sehr junger Mensch in der Regel gedacht hat, vieles ließe sich mit einigem Mut und einiger Initiative leicht zum Besseren wenden. Manche – und das sollte man ruhig bewundern – verlieren ihren Eifer auf dem Gebiet der Weltverbesserung bis ins hohe Alter nicht. Leider aber muß gesagt werden, daß es vielen von ihnen mit der ganzen Welt dann doch zu schwierig wird und sie sich auf die Besserung der Menschen ihrer näheren Umgebung beschränken. Und das kann problematisch werden.

Ich erinnere mich da an einen ganz besonders krassen Fall: Eine idealistisch gesonnene Dame glaubte, es nicht ertragen zu können, daß ein befreundetes Ehepaar Silberhochzeit begehen wollte, ohne daß die Silberbraut etwas von der Existenz eines munteren zehnjährigen Knaben ahnte, den der Silberbräutigam sein eigen nannte. Die Idealistin beschloß deshalb, mit dem festlich gekleideten Knaben auf der Silberhochzeit zu erscheinen, um das unwürdige Lügengewebe zu zerreißen und den weiteren Verlauf der Ehe in Ehrlichkeit zu ermöglichen. Jedem anderen, dem sie von diesem menschlich schönen Plan Mitteilung machte, schauderte bei dem Gedanken, und nur mit Aufbietung aller gemeinsamen Kräfte gelang es, sie davon abzubringen. Aber im Grunde genommen liegt sie immer noch auf dem Sprung, dort ordnend einzugreifen. Derselbe Drang war auch in jener Nachbarin übermächtig, die es nach langen Überlegungen für ihre Pflicht hielt – und wie sie versicherte, war es eine schwere Pflicht –, den von der Reise heimkehrenden Eltern mitzuteilen, die halbwüchsigen Kinder hätten während der elterlichen Abwesenheit eine Party gegeben, bei der nicht nur eine Fensterscheibe zersprungen sei, sondern auch ein Streifenwagen gegen die allzu laute Beatmusik hätte zu Hilfe gerufen werden müssen. Überhaupt ist der Drang, bei der Erziehung von Kindern anderer Leute verbessernd einzugreifen, besonders verbreitet. Das beginnt bei der Ermahnung an ein ungebärdiges Kleinkind: „Du mußt aber doch tun, was deine Mutti sagt!" und endet bei den Beschreibungen dessen, was sie täten, wenn der eigene – nicht vorhandene – Sohn mit solchen Haaren herumliefe.

Manche sehen auch eine wichtige Aufgabe zur Verbesserung der Umwelt darin, daß sie sich pausenlos dafür einsetzen, daß alle Mitmenschen im heiratsfähigen Alter auch heiraten. Man redet den Unverheirateten gut zu, macht sie nicht nur auf passende Partner aufmerksam, sondern auch auf selbstgebackene Kuchen, auf Talente beim Füttern eines Babys und beim Anbringen eines Gardinenbrettes. Und für Gelegenheiten zum Alleinsein der Kandidaten mit vorausgegangenen neckischen Sprüchen – damit auch nichts dem Zufall überlassen bleibt – wird auch gern gesorgt.

Ein weites Betätigungsfeld für Menschen mit dem Trieb, anderen auch ohne deren ausdrücklichen Wunsch helfend, ratend und die Augen öffnend zur Seite zu stehen, bieten natürlich auch die Ehen anderer Leute. Vor allem was das Augenöffnen betrifft, wird da Großes geleistet. Zwar handelt es sich nicht immer um so gravierende Dinge wie einen munteren Zehnjährigen (siehe oben), aber es scheint offenbar notwendig, einem heimkehrenden Ehemann zu berichten, seine Frau – nicht daß man sich etwas dabei dächte – sei während seiner Abwesenheit mehrfach recht spät heimgekommen. Und wenn eine Frau es ohne Überprüfung hinnimmt, daß ihr Mann abends Überstunden macht, ist es unverantwortlich, ihr nicht klarzumachen, daß die Welt im allgemeinen schlecht ist und die Männer im ganz besonderen noch schlechter sind. Häufig und gern wird der Mitmensch auch dazu aufgefordert, für irgend etwas unbedingt zu sorgen: zum Beispiel dafür, daß der Ehemann weniger rauchen solle, daß die Tochter ihre Wäsche nicht auf dem Balkon trocknet, daß der Sohn sich etwas mehr um seine alten Eltern kümmern müsse und so weiter, und so weiter.

Sollten übrigens solche Bemühungen um das Wohl der Mitmenschen zu Aufregung und Ärger führen, so können Sie immerhin gewiß sein: Man hatte doch nur Ihr Bestes im Sinn!

*Bitte hinten anschließen!*

Seitdem mir vor vielen, vielen Jahren mein Vater die Geschichte vorgelesen hat, wie sich die böse Kobraschlange mit ihrem Schlangenmann verabredete, durch das Abflußrohr der Badewanne ins Haus zu kriechen, um den dort wohnenden Menschen den Garaus zu machen, hatte ich eine ausgesprochene Abneigung gegen Badewannenabflüsse und Schlangen. Mit den Badewasserabflußlöchern hat sich das gegeben – Schlangen aber kann ich immer noch nicht leiden. Nun habe ich allerdings bisher so gut wie nie etwas mit richtigen Schlangen zu tun gehabt, wenn man von der Blindschleiche absieht, die mein Sohn in der Hosentasche mit sich führte und die genaugenommen auch keine richtige Schlange war. So hat sich meine ganze Schlangen-Abneigung auf jene Exemplare übertragen, die sich bilden, wenn mehrere Leute auf etwas warten: Man tritt an ihren Schwanz und wartet mit. Manchmal tut man es allerdings bei ihrem Anblick auch nicht. Vor allem Männer können darauf bestehen, daß es mit ihrer Würde nicht zu vereinbaren ist, sich anzustellen. So kommen sie mit ungebrochenem Stolz um den Genuß etwa einer Kino-Vorstellung, den sie sich ohnehin nur halbherzig gewünscht haben.

Andere Schlangen lassen sich nicht vermeiden: Man fährt mit gefülltem Einkaufswagen an die Kasse des Supermarktes und muß schon lange vor dem Ziel feststellen, daß man nicht dort hingelangen kann, weil der Schwanz einer stattlichen Schlange Halt gebietet. Notgedrungen reiht man sich ein und hat nun längere Zeit Gelegenheit, einen inneren Kampf auszufechten, ob man noch etwas vom gerade hier aufgebauten Sonderangebot von Süßigkeiten und Zigaretten einpakken soll oder ob man es lieber bleibenläßt. Auch der Aufbau von niedlichen kleinen Schnapsfläschchen gerade hier hat sicher schon manch labile Natur in Gefahr gebracht. Es ist eine wissenschaftlich nachzuweisende, wenn auch nicht zu begründende Tatsache, daß das Tempo des Vorwärtskriechens stets im umgekehrten Verhältnis zur Eile steht, die man gerade hat. Ist man ganz besonders spät dran, kann man fast sicher sein, daß die Kasse klemmt, daß ein neues Papierband eingelegt werden muß, daß der Preis für eine sonderangebotene Ente verlorengegangen ist und trotz lauter und gereizter Rufe kein Mensch so recht Lust verspürt, danach zu forschen, oder daß jemand nicht nur mit offenbar schwer zu berechnenden Gutscheinen einkauft, sondern auch noch in einem freundschaftlichen Plauderverhältnis zur Kassiererin steht.

Da geht es auf den Bahnhöfen meist schneller zu, aber dort hat man es oft auch noch eiliger. An größeren Bahnhöfen hat man die Auswahl mehrerer Schlangenschwänze. Die Qual der Wahl kann man sich ersparen, denn was man auch immer wählt – das hat mich das Leben gelehrt –, man wählt das Falsche. Vor einem kommen Leute an die Reihe, die an irgendeinen Ort wollen, wohin offensichtlich seit Erfindung der Eisenbahn noch nie eine Fahrkarte ausgestellt worden ist, und dann wollen sie diesen Ort auch nicht über Hannover, sondern über Kassel – und mit welchem Bahnbus, bitte? – erreichen. Der harmlos aussehende Vordermann entpuppt sich als jemand, der einen Sammelfahrschein zum Sondertarif erstehen will, und wenn man denkt, man ist endlich dran, wird die Schalterbeamtin zu einem dringenden Gespräch mit dem Bundesbahnpräsidenten oder einer ähnlich wichtigen Person ans Telefon gerufen. Mit wachsender Erbitterung sehen wir sie dann im Hintergrund telefonisch plaudern und lachen. Natürlich ist die viel längere Parallelschlange inzwischen längst aufgerückt. Sollte man aber die Unvorsichtigkeit besitzen hinüberzuwechseln, kann man sicher sein, daß nun dort eine Stockung eintritt. Erfahrene Reisende, vorausgesetzt, sie reisen nicht allein, stellen sich deshalb auf jeden Fall doppelt an. Ein hübsches, ausbaufähiges Wettspiel!

Jede Schlange von einiger Länge beginnt übrigens, sich selbst zu bewachen. Das wäre ja noch schöner, wenn einer an ihr vorbei geradewegs ans Ziel marschieren könnte! Und da ohnehin alle Einzelglieder in der Regel in leicht gereizter Stimmung sind, richtet sich unter Umständen der Volkszorn gegen einen Menschen, der vorbestellte Karten abholen oder gar zurückgeben will. Manchmal allerdings handelt es sich auch um echte unverschämte Flegel, die sich einfach vordrängeln! Und wenn sie damit auch noch zum Ziel kommen – schließlich kann man sie ja nicht erschlagen –, ist die gerechte Empörung riesengroß.

Bisher war nur von stehenden Schlangen die Rede. Es gibt auch noch die viel längeren fahrenden. Darüber später.

*„Ich bin nicht böse,*
*ich bin nur traurig"*

Wie schön wäre doch eine durch nichts zu unterbrechende Harmonie, in der man mit den Menschen, die einem nahestehen, in dauerndem Frieden leben könnte! Aber leider ist dies immer nur zeitweise möglich, da die Welt so eingerichtet ist, daß man ausgerechnet mit den Leuten, die einem am nächsten stehen, entschieden öfter in einen Zustand der Disharmonie gerät als mit relativ Fremden. Das kann ganz verschieden aussehen: Man zankt sich mit dem dringenden Wunsch, den anderen von dessen Unrecht zu überzeugen (oder ihn empfindlich zu treffen), man verläßt türenschmetternd die gemeinsame Bleibe und straft durch Abwesenheit, man sagt sich mit eisiger Freundlichkeit Gemeinheiten, man schnappt ein und ist nicht ansprechbar, man brüllt, wirft mit Gegenständen und stößt ungeheuerliche Drohungen aus – kurzum, es gibt mancherlei Möglichkeiten. Mit einer besonders raffinierten machte ich schon früh Bekanntschaft durch meine Freundin Evelein. Evelein war ein sehr braves Kind mit gesticktem Schürzchen, einer großen Haarschleife und einem Monopoly-Spiel auf französisch. Wenn Evelein unter schlechten Einfluß geriet (das waren leider wir anderen) und sich schmutzig machte oder ein böses Wort sagte oder Passanten mittels Gartenschlauch bespritzte, dann wurde ihre liebe Mutti nicht böse, sondern ganz, ganz traurig. Selbst die hartgesottensten unter uns, die für ähnliche Delikte mit Ohrfeigen rechnen mußten, fanden das ziemlich schwer zu ertragen. Da war man froh, es mit Eltern zu tun zu haben, die kein bißchen in Tränen und Kummer versanken, sondern ganz munter, wenn auch nicht immer angenehm, reagierten. Die ganz, ganz traurige Mutti war entschieden ein Alptraum.

Leider trifft man überall auf solche Mütter, die beileibe nicht böse werden, wenn ihre Sprößlinge wieder einmal mit einer grauenhaften Vokabelarbeit nach Hause kommen, wenn sie das Marmeladenglas widerrechtlich geleert haben und zum drittenmal im Halbjahr die Turnschuhe verlieren oder wegen ungebührlichen Betragens ins Klassenbuch eingetragen werden – nein, böse werden die Muttis nicht, nur sehr traurig. Kein Wunder, daß die Kinder angesichts solchen Kummers versuchen, ihren Müttern Schmerz zu ersparen – und sei es durch eisernes Verschweigen betrüblicher Vorkommnisse. Väter werden übrigens nicht so leicht traurig, es sei denn, sie sind es eher ungewollt auf Kommando, etwa auf die Ankündigung hin: „Da wird der Papi aber auch sehr traurig sein, wenn ich ihm dies erzählen muß!" Es kann wirklich herzzerreißend auf ein Kind wirken, wenn es mit ansehen muß, wie der Gram beide Eltern zerfrißt, weil eine Fensterscheibe auf Grund verbotenen Ballspiels entzweigegangen ist. Wenn das gleiche Kind viele Jahre später seine Mutter anruft und munter das Gespräch beginnt: „Ich hoffe, du bist nicht böse, daß du die ganze Woche nichts von mir gehört hast!", kann es ihm tatsächlich passieren, daß es wieder zu hören bekommt: „Nein, ich bin nicht böse, ich bin nur traurig ..." (Dies soll besonders anregend auf die Lust zum Telefonieren wirken.)

Doch das in stiller Wehmut geäußerte „nicht böse, nur

traurig" bleibt nicht allein dem Verhältnis zwischen Mutter und Kind vorbehalten: Manche Frauen benutzen es mit wahrer Perfektion im Umgang mit Männern, die sehr bedrückt und voller Reue bemerken sollen, welchen Kummer sie angerichtet haben. Es ist sehr viel einfacher, mit einer wütenden Frau fertig zu werden und herumzustreiten als mit einer, die „bloß" traurig ist. Ganz offensichtlich fühlt sich der Mann, der dies verursacht hat, in vielen Fällen bedrückt ob seiner eigenen Verständnislosigkeit, Brutalität oder Hartherzigkeit und ist zu jeder Wiedergutmachung bereit, um der Traurigkeit Herr zu werden. Leider muß auch gesagt werden, daß er sich in Wiederholungsfällen eher enerviert fühlt und die Flucht ergreift, was ganz bestimmt nicht in der Absicht der nun einsam Trauernden lag, vor allem, wenn diese Flucht geradewegs zu einer anderen Dame führt, mit der man sich frisch-fröhlich streiten kann. Eine mit voller Kraft zugeschmetterte Tür kann eine wahre Erholung gegen tränenverschleierte Blicke und stille Wehmut sein!

## Nur nicht die Freude verderben!

Im grauen Altertum wurde zuweilen die Unsitte praktiziert, daß man Boten, die schlechte Nachrichten überbrachten, kurzerhand vom Leben zum Tode beförderte. Den meisten Männern muß noch eine Erinnerung an jene Zeiten in den Knochen stecken, denn nichts hassen sie so sehr, wie das Übermitteln von unangenehmen Tatsachen. Und weil sie als sensible Geschöpfe möglichst allem Wirbel aus dem Wege gehen, sparen sie sich gern schlechte Nachrichten bis zum allerletzten Moment auf – manchmal sogar über den allerletzten Moment hinaus. So kommt es dann zu den größeren oder kleineren Katastrophen, die sich in diesem Umfang hätten vermeiden lassen, hätte man's nur eher gewußt.

Das fängt an bei den gar nicht geliebten Verwandten, die am Wochenende überraschend vor der Tür stehen und den Hinweis: „Hättet ihr doch bloß Bescheid gesagt, dann hätte ich jetzt mehr im Hause!" damit kontern, daß sie sich schon am Dienstag beim Hausherrn angemeldet hätten; und das endet bei den Herren, die sich mit ihren Gattinnen beflissen Sommerhäuser in Ascona und Winterhäuser in Arosa zwecks Kauf anschauen, während sie genau wissen, daß ihr einst blühendes Geschäft in längstens vierzehn Tagen seine Zahlungsunfähigkeit erklären muß. Dann gibt es Männer, die längst erfahren haben, daß sie aus diesem oder jenen Gründen ihre Frau nun doch nicht mit auf die Geschäftsreise nehmen können, und mißgelaunt, aber schweigend zusehen, wie sie sich ein neues Kostüm für die Reise machen läßt. Andere hören kommentarlos schöne Pläne für den Sonnabendnachmittag an, obwohl sie längst eine Fußballkarte in der Tasche haben, und wieder andere lassen einen in dem guten Glauben, das Auto habe nur einen geringen Blechschaden, während in Wirklichkeit die Vorderachse in Mitleidenschaft gezogen wurde. Auch soll es schon vorgekommen sein, daß in einem sehr geliebten Garten noch neue Rosen gepflanzt wurden, während die Versetzung in eine andere Stadt längst perfekt war.

Zur Rede gestellt – denn leider muß zugegeben werden, daß alle Frauen dazu neigen, ihre Männer zur Rede zu stellen, wenn sie ganz spät oder gar zu spät von großen und kleinen Katastrophen hören –, wird man normalerweise mit mildem Vorwurf für so viel Unverständnis zu hören bekommen: „Ich wollte dir doch nur den Ärger ersparen!" oder: „Ich wollte dir doch nicht die Freude verderben!" oder: „Ich kann eben nicht ertragen, wenn du unglücklich bist!", was einen eigentlich rühren sollte. Dies trifft aber ganz und gar nicht immer zu. Im Gegenteil: Es erfüllt einen mit gerechtem Zorn, wenn man durch die Frage einer relativ fremden Dame, ob man sich schon auf die neue Stadt freut, erfährt, daß man umziehen wird; wenn plötzlich von einer gemeinsam geplanten Reise überhaupt nicht mehr die Rede ist; wenn eine Autoreparaturrechnung ins Haus kommt, die darauf schließen läßt, daß die „kleinen Kratzer" ein halbes neues Auto forderten, und wenn man im letzten Augenblick hört, daß die Schwiegermutter schon morgen zu Besuch kommt, so daß man nichts mehr auf Hochglanz bringen kann. Außerdem fühlt man sich natürlich immer blamiert, wenn andere Leute Dinge wissen, die uns betreffen und die wir eigentlich schon längst hätten wissen müssen.

Kleine und größere Jungen bringen es fertig, ihre Eltern in nebulösen Vorstellungen über ihre schulischen Leistungen leben zu lassen, obwohl die Knaben eigentlich wissen müßten, daß dies acht Tage vor den Zeugnissen ganz unangebracht ist. Dieselbe Mentalität findet sich bei durchaus erwachsenen männlichen Wesen, die auch mit jenen schlechten Nachrichten nicht herausrücken, von denen sie wissen, daß sie garantiert eines näheren oder ferneren Tages bekanntwerden. Ein ausgefallener Urlaub läßt sich nicht wie ein geheimer Fehltritt verschleiern, die Anschaffung eines superteuren Autos kann nicht verborgen bleiben, und das Versprechen, dem widerlichen Vetter die Campingausrüstung zu leihen, kommt spätestens dann heraus, wenn er vor der Tür steht, um sie abzuholen. (Hätte man's rechtzeitig gewußt, hätte man wenigstens die guten neuen Luftmatratzen in Sicherheit bringen können!) Und dann muß man noch die freundlichen Worte hören: „Ach, weißt du, ich wollte dir eben nicht die Laune verderben!" Die Bemerkung, daß dies viel besser gelungen wäre, wenn er dem wirklich unausstehlichen Vetter nicht die Ausrüstung geliehen hätte, ist natürlich unangebracht und sollte unterdrückt werden, weil freie Männer tun, was sie wollen.

Angesichts dieser Tatsache ist es an uns, zu prüfen, ob wir denn wirklich mit den Überbringern schlechter Nachrichten so umspringen wie die Herrschaften im Altertum. Ich meine, daß wir leider nicht immer ruhig und gelassen bleiben, aber noch viel unruhiger und weniger gelassen werden, wenn wir unangenehme Sachen zu spät oder durch andere erfahren. Und vom Leben zum Tode befördert haben wir ganz bestimmt noch keinen Unglücksboten – nicht einmal dann, wenn er das Unglück bis zu einem gewissen Grad selbst verschuldet hatte.

# Heilwig von der Mehden

*Nehmt die Männer, wie sie sind*
Es gibt keine anderen
Band 427, 128 Seiten, 21. Auflage

*Keiner lebt wie Robinson*
Von Verwandten, Bekannten und anderen Leuten
Band 474, 144 Seiten, 10. Auflage

*Vielgeliebte Nervensägen*
Von großen und kleinen Kindern
Band 516, 144 Seiten, 13. Auflage

*Ehret die Frauen – aber übernehmt euch nicht!*
Notizen aus dem weiblichen Alltag
Band 539, 144 Seiten, 12. Auflage

*Mir ist doch so, als wär' mir was ...*
Vom angenehmen Umgang mit sich selbst
Band 587, 144 Seiten, 11. Auflage

*Vier Wände und ein Gartenzaun*
Doch wie's da drin aussieht ...
Band 613, 128 Seiten, 7. Auflage

*Und was tun, wenn nichts zu tun ist?*
Von den Freuden und Leiden der Freizeit
Band 658, 128 Seiten, 6. Auflage

*Schön ist es auch anderswo ...*
Wir gehen auf die Reise
Band 714, 128 Seiten, 4. Auflage

*Backfischchens Leiden und Freuden*
Wie Großmama erzogen wurde
Band 750, 192 Seiten, 2. Auflage

## in der Herderbücherei

# Heilwig von der Mehden

## in der Herderbücherei